Martin Dreyer

Panik-Pastor

Wie Gott mir meine Angst nahm

MARTIN DREYER

Panik Pastor

WIE GOTT MIR MEINE ANGST NAHM

SCM
R.Brockhaus

SCM

Stiftung Christliche Medien

SCM R.Brockhaus ist ein Imprint der SCM Verlagsgruppe, die zur Stiftung Christliche Medien gehört, einer gemeinnützigen Stiftung, die sich für die Förderung und Verbreitung christlicher Bücher, Zeitschriften, Filme und Musik einsetzt.

2. Auflage 2021

© 2021 SCM R.Brockaus in der SCM Verlagsgruppe GmbH
Bodenborn 43 · 58452 Witten
Internet: www.scm-brockhaus.de; E-Mail: info@scm-brockhaus.de

Die Bibelverse sind, wenn nicht anders angegeben,
folgender Ausgabe entnommen:
Elberfelder Bibel 2006, © 2006 by SCM R.Brockhaus
in der SCM Verlagsgruppe GmbH, Witten/Holzgerlingen

Weiter wurden verwendet:
Lutherbibel, revidiert 2017, © 2016 Deutsche Bibelgesellschaft, Stuttgart.
Martin Dreyer: Die Volxbibel, © 2014 Volxbibel-Verlag
in der SCM Verlagsgruppe GmbH, Witten/Holzgerlingen

Lektorat: Katharina Töws
Umschlaggestaltung: Grafikbüro Sonnhüter,
www.grafikbuero-sonnhueter.de
Titelbild: Urban Zintel Photography, www.urbanzintel.de
Autorenbild: © Tom Norberg
Satz: typoscript GmbH, Walddorfhäslach
Druck und Bindung: GGP Media GmbH, Pößneck
Gedruckt in Deutschland
ISBN 978-3-417-26964-2 · Bestell-Nr. 226.964

In Gedenken an meinen alten Freund und mein Vorbild,
Pastor Storch Carsten Schmelzer.
Ich glaube, dieses Buch hätte dir gefallen.

»Habe ich dir nicht geboten: Sei stark und mutig?
Erschrick nicht und fürchte dich nicht! Denn mit dir ist der HERR,
dein Gott, wo immer du gehst.«
Bibel, Josua 1,9

»Weil uns so viele Glaubenshelden dabei zusehen,
wie wir unser Leben mit Gott leben, lasst uns alles,
was uns dabei behindert und belastet, ablegen!
Wie bei einem Marathonlauf sollten wir alle Sachen,
die uns beim Laufen stören, wegschmeißen und das Ding
mit Gott einfach durchziehen [...] Das kriegen wir nur hin,
wenn wir dabei die ganze Zeit Jesus im Blick haben.
Mit ihm hat bei uns glaubensmäßig alles angefangen,
und mit ihm wird auch alles irgendwann aufhören.
Er hat seinen Marathonlauf auch bis zum Ende durchgezogen.«
Bibel, Brief an die Hebräer 12,1-2; Volxbibel

»Wenn du zögerst, wächst deine Angst.
Wenn du etwas wagst, wächst dein Mut.« [1]
Mahatma Gandhi

INHALT

PROLOG: Hallo Angst!

Wie alles begann.

Meine erste Angstattacke hatte ich kurz vor einer Predigt in einem Gottesdienst im Hamburger Musikklub »Marquee«. Es war die Hochzeit einer christlichen Jugendbewegung, den »Jesus Freaks«, die ich vier Jahre zuvor in meinem kleinen Wohnzimmer gegründet hatte. Ich war bereits lange Zeit überzeugter evangelisch-freikirchlicher Christ, ordinierter Pastor und erster Vorsitzender des als gemeinnützig anerkannten Vereins der »Jesus Freaks«.

In diesem Punkt ist meine Reise wohl nicht typisch und entspricht nicht dem Klassiker, dem normalen Verlauf, wie man ihn in christlichen Kreisen immer wieder hört. Dort wird es doch meist so geschildert: In der Vergangenheit liegt die Hölle, die Gottesferne, der Teufel, Tod, Verlorenheit, Angst, Krankheit und Abhängigkeiten. Dann aber vollzieht der Berichtende einen radikalen Wandel. Es kommt zu einer Bekehrung: vom Saulus zum Paulus, vom Nichtchristen zum Christen. Und damit wird aus Hölle der Himmel, es entsteht Gottesnähe, Heilung, Befreiung. Das große Motto der Hippiebewegung aus den 70er-Jahren »Alles wird gut« wird zu einer bekennenden Wahrheit, und der neue Christ fliegt nur noch von Wolke sieben über Wolke acht immer weiter, der seligen Ewigkeit entgegen.

Doch bei mir war es anders.

Sicher gab es zuerst die Hölle mit all ihren Fehlern und Folgen, ihrer großen Verlorenheit. Und dann kam auch eine Phase des Himmels, in der Siege gefeiert, Heilung erfahren, eine Befreiung erlebt wurde. Doch dann kam sie wieder, die Hölle. Die Dunkelheit, das Manko von ungelösten Problemen, von Süchten, von Krankheiten, von Depressionen. Und es kam auch immer wieder die Angst, die in meinen Leben eine viel zu große Rolle einnahm. Fast so, als wollte sie mein Leben bestimmen, als wollte sie mich weiter beherrschen und mich nie ganz loslassen.

Die Angst kam in der Hochzeit der »Jesus Freaks« immer wieder und nahm in meinem Leben eine viel zu große Rolle ein. Trotz dieser Angst hatte ich mit den »Jesus Freaks« meine ganz eigene Kirche gegründet. Wir feierten unsere Gottesdienste nicht in alten Kirchengemäuern. Wir gingen auf die Straße, an ausgefallene Orte, dorthin, wo sich sonst kein Christ gerne sehen lässt. Auf der Reeperbahn in St. Pauli, mitten im Rotlichtviertel, neben Prostituierten und Junkies, in dunklen Kellern und versifften Bars. Aber auch im alten Hamburger Elbtunnel oder mitten auf einem zentralen Platz im Szeneviertel stimmten wir unser Gotteslob an. Zur Kirche wurde auch das »Marquee«, ein damals stadtbekannter alternativer Musikklub in Hamburg. Er lag gleich neben der weltbekannten und immer noch besetzten Hafenstraße, mit Blick auf die Elbe und den Hamburger Hafen. In seinem Keller war jahrelang eine besonders dreckige Transsexuellen-Prostitution zu Hause. Genau dort richteten wir unser Büro ein. Der Klub war bekannt dafür, dass Bands wie »Nirvana«, »Faith No More« oder »Queens of the Stone Age« dort spielten, lange bevor sie überhaupt irgendjemand kannte. Über zufällige Umstände kam meine Gruppe in diese Klubräume rein und konnte hier am Freitagabend ihre ungewöhnlichen Gottesdienste zelebrieren, bevor das Hauptprogramm startete.

Und genau dort passierte es, dort ging mein Kampf mit der Angst los. Warum ausgerechnet in einem Gottesdienst? Lange zerbrach ich mir darüber den Kopf. Ich konnte es nicht verstehen. Hatte der Kampf spirituelle Gründe oder doch nur menschliche? Kam er aus dieser oder aus einer anderen Welt, aus einer unsichtbaren, geistlichen Dimension? Ging es um psychologische Ursachen oder um übernatürliche, ja, sogar dämonische Fakten?

Das Selbstverständnis von Christen müsste sich doch eigentlich ganz anders anfühlen. Jesusnachfolger glauben einfach. Bedeutet: Sie vertrauen, sie vertrauen auf einen Gott. Das entscheidende Wort »Glaube« wird in moderneren Bibelversionen sehr oft mit Vertrauen übersetzt. Es geht um ein Grundvertrauen an ein allmächtiges, übernatürliches Wesen, das schon alles irgendwie gut machen wird. Eine Macht, die größer ist als wir selbst, die den Überblick hat, der man sich blind anvertrauen kann. Wie ein gigantisches Sicherheitsnetz, welches unter jedem Leben aufgespannt wurde, so sollte der Glaube wirken. »Niemand kann tiefer fallen als in Gottes Hand«, dieser Satz fällt in jeder Kirche – ständig. Angst hat keinen Platz, wo Vertrauen großgeschrieben wird. Angst und Vertrauen, das sind doch Gegensätze. Oder?

ANGST UND VERTRAUEN, DAS SIND DOCH GEGENSÄTZE. ODER?

Christen sollten per se die entspanntesten Menschen der Welt sein. Fehler sind erlaubt, bei Christus waren sie das. Der Gottessohn hatte sich mit Verlierern umgeben und liebte sie trotzdem, oder vielleicht gerade deshalb. Prostituierte, Zöllner, Straßenpack, Versager, Sünder, das waren seine engsten Freunde.

Zu Christus zu gehören bedeutet eigentlich auch, ein »Alles-wird-gut-Feeling« in Dauerpacht zu besitzen. Die Erlösung mit einem Gebet, Frieden im Geist, über den Dingen stehen, siegen und nicht verlieren, den Himmel auf Erden. Ohne Schuldgefühle, ohne Sorgen, ohne Ängste leben zu können. Der Gott der Bibel bezeichnet sich an einer Stelle sogar als »Friedensfürst«. Der Fürst des Friedens, der Chef des »Entspanntseins«, bei ihm ist alles friedlich und gut. Ist das nicht der Wahnsinn, ein großartiges Geschenk? Sicher, das ist es. Aber nicht bei mir. Bei mir regierte nicht der Frieden, zumindest in diesen Augenblicken. Vor jeder Predigt gab es nur eins: die nackte, schmerzhafte, tödliche Angst.

Ich weiß immer noch nicht, woher die Angst auf einmal kam. Sie war anfangs nicht da. Zumindest nicht so stark, dass sie mich behindert hätte. Lag es an einer andauernden Überarbeitung? War mir die ganze Sache mit dieser christlichen Arbeit doch über den Kopf gewachsen? Hatte ich vielleicht im göttlichen Dienst Gott selbst aus dem Blick verloren? Ging es nur noch um mich, um meinen Ruf, um meine Arbeit, um meine Jugendbewegung, und nicht mehr um ihn und um seine Kirche? Letzteres wäre zumindest eine logische Erklärung. Wenn nur noch mein Erfolg im Mittelpunkt meines Denkens stand, dass ich gut aussah, dass mein Dienst unbedingt erfolgreich sein musste, dann hätte ich allen Grund gehabt, Angst zu haben. Niemand ist perfekt. Eine schlechte Darstellung der eigenen Person, Misserfolge, so etwas kann passieren. Und zwar jedem.

Auch wenn der Verdacht für den Beobachter naheliegt: Von Beginn an war das nicht meine Einstellung. Ganz im Gegenteil, es ging mir nie um mich, sondern nur um die göttliche Sache. Dazu war ich viel zu fromm. Ich wollte, dass jeder etwas mitnimmt, dass durch meine Arbeit Menschen göttlich geholfen wird. Ich wollte auch in meiner Hochphase der Angst Verlorene retten, Kaputten Heilung bringen, das war mein vordergründiger Antrieb. Vielleicht war aber auch genau dieser Anspruch viel zu hoch und kaum zu erfüllen?

Dieses Angstgefühl ist schwer zu fassen, ich kann es nur ungenau beschreiben. Es ist eine Angst, Fehler zu machen, ja, das stimmt. Aber nicht das allein, es ist mehr. Ich habe Angst, mich zu blamieren, und ich habe Angst, dadurch der Bewegung zu schaden, ja sogar der Kirche selbst, dem Ruf des christlichen Glaubens. Ich will nicht peinlich sein. Es ist eine Angst zu versagen. Und es ist die Vorstellung, dass ich mit einem schlechten Auftritt dem Fortschritt des Glaubens im Weg stehen könnte, anstatt ihn zu fördern.

Das Gefühl genau und exakt auszumalen – es gelingt mir nicht. Die Angst ist diffus, schwer zu fassen und auch veränderbar. Und doch so real, so schmerzhaft, lähmend, zersetzend, ja, fast tödlich. Angst als pures Gefühl, das mich übermannt, vor der ich nicht fliehen kann, die die Kontrolle übernimmt, der ich nichts mehr entgegensetzen kann, weil sie so stark ist.

Es ist wie sterben. Jedes Mal vor einer Predigt sterbe ich.

Wie oft habe ich Gott angefleht, mir die Angst zu nehmen. Ich habe gefastet, Christus gebeten, mich von dieser Marter zu befreien. Seelsorge in Anspruch genommen, Therapien gemacht, Bücher gelesen, Strategien entworfen. Tabletten genommen, Medikamente geschluckt. Nichts hat nachhaltig geholfen. Sie war zu dieser Zeit immer da und begleitete mich stets. Wie ein immer wiederkehrender Dämon, der sich nicht abschütteln lässt, trotz spirituellem und psychologischem Kampf.

ES IST WIE STERBEN. JEDES MAL VOR EINER PREDIGT STERBE ICH.

Der Gottesdienst, in dem die Angst zum ersten Mal kam, fand eigentlich unter keinen besonderen Umständen statt. Ich war wirklich gut vorbereitet, meine Predigt saß. Es lag eine volle Arbeitswoche hinter mir, aber trotzdem gab es genug Zeit, dass ich mich ausreichend auf den Dienst einstellen konnte. Das Thema der Predigt kam mir zugute, und ich hätte auch viel spontan dazu sagen können, selbst wenn ich mich nicht vorbereitet hätte.

Vielleicht war es die Anwesenheit von einem Reporter der TAZ. Er hatte sich in der Woche zuvor per E-Mail angekündigt, unseren

Gottesdienst besuchen zu wollen. Die TAZ ist bekanntlich darauf spezialisiert, kirchliche Themen mit bissigen, verächtlichen und scharfen Worten in der Luft zu zerreißen. Der Reporter hatte mich vorher über drei Stunden interviewt und sehr viele Fragen gestellt. Das Gespräch lief eigentlich gut, ich war gelassen, freundlich und vielleicht sogar ein bisschen witzig.

Aber dann, in dem Augenblick, als der Gottesdienst anfing, spürte ich, wie es um meinen Kopf herum heiß wurde. Das Adrenalin stieg in mir auf und übernahm langsam, aber unaufhörlich die Kontrolle. Ich konnte nichts dagegen tun, es war stärker als mein Wille, meine Entscheidungskraft. Dieser Moment war das Grauen. Ich fühlte eine aufsteigende Wärme, fing an zu schwitzen und mir wurde übel. Und dann der Darm, oh ja, der Darm! Ich rannte aufs Klo und musste mich komplett entleeren. Immer wieder neu. Ich hatte Krämpfe und Schmerzen. Und ich konnte nicht fliehen, selbst wenn ich es gewollt hätte. Ich

NIEMAND WUSSTE VON MEINEN PANIKATTACKEN. ICH WOLLTE DIESE SCHWÄCHE NICHT EINGESTEHEN, SIE PASSTE NICHT ZUM BILD EINES ERFOLGREICHEN CHRISTEN.

musste die Situation bestehen, ich musste da jetzt durch. Niemand wusste davon, es war mein Geheimnis. Ich wollte diese Schwäche nicht eingestehen, sie sollte nicht öffentlich werden. Es wäre eine zu große Blamage gewesen und passte nicht zum Bild eines erfolgreichen Christen. Nach einer Weile wurde mein emotionaler Zustand etwas besser, vielleicht gewöhnte sich der Körper an den harten Adrenalinausstoß. Aber kurz vor der Predigt rannte ich ein zweites Mal auf die Toilette. Alles musste raus. Wieder und wieder. Magenkrämpfe. Schlimme Schmerzen. Es war wie ein langsamer Tod, aber auch wie eine Geburt.

Schließlich war es so weit. Ich wollte mir nichts anmerken lassen. Ich wollte der große Prediger sein, der mit seinen Worten die

Gemeinde begeistern und mitreißen kann. Aber an meinem Hals waren überall tiefrote, hektische Flecken. Sie waren so rot und so abgegrenzt, dass jeder, der bis zu einem Meter vor mir stand, sie sehen konnte, ja, sehen musste. Ich versuchte mich zu beruhigen. Ich sprach mir Mut zu, ich sagte Bibelverse auf, ich meditierte. Wenn es ging, bekannte ich wild irgendwelche Sünden, damit nichts zwischen Gott und mir stehen konnte. Aber ich schaffte es nicht. Das letzte Lied spielte. Die Ansage kam. Dann war ich dran. Der Gottesdienstleiter rief meinen Namen auf. Langsam ging ich den Gang entlang. Ich betrat die Bühne, das Scheinwerferlicht knallte mir ins Gesicht. Und dann starb ich.

Trotzdem, oder vielleicht gerade deswegen, bin ich immer noch unterwegs. Ich besuche Gemeinden, Gottesdienste, freie Werke. Ich werde eingeladen, um geistliche Wahrheiten zu verkünden, um eine biblische Predigt zu halten oder eine Lesung. Auch an öffentlichen Diskussionsrunden, Talkshows, Fernsehsendungen nehme ich teil. Man erwartet von mir Antworten und Lösungen. Vielleicht sogar eine Provokation, einen Ruf ins Leben oder einen Ruf zum Kreuz Jesu Christi.

Kirchenübergreifend werden mir Türen geöffnet, durch die ich gerne eintrete. Ich fühle mich von Gott beauftragt, auch wenn das nach einer religiösen Psychose klingt.

Wenn das nicht so wäre, würde ich diesen Job nicht machen, ich hätte schon längst aufgegeben. Dieser Auftrag gibt mir ein Gefühl von spiritueller Sinnhaftigkeit. Eine Gewissheit, der richtige Mensch am richtigen Ort zum richtigen Zeitpunkt zu sein. Es ist wie eine Bestimmung, eine göttliche Berufung, eine Aufgabe nur für mich, direkt aus dem Himmel.

Darum gehe ich auf die Reise, eine Reise mit Gott durch die Gemeinden in Deutschland und in anderen Ländern. Aber immer auch eine Reise zu mir selbst, zu meinen Abgründen. Eine Reise mit mir und der Angst.

1

CHEMNITZ

November 2008

Verkrampft und aufgeregt in einem Jugendgottesdienst der evangelischen Kirche

Als ich die Anfrage bekomme, in einer alten evangelischen Kirche in Chemnitz eine Predigt zu halten, muss ich erst mal schlucken. Chemnitz? Ist das nicht der Ort, der zu DDR-Zeiten noch Karl-Marx-Stadt genannt wurde? Ja, genau! Von 1953 bis 1990 wurde die Stadt anlässlich des Karl-Marx-Jahres nach dem großen Theoretiker des Sozialismus benannt. Aber relativ schnell nach der Wende sprachen sich in einer Abstimmung nahezu achtzig Prozent der Bevölkerung dafür aus, dass die Stadt wieder ihren ursprünglichen Namen zurückerhalten sollte.

Chemnitz ist aber nicht nur für den Namenswechsel deutschlandweit bekannt. Durch die nahe liegende Grenze zu Tschechien wird Sachsen insgesamt mit Crystal Meth geradezu überflutet, das von der WHO zurzeit als gefährlichste Droge eingestuft wird. Vor allem trifft das auf die drei großen Städte Leipzig, Dresden und Chemnitz zu. In einer Studie, die erst vor Kurzem in diversen Magazinen und Zeitungen veröffentlicht wurde, hat man herausgefunden, dass im kleinen Chemnitz mehr Crystal Meth konsumiert wird als in allen anderen Großstädten Europas. Die Studie des »European Monitoring Center for Drugs and Drug Addiction«[2] untersuchte in ihrer Forschungsarbeit nicht direkt den Konsumenten oder die Kriminalstatistik, sondern ausschließlich das Abwasser der Städte, welches von den Toiletten in die Kanäle geleitet wird. Da diese sogenannte »Teufelsdroge« eindeutige Rückstände im Urin hinterlässt, die sich nur sehr langsam im Wasser chemisch abbauen, kann man die Spuren von Crystal Meth relativ leicht noch Wochen später nachweisen und Konzentrationen berechnen. Das bedeutet, dass die Menge der Droge, welche von den Einwohnern in Chemnitz pro Tag konsumiert wird, ziemlich genau bekannt ist. In dieser Untersuchung lag Chemnitz weit vor Dresden, Bratislava oder Nürnberg, obwohl deren Einwohnerzahl doppelt und dreifach so groß ist. Die Mengen wurden tatsächlich mit dreihundert Prozent über dem normalen Schnitt aller anderen deutschen Städte gemessen.

Ein weiteres Problem der Stadt ist ein sich ausbreitender Nationalsozialismus unter den jungen Menschen. Chemnitz hat sich zu einer Hochburg für rechtsextreme Straftaten in Sachsen entwickelt. Im letzten Jahr kamen auf 100 000 Einwohner 78 Straftaten mit rechtsextremem Hintergrund. Das ist deutscher Rekord.

Ich kenne Chemnitz schon länger, da ich bereits zweimal von einem bemerkenswerten christlichen Werk dorthin zum Predigen eingeladen worden bin. In dieser eher unfrommen Stadt hatte sich vor vielen Jahren ein Mann namens Tilo Reichelt aufgemacht, ein christliches Werk für junge Menschen auf die Beine zu stellen, in dem es zentral um den Glauben an Jesus Christus geht. Seine Biografie ist schnell erzählt: Als begabter Musiker und Inhaber einer Eventagentur stellt er auf der Höhe seines Erfolges plötzlich eine unendliche Leere in seinem Leben fest. Er begibt sich auf die Suche nach Erfüllung und trifft auf Gott. Reichelt erlebt durch eine spirituelle Erfahrung im Glauben eine richtiggehende Befreiung von seiner kleinen Ego-Welt und findet seinen Sinn darin, für junge Menschen in der Stadt eine Heimat mit christlichen Werten aufzubauen. Reichelt gründet sein eigenes Werk, das »New Generation«, renoviert mit Jugendlichen eine verfallene Disco und zieht seitdem Tausende junger Menschen mit seiner Arbeit an. Diese Geschichte fasziniert mich.

Heute werde ich allerdings nicht von Tilo Reichelt, sondern von einer großen evangelisch-lutherischen Kirche aus Chemnitz in ihren Jugendgottesdienst eingeladen. Und ich freue mich schon sehr auf den Einsatz.

Die Stadt ist mit dem Auto bequem unter drei Stunden von Berlin aus zu erreichen. Ich nutze die Zeit im Pkw immer gerne, um mich innerlich auf die bevorstehende Arbeit einzustellen. Nirgendwo anders kann ich besser beten, Musik oder Predigten hören als in unserem alten VW Sharan mitten auf der Autobahn. Die Ablage der Mittelkonsole wird zu meinem Altar, der Fahrersitz zu meiner Gebetsbank. Ich habe schon so viele intensive Zeiten in meiner kleinen Autokirche mit dem Schöpfer gehabt.

Das Navi scheint diesmal eine gute Strecke ausgewählt zu haben, es gibt wenig Staus und ich habe meistens freie Fahrt. »Hilfe, Gott!«, bete ich mal wieder und es muss für den da oben wie ein tiefer Seufzer klingen. »Obwohl ich mich ja eigentlich auf den Einsatz freue, fühle ich mich überhaupt nicht fit dafür! Ich bin völlig schlapp, kraftlos und ausgelaugt!«

Die letzten Nächte waren für mich der Horror. Seit einiger Zeit habe ich zunehmend Probleme mit meiner unteren Bandscheibe. Und komischerweise spüre ich die Schmerzen meist erst im Bett, weniger tagsüber. Rückenschmerzen sind etwas Furchtbares, jeder, der sie kennt, weiß, wovon ich rede. Es ist kein Schmerz, den ich mal eben ausschalten kann. Er trifft mich in der Mitte des Körpers und macht aus mir einen Krüppel. Treppensteigen, normales Gehen, sogar mich ins Bett zu legen, alles bereitet mir Schmerzen. Nachts drehe ich mich von

ICH NUTZE DIE ZEIT IM AUTO IMMER GERNE, UM MICH INNERLICH AUF DIE BEVORSTEHENDE ARBEIT EINZUSTELLEN.

rechts nach links, von links nach rechts, in der Hoffnung, eine möglichst schmerzfreie Schlafposition zu finden.

Dazu kommt, dass unser zweijähriger Sohn in letzter Zeit immer öfter nachts in unser Ehebett krabbeln möchte. Und der findet seine Schlafposition anscheinend noch schlechter als sein Vater. Nicht selten wache ich mitten in der Nacht auf, weil sein kleiner Zeh sich in eins meiner Nasenlöcher gebohrt hat. Na super. Wenn dann noch die Tochter dazukommt, ist an einen erholsamen Schlaf nicht mehr zu denken. Trotzdem liebe ich die beiden so sehr, dass ich sie auf keinen Fall aus dem Bett jagen möchte. Kinder sind ein großes Geschenk Gottes. Was für eine Freude haben die zwei in meine Existenz gebracht! Es ist mit Sicherheit die größte Aufgabe und die kraftaufreibendste dazu, welche Gott in das Leben eines Menschen stellen kann: Kinder großzuziehen. Ständige Müdigkeit, Stress pur, ungeahnte Ängste, dem Kind könnte etwas passieren, Sorgen vor Versorgungsengpässen, aber auch harte Wutausbrüche und unkontrolliertes Weinen, das alles bringt ein Kind in dein Leben.

Aber auf der anderen Seite braucht es nur ein Lächeln, ein Lachen, ein vergnügtes Quietschen von deinem Nachwuchs, eine herzliche Umarmung, ein Kuss und all das wird locker wettmacht. Ich weiß noch, wie ich meine Tochter immer gegen Mittag vom Kindergarten abgeholt habe, als sie noch klein war. Sie saß dort im Raum ganz konzentriert in einer Ecke und spielte mit bunten Bauklötzen. Plötzlich erblickte sie ihren Vater, sprang auf, rannte mit offenen Armen und einem großen Lächeln auf ihrem Gesicht auf mich zu und rief ganz laut:»Papaaaaa!!!« Das sind Momente, die mir mehr Kraft geben als jedes Erfolgserlebnis, jedes Lob, jeder geschriebene Bestseller und auch jeder noch so erfolgreiche Dienst für Gott.

Nachdem ich einen der wenigen Staus hinter mir habe, komme ich immer schneller voran. Der zäh fließende Verkehr hat sich endlich aufgelöst, und ich finde etwas Ruhe, um mich auf den Abend vorzubereiten. Der Pastor der Kirche hatte mir am Telefon etwas von seiner Arbeit erzählt. Vor Jahren kam sein Vorgänger auf die Idee, dass die große alte Kirche für Jugendliche umgestaltet werden müsse. Ihm wurde klar, dass junge Menschen in Chemnitz seine Kirche nicht besuchen würden, weil Kirche an sich einen schlechten Ruf hatte. Wer Spaß haben will, wer etwas erleben möchte, wer gerne seinen Horizont erweitert, der geht überallhin, aber nicht in die evangelische Kirche. Also gründete er mit einigen wenigen, aber motivierten Konfirmanden ein Team. Ziel war es, alle zwei Monate einen Jugendgottesdienst zu organisieren, der eine Ausstrahlung auf die ganze Stadt haben sollte. Zur Zeit meiner Einladung kommen bereits vierhundert Besucher zu der Veranstaltung. Der Gottesdienst wird nun heute zum fünften Mal gefeiert und immer wieder werden die Teilnehmerzahlen erneut getoppt.

DAS LÄCHELN VON MEINEN KINDERN GIBT MIR MEHR, ALS JEDES ERFOLGSERLEBNIS UND JEDER NOCH SO ERFOLGREICHE DIENST FÜR GOTT.

Das ist eine Geschichte, die ich auf meinen Reisen schon oft gehört habe: Manchmal braucht es nur einen einzigen Menschen, einen jungen Pastor, einen Jugendleiter, einen Diakon, der genug Feuer für eine Idee hat. Er oder sie muss nicht viel mitbringen außer eine richtig gute Vision, Begeisterung, die Sprachfähigkeit, die Vision auch anderen zu übermitteln, und der Rest entwickelt sich wie von selbst. Allerdings muss diese Person, egal, ob männlich oder weiblich, großes Durchhaltevermögen mitbringen. Denn in toten Kirchen dauert es eine ganze Weile, bis der harte Boden aufgemeißelt, umgegraben und neu bepflanzt werden kann. Immer wieder höre ich, dass Träume und Ideen für eine lebendige Jugendarbeit an einem verstockten, trockenen und gealterten Kirchenvorstand gescheitert sind.

Der Pastor in Chemnitz hat zum einen die Begabung, seine Vision in Worte zu fassen, und auch das Durchhaltevermögen, diese neuen

Ideen gegen alle Widerstände durchzusetzen. Und das Ergebnis lässt sich sehen.

Endlich bin ich da. Langsam fährt mein Auto auf den Kircheninnenhof und ich kann schon eine Traube von Jugendlichen auf dem Vorplatz entdecken. Der Pastor begrüßt mich freundlich und führt mich, nachdem ich meinen Koffer abgestellt habe, in einen hinteren Raum der alten Kirche. Dort sitzen ca. zwanzig aufgeregte junge Menschen. Jeder will mich begrüßen und mir seine Geschichte erzählen. So viele freundliche Gesichter auf einem Haufen, das tut gut. An jeder Ecke kann ich erkennen, wie bis ins Detail diese Veranstaltung durchgeplant und vorbereitet wurde. Das ist definitiv nicht überall so. Auf einem großen Tisch in der Mitte des Vorraums stehen ausreichend Saft und Wasserflaschen. Dazu gibt es leckere belegte Schnittchen mit Lachs, Käse, Wurst und Fleischaufschnitt. Ein reges Treiben herrscht im Raum, da noch eine Menge Vorbereitungen anstehen.

Der Pastor hat mir eine junge Frau zur Seite gestellt, die ein bisschen auf mich aufpassen soll. Ich erfahre, dass sie Lydia heißt, zwanzig Jahre alt ist und schon als kleines Kind Teil der Kirche war. »Meine Eltern haben mich hier getauft und konfirmieren lassen. Aber so richtig dabei bin ich erst, seitdem unser Pastor diesen Jugendgottesdienst ins Leben gerufen hat«, erzählt sie mir. Lydia hat ein umwerfendes Lächeln und ist wirklich sehr hübsch. Nach unserem kurzen Gespräch nutze ich die freie Zeit, um mir die Kirche einmal genauer anzuschauen.

Ich schätze, dass es sich um ein Gebäude aus dem 17. Jahrhundert handelt. Diese großen alten Kirchen wirken auf mich immer etwas bedrückend. Überall hängen Bilder von verstorbenen Menschen, die vermutlich vor Hunderten von Jahren Geld für den Bau gespendet haben. Die hohen Decken und auch der oft monströse Altar flößen mir Respekt, aber auch eine undefinierbare Furcht ein. Vor Jahren hörte ich auf einer offiziellen Führung von einem Kirchenhistoriker, dass die Architekten von der damaligen Kirchenleitung angehalten wurden, die Gebäude so hoch wie möglich zu bauen, damit die Gläubigen in der Kirche Angst und Respekt vor der Größe Gottes hätten. Es ging also nicht darum, ein schönes und imposantes Gebäude zu errichten, um darin Gottes Größe zu feiern, sondern um eine Art Angsttheologie, die Furcht vor Gott in den Herzen der Menschen wecken sollte. Ein einfacher Christ sollte sich beim Betreten einer Kirche vor Gott fürchten, vor seiner starken Hand, vor seiner Macht, vor seiner unermesslichen Größe. Für die heutige Zeit ein völlig inakzeptables Konzept, finde ich. Ein Ort des Glaubens, der Angst und Ehrfurcht erzeugen soll? Aber damals hat das vermutlich so gepasst.

Die Stimmung in dem Vorraum lockert sich immer mehr auf. Ich kann bestimmt über vierzig Mitarbeiter zählen, die sich alle dort versammelt haben. Schließlich ruft der Pastor alle zusammen, um den Ablauf des Gottesdienstes noch einmal durchzusprechen. In jedem Jugendgottesdienst gibt es ein paar immer wiederkehrende Programmpunkte. Dazu gehört neben der Begrüßung, den Ansagen, einem Anspiel, einem Musikteil und einem Gebet natürlich auch die Predigt. Für Letzteres bin ich heute zuständig.

»Liebe Leute, heute haben wir einen Gastsprecher bei uns, den Martin Dreyer«, begrüßt mich der Pastor freundlich. »Schön, dass du da bist!« Ich freue mich auch und sage noch ein paar Sätze zur versammelten Mannschaft. Dabei merke ich, wie unlocker und verkrampft ich an diesem Abend wieder bin. Warum das so ist, weiß ich gar nicht genau. Mir wird klar, dass unser Vorbereitungsteam mich als so eine Art Stargast im Programm vorgesehen hat. Vielleicht ist das der Grund für meine Angst. Die ganze Werbung, Flyer, Poster: Überall ist mein Name dick und breit aufgedruckt, inklusive Foto.

Martin, der christliche Star. Martin, der große Prediger. Martin, die Rampensau. Vielleicht ist das der Grund für meine innere Verkrampfung, denn ich mag diese Rolle nicht. Sicher hat das in einem Jugendgottesdienst einen Effekt, aber ich kann mich selbst nicht als einen christlichen Star definieren. Ich kenne mich nur zu gut. Ich habe so viele Fehler. Ich habe so tiefe Abgründe. Und ich habe so eine Angst.

Manchmal frage ich mich, was wohl wäre, wenn jeder meine dunkelsten Gedanken lesen könnte, wenn alle von meinen Schwächen und von meinem Angstproblem wüssten. Ich denke, niemand würde mit mir zu tun haben wollen, niemand würde meiner Predigt zuhören.

MARTIN, DER CHRISTLICHE STAR, DER GROSSE PREDIGER, DIE RAMPENSAU. ICH MAG DIESE ROLLE NICHT, DENN ICH KENNE MICH NUR ZU GUT.

Dazu kommt, dass ich noch nie mit hohen Erwartungen an mich angemessen umgehen konnte. Die Rolle des Underdogs gefällt mir dagegen sehr. Wenn keiner etwas von mir erwartet, dann bin ich angespornt, besonders gute Leistung zu bringen und alles zu übertreffen. Formuliert aber einer eine konkrete Erwartung an mich, schnürt es mir die Kehle zu, ich fühle mich unter Druck und dieser Druck erzeugt Angst. Angst, den Maßstab nicht zu erreichen, die hoch gelegte Latte nicht überspringen zu können. Sicher ist das nicht sehr professionell, aber so ist es nun mal.

Schließlich geht der Gottesdienst los. Die Mitarbeiter setzen sich auf ihre Plätze und auch ich gehe auf einen für mich reservierten Platz in der ersten Reihe. Als ich mich umdrehe, stelle ich fest, wie voll die Kirche ist. Heftig. Überall sitzen die jungen Menschen. Sogar der Mittelgang ist mit Jugendlichen belegt, die sich auf ihre Jacken auf den Fußboden gesetzt haben. »Herzlich willkommen zum ersten Jugo in diesem Jahr«, sagt ein sehr junges Mädchen vorne am Mikrofon. Ich schätze sie auf vielleicht zwölf Jahre, sie macht die Moderation schüchtern, ohne große Gestik, aber auch sehr charmant, und vermutlich ist jeder im Raum sofort auf ihrer Seite. Das Mädchen stellt den Ablauf des Gottesdienstes vor und sagt auch, dass ich heute als Gast da bin und wann ich mit der Predigt drankomme.

Als nächster Programmpunkt wird ein kleines Theaterstück aufgeführt. Die Idee, mit solchen kurzen Vorführungen einen Gottesdienst einzuleiten, kommt von einer Gemeinde aus den USA. Willow Creek, so heißt sie, hat mit ihrem Konzept des »gästesensitiven Gottesdienstes« auf der ganzen Welt etwas Neues ins Leben gerufen. Überall wird dieses Konzept mittlerweile kopiert. Im Groben geht es darum, einen Gottesdienst auf die Gäste auszurichten und nicht auf die Gemeindemitglieder oder eine alte Kirchentradition. Musik, Anspiel, Ansagen, Videosequenzen, alles soll in einer lockeren Art vorgetragen werden, sodass Gäste sich wohlfühlen. Eine Maxime ist, dass jeder fromme Part immer wieder neu erklärt werden muss. Ein gästesensitiver Gottesdienst soll davon ausgehen, dass es immer wieder Besucher gibt, die zum ersten Mal da sind.

Ich bin heute viel zu aufgeregt, um mir das ganze Stück anzuschauen. Ich rutsche auf meinen Platz hin und her. Immer wieder diese Nervosität vor jeder Predigt, immer wieder diese Angst. Wird das denn nie besser? Zu guter Letzt spielt auch wieder der Magen verrückt. Adrenalin, Krämpfe, Schmerzen, die mir sagen, dass ich unbedingt noch auf die Toilette gehen muss. Es ist ein altes Spiel, ich kenne das. »Sag mal, habt ihr hier ein WC in der Kirche?«, frage ich den Pastor notgedrungen, der zum Glück direkt neben mir sitzt. Ich halte den Druck nicht mehr aus. »Ja klar, in der Sakristei!«, antwortet er überraschend freundlich. Vielleicht kennt er ja das Problem? Schnell verschwinde ich hinter den Vorhang und gehe auf das stille Örtchen. Was für eine Erleichterung. Ich höre im Hintergrund, dass die Moderatorin mein Video ansagt. Es gibt einen fünfminütigen Clip von meiner Lebensgeschichte, die ein Freund in Berlin aufgenommen und geschnitten hat. Das Video trägt den Namen »Gott gibt dich nicht auf«, man kann es sich von Youtube aus dem Internet runterladen. Das hatte der Veranstalter wohl getan und für die Jugendlichen im Gottesdienst an eine Leinwand geworfen. Jetzt aus der Toilette raus, Hände waschen und schnell zurück in das Hinterzimmer der Kirche.

Schließlich höre ich, wie mich das Mädchen nach vorne bittet. »Und jetzt kommt Martin Dreyer und hält seine Predigt!« Sofort packe ich meine Bibel unter den Arm, renne durch die Sakristei direkt auf die Bühne. Uff. Schritt für Schritt gehe ich auf das Rednerpult zu und mit jedem Schritt wird das Gefühl der Angst größer. Ich spüre ein Pochen in meinem Hals, das Blut steigt in meinen Kopf, mir wird warm. Auch wenn ich am liebsten wegrennen will, etwas zwingt mich weiterzugehen, weiter nach vorne. Ich möchte niemanden enttäuschen, die Jugendlichen haben sich so viel Mühe gemacht. Ich spüre die erwartungsvollen Blicke der Gottesdienstbesucher. Ein Rückzug ist unmöglich, ich muss da jetzt durch. Also gehe ich weiter in Richtung Mikrofon und Rednerpult. Jetzt stehe ich vorn.

In der Kirche ertönt lauter Beifall. Sehr ungewöhnlich und es fühlt sich auch etwas komisch an. Aber auch nicht schlecht, es dämpft meine Angst ein wenig. Das Mädchen stellt mir einige gute Fragen, die Jugendliche vor dem Gottesdienst auf einen Zettel schreiben und in eine Box werfen konnten. Da stehen solche Fragen drauf wie: »Was ist deine Lieblingsband?« (Kraftklub). Oder: »Wie sah dein schönstes Erlebnis aus?« (die Geburt meiner Tochter). Oder: »Was ist dein Fußballverein?« (St. Pauli). Ich merke, dass mit dem Interview meine Angstattacke langsam abschwillt. Das ist gut. Nachdem unser Gespräch vorbei ist, geht das Mädchen von der Bühne, und der Schweinwerfer fällt auf mein Lesepult. Also kann ich mit meiner

Predigt beginnen. Der Pastor hat vorher eng mit mir abgestimmt, zu welchem Thema ich sprechen soll. Ihm ist es wichtig, eine Predigt über die Konsequenzen zu hören, die jeder tragen muss, wenn er Christ sein will. Dazu habe ich mir passend ein Gleichnis von Jesus als Bibelstelle ausgesucht, in der Christus die Radikalität der Glaubensnachfolge aufzeigt. Ich lese aus der Bibel die Stelle aus dem Matthäusevangelium im 13. Kapitel ab Vers 14 vor. Dort vergleicht Jesus das Himmelreich mit einem Schatz, der in einem Acker versteckt liegt. Er beschreibt,

ICH SPÜRE DIE ERWARTUNGSVOLLEN BLICKE DER GOTTESDIENSTBESUCHER. EIN RÜCKZUG IST UNMÖGLICH, ICH MUSS DA JETZT DURCH.

wie jemand diesen Schatz zufällig entdeckt und so begeistert davon ist, dass er seinen ganzen Besitz verkauft, nur um diesen einen Acker zu erwerben, in dem der Schatz verborgen ist. Das Lesen fällt mir nicht schwer, egal, wie groß mein Lampenfieber ist, vorlesen kann ich immer.

»In diesem Gleichnis von Jesus stecken eigentlich nur zwei Aussagen. Aber die haben es in sich!«, rufe ich den Jugendlichen zu. »Die erste Aussage benenne ich so: Das Leben mit Gott ist wie ein unheimlich wertvoller Schatz! Es macht dich reich, es ist das Beste, was dir passieren kann. Viele Leute glauben das nicht! Immer wieder höre ich, dass Menschen denken, Christsein wäre unheimlich mühsam, es würde das Leben einschränken, es wäre dumm, es wäre langweilig, es wäre nicht attraktiv. Es würde dich arm machen. Aber Jesus sagt hier genau das Gegenteil. Der Glaube ist ein riesengroßer Schatz! Wer diesen Schatz einmal entdeckt hat, der will ihn nie wieder hergeben. Er ist das Wertvollste, was ein Mensch jemals in seinem Leben finden kann. Es gibt nichts Besseres, glaubt mir. Wisst ihr das? Glaubt ihr das?« Ich schaue in die Runde und habe das Gefühl, die meisten der Jugendlichen hören mir zu. In der ersten Reihe sehe ich einige Gesichter, die mich freundlich lächelnd anschauen. Das ist der Durchbruch. Jetzt ist meine Aufregung plötzlich komplett verschwunden. Ich fühle mich erleichtert und frei. Es braucht eine positive Reaktion, um mit meiner Panikattacke umgehen zu können, das ist interessant.

Also rede ich weiter: »Aber Jesu sagt noch eine zweite Sache: Wenn du diesen Schatz haben willst, musst du vorher alles verkaufen, was du hast. Der Schatz ist nicht billig. Er ist nicht kostenlos, er ist kein Spiel. Er ist nichts zum Wegwerfen, zum einmal Gebrauchen und dann in den Müll. Er kostet dich etwas, nämlich alles.« Im Kirchenschiff wird es still. Der nächste Abschnitt ist dafür da, den Jugendlichen klarzumachen, was das für sie praktisch bedeuten könnte. »Nur von Samstag in der Jugendstunde bis Sonntag im Gottesdienst Christ zu sein bringt es nicht wirklich. Erst wenn du deinen Glauben auch im Alltag lebst, sieben Tage die Woche, dann kann er seine ganze Kraft entfalten. Dieser kraftvolle Glaube kostet etwas, er durchdringt alle Entscheidungen, er bestimmt letztendlich das ganze Leben. Aber wenn er das tut, dann gibt es auch nichts Besseres. Christ zu sein hat eine unheimlich hohe Qualität, und viele Nichtchristen beneiden Menschen, die an Gott glauben können. Das wird mir immer wieder erzählt.«

Jetzt bin ich so richtig in Fahrt und habe völlig vergessen, wie spät es eigentlich ist und auch, was der Pastor mir vorher im Briefing an Regeln gesagt hatte. In einigen Kirchen ist es ausdrücklich erwünscht, dass man nach einer Predigt auch einen Aufruf macht. Aufruf ist ein Fachbegriff aus der evangelikalen Szene. Es bedeutet, dass man den Zuhörern eine Möglichkeit gibt, durch eine öffentliche Geste auf die Predigt zu reagieren. Diese Geste oder dieser Schritt nach vorne ist dabei immer mit einem Gebet verbunden. Das kann bedeuten, dass die Zuhörer, wenn sie sich angesprochen fühlen, nach

> ES BRAUCHT EINE POSITIVE REAKTION, UM MIT MEINER PANIKATTACKE UMGEHEN ZU KÖNNEN, DAS IST INTERESSANT.

einem Aufruf von ihren Plätzen zum Gebet aufstehen. Oder auch dass sie aufstehen und sogar nach vorne zum Altar kommen, um dort für sich beten zu lassen. In anderen Kirchen möchte das der Leitungskreis oder auch der Pastor ausdrücklich nicht, weil sie es als manipulativ und unecht empfinden. Wie ich es hier in Chemnitz machen sollte? Ich habe es in dem Augenblick vollkommen vergessen. Ich bin voll im Flow und lasse mich von meinen Gefühlen leiten. Also gehe ich einfach weiter mit meinen Gedanken.

»Gibt es hier jemanden, der heute alles verkaufen will, was er hat, um Christus ganz zu gehören? Wenn das jemand möchte, so soll er doch bitte als Zeichen vor Gott aufstehen!«, höre ich mich sagen. Ich bin nicht gut im Schätzen von Zahlen, aber ich denke, mindestens hundert junge Leute stehen sofort auf. Das haut mich in dem Augenblick einfach um. Dass junge Menschen in diesem Teil des Gottesdienstes reagieren, ist sehr ungewöhnlich, besonders in der Pubertät. Ich hätte mich über fünf Reaktionen übermäßig gefreut. Bei zehn Leuten wäre ich innerlich fast geplatzt. Aber dass es so viele, sind, erlebe ich kaum noch.

MINDESTENS HUNDERT JUNGE LEUTE STEHEN SOFORT AUF. DAS HAUT MICH EINFACH UM.

Völlig begeistert lade ich die Stehenden zu einem Gebet ein und alle beten laut mit. Danach kommt noch einmal die Band nach vorne und spielt ein paar Lieder. Schließlich ist der Gottesdienst vorbei und einige junge Menschen verlassen die Kirche. Viele bleiben aber noch, reden miteinander oder kommen mit einem aus dem Seelsorgeteam ins Gespräch.

Ich bin jetzt total erschöpft und möchte am liebsten schnell in mein Apartment gehen. Auch wenn es nur eine Ansprache ist, die über dreißig Minuten geht, bin ich danach innerlich oft sehr kaputt und ausgelaugt. Aber da sehe ich schon in einem Augenwinkel, dass mindestens ein halbes Dutzend Jugendliche noch vorne auf mich wartet, um mit mir zu sprechen. Das Zuhören und gleichzeitige Mitdenken in solchen Seelsorgegesprächen kosten mich unheimlich viel Kraft, besonders nachdem ich eine Predigt gehalten habe. Ich habe auch den Eindruck, dass der Kampf mit meinem Lampenfieber dazu erheblich beiträgt. Es ist sehr anstrengend, dagegen anzugehen, und kostet einiges an Energie. Aber ich kann jetzt auch nicht verschwinden.

Also setze ich mich mit dem ersten jungen Mann am Rand auf die vorderste Kirchenbank, auf der er mir sein Leid erzählen will. Nun kommt eine Geschichte, die ich in unterschiedlichen Varianten immer wieder hören muss. Er berichtet mir, schon viele Jahre eine »Sucht nach Pornografie« entwickelt zu haben und einfach nicht davon loszukommen. »Egal, was ich mir vornehme, es passiert immer wieder, dass ich stundenlang Pornos im Internet anschaue. Es ist zum Verzweifeln. Ich weiß nicht mehr, was ich tun soll«, erzählt er mir mit Tränen in den Augen. »Letzte Woche habe ich mir ein Tapetenmesser gekauft und wollte mir meinen Penis abschneiden. Aber der erste kleine Schnitt hat schon so wehgetan, dass ich es nicht ganz geschafft habe.«

Mir gefriert das Blut in den Adern. »Hey, mach das nicht!«, rufe ich dem Jugendlichen ins Gewissen. »Weißt du, es gibt kaum einen Mann in der Kirche, der diese starken Gefühle der Sexualität nicht kennt. Von ganz jung bis ganz alt habe ich schon Dutzende Geschichten gehört von Männern, die sich zu viel Pornografie im Internet anschauen. Aber das mit dem Tapetenmesser ist definitiv der falsche Weg, dieses Problem in den Griff zu kriegen! Ich würde dir gern einen Tipp geben, tue ab sofort Folgendes: Danke Gott jeden Tag für deine Sexualität. Kämpfe nicht länger dagegen an, das macht dich nur krank. Nimm sie dankbar an und freue dich darüber. Sexuelle Gefühle sind ein Geschenk Gottes. Sie sind etwas Wundervolles. Du kannst sie genießen und dich daran freuen. Versuche nur positiv damit umzugehen. Es ist sicher eine Kraft, bei der du lernen musst, sie in die richtige Richtung zu lenken. Du kannst sie nicht abstellen, abschneiden oder einen Pfropfen draufmachen, sodass sie nicht mehr rauskommt.

Aber du kannst diese Energie in die richtigen Bahnen lenken. Das ist eine Aufgabe, die Gott jedem jungen Menschen stellt. Und das Lernen im Umgang mit Sex soll dir Spaß machen und dich nicht in eine Verdammnis führen. Die Bibel sagt, dass die dunkle Seite, die auch um uns herum wirkt, dich dazu verführt, gerade das Verbotene zu tun. Sogar Paulus schreibt, dass er genau das tut, was er nicht tun will. Er schreibt, das Gesetz verleitet ihn dazu. Aber dann feiert er in dem biblischen Text, dass Gott ihn von diesem Gesetz befreit hat. Ich würde an deiner Stelle diese Negativität aus deiner Sexualität rausnehmen. Und zwar ganz. Sei dankbar für das, was Gott dir geschenkt hat. Danke Gott für deine Sexualität, jeden Tag. Für die irren Gefühle, die dabei entstehen, für den Rausch, für die Entspannung. Deine dunkle Seite will dich kleinhalten und dir ein schlechtes Gewissen machen. Aber Jesus ist nicht so. Er will uns Kraft geben, uns ermutigen, uns befreien!«

Anschließend beten wir noch lange zusammen und am Ende segne ich ihn. Ich hoffe sehr, dass ich dem jungen Mann seine Pläne mit dem Tapetenmesser ausreden konnte. Das ist wirklich schlimm. Diese enge Sexualmoral in einigen Kirchen hat so viel Unheil angerichtet. Sie macht Menschen kaputt, sorgt für eine kranke Sexualität. Und letztendlich bringt sie die Christen weg vom Glauben an Gott.

Nachdem ich noch einige Gespräche geführt habe, fährt mich der Pastor in ein schönes Hotel. Wir schwärmen beide während der Fahrt von dem tollen Event. Er ist auch sehr zufrieden mit dem Ablauf und freut sich wie verrückt, dass so viele junge Menschen gekommen sind. Ich bin total platt und kraftlos. Nachdem wir im Hotel ankommen, suche ich schnell mein Bett auf und lege mich hin. Vor dem Einschlafen muss ich noch lange über die moralischen Werte und ihre negativen Auswirkungen auf die Christen nachdenken. Was ich immer wieder verrückt finde: Der Gründer des Christentums, Christus selbst, war so überhaupt nicht moralisch. Jesus hat nie sexuelle Sünden verurteilt, nicht ein einziges Mal. Sogar als eine stadtbekannte Prostituierte bei ihm war, hat er sie für ihre sexuellen Verfehlungen nicht kritisiert. Das ist doch erstaunlich. Warum tun das nur die Christen immer wieder, warum ist das Thema in der Kirche so groß?

Ganz im Gegenteil wurde durch seinen Apostel Paulus die Freiheit von dem Gesetz ausgerufen. Jesus selbst wird in der Bibel so zitiert: »Ihr habt gehört, dass zu den Alten gesagt ist …, ich aber sage euch …« (Matthäus 5,21-22). Das war wie ein ständiger Spruch auf seinen Lippen. Was die Alten sagten, war eine Gottesbeziehung, die sich durch Belohnung und Bestrafung, durch Segen und Fluch, durch das Befolgen von Regeln ausgedrückt hat. Taten die Nachfolger Gottes das, was er verlangte, wurden sie von ihm beschenkt. Taten sie es nicht, wurden sie von ihm bestraft. Und zwar richtig hart, da wurden zum Teil ganze Familien ausgerottet.

Doch mit Jesus hat sich das radikal verändert. Alles wurde anders durch ihn. Auch wenn viele Familien und Völker das bis heute noch nicht verstanden haben. Christus hat den sogenannten »Fluch des Gesetzes« auf sich genommen, so beschreibt es die Bibel. Alles Negative, alle negativen Folgen unserer Taten auf unsere Gottesbeziehung, hat er radikal zum Positiven verwandelt. Gott hat durch Jesus klargemacht, dass er sich Freunde wünscht und keine Soldaten. Jesus nennt seine Nachfolger Freunde und nicht Diener. Gott möchte keinen Befehlsgehorsam, sondern eine liebevolle Beziehung zu uns.

Wenn mir ein moralisches Christentum begegnet, bin ich innerlich immer sehr zerrissen. Ich kann bei vielen moralischen Forderungen dieser Geschwister nicht mehr mitgehen. Auch wenn Christus in genau dieser Bibelstelle, welche in meiner Predigt genannt wurde, davon sprach, alles zu verkaufen. Es geht mir heute nicht mehr in meine Vorstellung, dass er damit auch einen hohen moralischen Lebensstil einfordern wollte. Also frei nach dem Motto: Alles zu verkaufen bedeutet einen harten Weg der Nachfolge Christi zu wählen und alles was mich ausmacht, meinen Willen und meine Begabungen, mein Geld, meinen Besitz, alles was mir guttut, komplett abzugeben. Das wäre ja die naheliegende Deutung der Moralisten. Du musst alles verkaufen, dich radikal und ganz aufgeben, deine Wünsche, dein Leben, deine Freuden, deine Sehnsüchte, deine Sexualität, alles muss Gott geweiht sein. Erst dann erhältst du den Schatz, die Belohnung, vorher nicht. Im Umkehrschluss bedeutet das ja: Behältst du nur ein klein wenig für dich, gibst du dich ihm nicht zu hundert Prozent hin, dann wirst du auch nicht den ganzen Segen, den ganzen Schatz bekommen können. Ich selbst habe das jahrelang so vertreten und geglaubt. Doch was für ein krankes Gottesbild steckt dahinter? Als würde es Gott doch nur um unsere Taten gehen und nicht um unser Vertrauen, unseren Glauben, unser Herz.

GOTT HAT DURCH JESUS KLARGEMACHT, DASS ER SICH FREUNDE WÜNSCHT UND KEINE SOLDATEN.

Ich vermute, dass es Christus in dieser Geschichte um unseren tatsächlichen Reichtum ging, um unser Geld. Geld hat so eine Macht in der Gesellschaft und das war schon immer so. Es gibt noch einige Bibelstellen mehr, in denen Jesus sich gegen Besitz und die Macht des Geldes ausspricht. Was er sagen will, ist, dass wir unser Herz nicht an Geld hängen sollen, nicht an Besitz und Reichtum. Es ist die kleine Perle, die wir so gerne haben wollen, die wir unbedingt brauchen, sie ist letztendlich viel mehr wert. So würde ich es heute auslegen und verstehen.

Im Rückblick tut es mir sehr leid, wenn durch meinen Dienst Jugendliche unter einen moralischen Druck gekommen sind. Ich bin kein konservativer Christ. Ich möchte junge Menschen ermutigen, sich von dem Druck zu befreien und die Freiheit zu entdecken, die der Glaube an einen Gott schenken will. Wir sind zur Freiheit berufen, so steht es in der Heiligen Schrift.

Auf dem Rückweg denke ich noch weiter über den Gottesdienst nach. Mir wird deutlich, dass ich so eine Predigt nicht noch einmal halten würde, auch wenn es sich in der Situation richtig angefühlt hat. Ob es jetzt für die Gemeinde in Chemnitz falsch gewesen ist, ich weiß es nicht. Vielleicht hat es einigen wirklich geholfen. Die Reaktion der Jugendlichen war ja überwältigend groß. Nur möchte ich nicht mehr Menschen zu einem Glauben führen, der letztendlich nur ein gutes Gefühl gibt, wenn man alles richtig macht. Sich nur aufgrund guter Taten, guter christlicher Werke gut zu fühlen führt auf Dauer nur zu einem enormen moralischen Druck.

WAS ICH VON DIESER REISE MITGENOMMEN HABE

Eine Gemeinde braucht nur einige wenige Menschen, die eine Vision haben, dann kann daraus etwas Großes entstehen. Moral im engeren Sinne hat die Kraft, Menschen innerlich kaputt zu machen. Ich möchte niemand sein, der Jugendliche geistlich und moralisch unter Druck setzt. Mein eigenes Leben war in dem Sinne auch nie von hohen moralischen Werten geprägt. Ich wollte als höchstes Gut immer nur die Liebe propagieren. Der Liebe muss sich alles unterordnen, auch die Moral. Und diese Botschaft der Liebe, die über den christlichen Glauben weit hinaus funktioniert, soll auch meine Predigt werden, für die ich bekannt bin. Bekannt in der Kirche, aber auch darüber hinaus. Und ich stelle fest, dass ich auf Jugendveranstaltungen nicht immer einwandfrei funktioniere. Meine Ängste stehen mir immer wieder im Weg, sie behindern mich, sie lähmen mich. So wie es auch auf der folgenden Reise in Essen noch viel zerstörerischer passiert ist.

2

ESSEN

November 2009

Warum gehen die Kids?
Großer Jugendgottesdienst in der Essener City

Heute geht es mit dem Auto von Köln aus in den Pott. Essen liegt mitten in der Metropolregion Deutschlands, dem Rhein-Ruhr-Gebiet, und wird oft als heimliche Hauptstadt dieser Region gefeiert. Es ist die viertgrößte Stadt Nordrhein-Westfalens und einige große Dax-Konzerne haben dort ihre Zentralen eingerichtet. Insider bezeichnen Essen auch als das Entscheidungszentrum der deutschen Wirtschaft. Was hier beschlossen wird, beeinflusst das ganze Land.

Doch der christlichen Kirche in Essen geht es nicht gut. Die Katholiken haben in den letzten fünfzig Jahren die Hälfte aller ihrer Mitglieder verloren. Und um die evangelische Kirche ist es auch nicht viel besser bestellt. Dort treten seit einer Dekade über tausend Menschen pro Jahr aus. So erzählen es mir die aktuellsten Statistiken.

Wenn man nun darauf schließen möchte, dass die Freikirchen dafür einen großartigen Boom verzeichnen können, liegt man falsch. Die Mitgliederzahlen dieser von der Kirchensteuer unabhängigen Organisationen stagnieren im Ganzen gesehen ebenfalls. Bedeutet: Die Kirchenaustritte der zwei großen Konfessionen führen nicht zu einem zu erwartenden Wachstum der religiösen Konkurrenz, nämlich der kleineren Freikirchen.

Diesen Vorgang, einen Mitgliederaustausch zwischen den Kirchen einer Stadt, nennt man übrigens auch spöttisch »Churchhopping«. Christen wechseln von einer Gemeinde in die andere, wodurch einzelne Kirchen für eine Zeit stark wachsen, andere schrumpfen. Jahre später zieht der Strom der »Churchhopper« dann weiter, nämlich zur nächsten neuen, hipperen Kirche. Auf diese Art findet kein echtes Wachstum der gesamten christlichen Welt statt, sondern eher ein Art Transferwachstum. Dieses Phänomen kann man übrigens auf der ganzen Welt beobachten.

Es ist als freier Prediger selten, dass man im Dienst Menschen kennenlernt, die dann auch zu engen Freunden werden. Aber hier in Essen ist das der Fall. Martin Scott und ich hatten uns schon vor vielen Jahren zum ersten Mal getroffen und waren sofort »ein Herz und eine Seele«. So eine Art Seelenverwandtschaft verbindet uns, eine innere Verbundenheit, die man gar nicht in Worte fassen kann. Mit ihm muss ich nur einmal im Jahr ein Telefonat führen, aber es ist sofort eine einzigartige Nähe und Sympathie zueinander da. Seine ganze Art zu reden, die kritische Direktheit, gepaart mit echter Wertschätzung, das mag ich an ihm.

Dazu ist Scott auch ein echter Visionär. Mit seinem Verein »Wunderwerke« entwickelt er kreativ neue Ideen für die Jugendarbeit und setzt diese auch fast immer erfolgreich um. Angestellt über einen freien Träger macht er eine hervorragende Jugend- und junge Erwachsenenarbeit, die seinesgleichen in Deutschland sucht.

Angefragt werde ich nun, auf einem von ihm organisierten überregionalen Jugendgottesdienst die Predigt zu halten. Der Gottesdienst ist über die Grenzen Essens hinaus bekannt, und die Besucher fahren zum Teil lange Strecken, nur um diesen einen Event besuchen zu können. Scott arbeitet schon viele Jahre in der Jugendarbeit in dieser Region Deutschlands und kennt seine Leute daher sehr gut.

Ansonsten erwartet mich in Essen eine in jeder Hinsicht ganz normale christliche Jugendveranstaltung. So eine, wie ich sie landauf und landab schon Hunderte Male erlebt habe. Der Ablauf folgt fast immer der gleichen schon geschilderten Blaupause. Es gibt eine Zeit für Ansagen, ein Anspiel, einen längeren Musikteil und natürlich eine Predigt. Hier und da wird gebetet, eine Erklärung abgegeben, das war es.

Eine Besonderheit in Essen ist aber, dass dieser »Jugo«, die geläufige Abkürzung für Jugendgottesdienst, auch in einer alten Kirche veranstaltet wird. In Westdeutschland erlebe ich das immer seltener. Oft mieten sich die Gemeinden hier für Jugendveranstaltungen andere Räume im Ort, weil viele junge Menschen nicht mehr gerne in eine alte Kirche gehen wollen. Zum Beispiel die Stadthalle, eine größere Kneipe oder sogar eine Disco.

Nachdem wir uns herzlich begrüßt haben, werde ich in den Mitarbeiterraum der Kirche geführt. Hier sitzen an die fünfzehn junge Erwachsene, die den Gottesdienst über viele Wochen minutiös geplant und vorbereitet haben. Ich mag diese Atomsphäre von Geschäftigkeit und Vorfreude sehr.

Als eingeladener »Starprediger« spüre ich wieder so eine künstliche Distanz zu den Menschen vor Ort. Es gibt nach meiner Erfahrung unterschiedliche Kategorien, wie einem Prediger von außerhalb begegnet wird. Die einen Veranstalter verhalten sich extrem locker, sie versuchen, so auf mich zu wirken, als wären sie sehr entspannt. Vielleicht denken sie, dass man mir zeigen muss, wie frei man ist, weil ich das so erwarte. Da werden Sprüche geklopft, Witze gemacht, man schlägt mir mehrfach auf die Schulter, nur um locker auf mich zu wirken. Aber es fühlt sich auf meiner Seite eher künstlich an, nicht echt, unentspannt, verkrampft.

Das andere Extrem ist aber wesentlich anstrengender. Das sind die Menschen, die denken, sie müssten mit solch einem christlichen Semipromi wie mir besonders kalt umgehen. Vermutlich wollen sie nicht dabei mitmachen, wenn dem »Star des Abends« gehuldigt wird, deswegen tun sie genau das Gegenteil. Ich werde unfreundlich begrüßt, missachtet, in der Ecke stehen gelassen, gemieden, angeschwiegen, wie Luft behandelt, so als hätte ich das verdient. Dabei zeugt es nur von der großen Unsicherheit dem Prediger gegenüber, weiter nichts. Das Gleiche erleben übrigens bekannte christliche Musiker und Künstler. Ich würde mir stattdessen eine natürliche Begegnung auf Augenhöhe wünschen. Wir kennen uns nicht, aber wir haben eine gemeinsame Veranstaltung vor, die wir nicht allein stemmen können. Es ist eine Art Zweckgemeinschaft, in der man sich mit Respekt und Freundlichkeit begegnen sollte.

ES GIBT MENSCHEN, DIE DENKEN, SIE MÜSSTEN MIT SOLCH EINEM CHRISTLICHEN SEMIPROMI WIE MIR BESONDERS KALT UMGEHEN.

Ich kann wirklich nicht sagen, woran es liegt, aber ich bin schon Stunden vor Beginn wieder extrem aufgeregt und angespannt. Ich kann meine Gefühle nicht verstecken. Mich plagt wieder die Angst vor Menschen, die Angst, auf einer Bühne zu stehen, und wenn es nach mir ginge, würde ich jetzt am liebsten auf den Hacken umdrehen, kehrtmachen und mich ins Bett legen. Wenn das Adrenalin kommt, werde ich auch immer müde. Der Botenstoff verursacht den Wunsch in mir, mich hinzulegen, die Decke über den Kopf zu ziehen und zu schlafen. Aber das geht nun mal heute nicht.

Für diesen Abend habe ich mir versuchsweise aus einem Bioladen so eine Art Naturmedikation mitgebracht, die bei Angstzuständen besonders gut helfen soll. In meiner Hosentasche befinden sich vier kleinere Kapseln, die ich vor dem Gottesdienst einnehme. In den Kapseln sollen Baldrian, Melisse und zahlreiche andere Naturprodukte vorhanden sein, die gegen Angstzustände wirken.

Schließlich beginnt die Uhr zu ticken, die Jugendlichen strömen in die Kirche und es ist, bereits fünfzehn Minuten vor Beginn, sehr voll. Ich gehe noch einmal auf die Toilette und mein Adrenalinspiegel scheint extrem hoch zu sein. Im Spiegel sehe ich plötzlich wieder diese tiefroten hektischen Flecken an meinem Hals, die jetzt sogar bis auf die Wangen hochgehen. Das schockiert mich sehr. Liegt das an den Biotabletten oder woher kommt der überproportionale Ausschlag diesmal? Eigentlich sollte das Mittel doch genau gegenteilig wirken. Die Flecken steigern meine Angst nur noch weiter. Ich sehe am Hals so rot aus wie ein wild gewordener Truthahn. Aber ich muss jetzt in den Kirchenraum, der Gottesdienst geht gleich los. Wie grausam.

Die Ansage ertönt durch den Lautsprecher: »… und jetzt kommt Martin Dreyer und hält eine Predigt!« Mein Pulsschlag steigt immer weiter, schweren Schrittes komme ich hinter dem Altar auf die Bühne, in der rechten Hand meine Bibel, in der linken meine schriftlichen Notizen. Vor lauter Aufregung vergesse ich dummerweise, die Teilnehmer zu begrüßen, und beginne sofort mit der Bibellesung. Ein Anfängerfehler.

ICH SEHE AM HALS SO ROT AUS WIE EIN WILD GEWORDENER TRUTHAHN.

Es ist diesmal ein Text aus einem Brief des Paulus, den wir ganz am Ende der Bibel finden. Er heißt Kolosserbrief und enthält zentrale Aussagen über Jesus Christus. Für viele Jahre war er mein Lieblingstext aus der Bibel, weil er fast schon euphorisch über Jesus berichtet. Paulus war ein Jesusfan und ich bin es auch.

Ich beginne zu lesen. »In ihm haben wir die Erlösung, die Vergebung der Sünden. Er ist das Bild des unsichtbaren Gottes, der Erstgeborene aller Schöpfung. Denn in ihm ist alles in den Himmeln und auf der Erde geschaffen worden, das Sichtbare und das Unsichtbare, es seien Throne oder Herrschaften oder Gewalten oder Mächte: Alles ist durch ihn und zu ihm hin geschaffen; und er ist vor allem, und alles besteht durch ihn. Und er ist das Haupt des Leibes, der Gemeinde. Er ist der Anfang, der Erstgeborene aus den Toten, damit er in allem den Vorrang habe« (Kolosser 1,15-18). Dann schließe ich meine Bibel, atme einmal tief durch und wende mich den Zuhörern zu.

»Jesus ist das Zentrum im Universum!«, rufe ich in die Menge. »Letztendlich dreht sich alles doch nur um ihn!« Jetzt fange ich an, den biblischen Text aus dem Kolosserbrief Vers für Vers auszulegen. Ich erzähle davon, dass mit Jesus alles angefangen hat, die Weltgeschichte und auch das Leben eines jeden Einzelnen, der gerade hier im Raum sitzt. »Wenn es stimmt, dass Jesus der ›Erstgeborene aller Schöpfung‹ ist, war er ja auch von Anfang der Welt an dabei. Und wenn man diesen Gedanken weiterdenkt, muss es auch bedeuten, dass Christus bei der Geburt von jedem Einzelnen dabei war. Daraus leite ich ab, dass jeder Mensch so gewollt ist, wie er ist, und dass wir uns deswegen selbst lieben können. Legt man diese Stelle weiter aus, ist jeder Mensch auch für ihn geschaffen worden. Das heißt, jeder Mensch auf dieser Erde hat einen Auftrag, eine Berufung, wir sind für Gott geschaffen worden, wir sollen für ihn leben.«

Mitten in meiner Predigt entsteht plötzlich eine große Unruhe im Saal. Ich verstehe nicht, warum, und es verunsichert mich. Plötzlich steht mitten in meinem Satz fast die komplette erste Reihe auf, wendet sich Richtung Ausgang und geht. Die Jugendlichen verlassen mitten in meiner Predigt den Saal, ohne ein Wort zu sagen! Es ist wie ein stiller Protest. Hinten rechts sehe ich ebenfalls ein paar junge Menschen, die gerade aufstehen, ihre Jacken anziehen, und gehen.

Das Blut schießt in meinen Kopf, ich werde noch roter als rot, die Angst ist voll da. Total perplex schießen mir tausend Fragen durch den Kopf. Was habe ich nur falsch gemacht? Warum gehen die Jugendlichen, noch während der Gottesdienst läuft? Habe ich etwas Peinliches gesagt? Ist es mein Äußeres, fettige Haare, falsche Kleidung? Oder ist meine Predigt einfach viel zu langweilig? In meinen Gedanken rotiert es, aber ich finde keine Antwort auf meine Fragen. Dabei versuche ich natürlich weiter Sätze zu formulieren und meinen Vortrag so gut es geht fortzuführen. Die Angstattacke hört aber nicht auf, sie wird sogar immer heftiger. Mit knallrotem Kopf stehe ich vorn und versuche krampfhaft mein Programm durchzuziehen. Auf meiner Stirn steht der Angstschweiß,

FAST DIE KOMPLETTE ERSTE REIHE VERLÄSST MITTEN IN MEINER PREDIGT DEN SAAL, OHNE EIN WORT ZU SAGEN! ES IST WIE EIN STILLER PROTEST.

und ich bin mir sicher, jeder kann es sehen. Jeder. Satz um Satz ringe ich mit meiner Fasson. Langsam beginnt auch meine Stimme zu zittern, die Worte bleiben mir buchstäblich im Halse stecken. Irgendwie komme ich zum Ende, unterlasse es aber, einen Aufruf zum Gebet zu machen, obwohl das vorher abgemacht war, und verlasse, schweißgebadet und innerlich vollkommen zerstört, die Bühne. Noch ein Abschlusslied, dann ist der Gottesdienst endlich vorbei.

Nach einer relativ kurzen Verabschiedung von den Veranstaltern vor der Kirche mache ich mich umgehend auf den Rückweg. Schließlich sitze ich in der Bahn und versuche das Geschehene irgendwie zu analysieren. Mich lässt die Frage nicht mehr los: Was habe nur ich falsch gemacht? Warum sind die jungen Menschen plötzlich aufgestanden?

Was habe ich nur gesagt, dass so viele Jugendliche den Saal verlassen haben? Krampfhaft überprüfe ich Satz für Satz mein gesamtes Manuskript, kann aber keine kompromittierende Stelle finden. Es gibt nichts, was so eine Reaktion hätte erklären oder rechtfertigen können. Ich komme zu dem Schluss, dass es nicht an der Auswahl meiner Worte gelegen haben kann. Auch vom Inhalt her war eigentlich alles in Ordnung. Es kam nichts zur Sprache, was jemanden derart vor den Kopf hätte stoßen können, dass er den Gottesdienst aus Protest verlassen muss. Es ist mir ein Rätsel.

Die bohrenden Fragen, die ich von vielen anderen Diensten her kenne, lassen mich auf der gesamten Zugfahrt nicht los. Wenn es nicht gut gelaufen ist, überströmt mich der Selbstzweifel. Nach einer Predigt erlebe ich immer einen Kampf mit mir selbst, der begleitet wird von kritischen Fragen an mich. Tue ich diesen Dienst für die Menschen oder tue ich ihn für Gott? Oder tue ich ihn doch nur für mich und mein eigenes Ego? Es ist eine Frage nach meiner Motivation. Im Grunde ist es doch so, dass ich mich meist viel zu wichtig nehme. Es geht zu sehr um mich und zu wenig um Gott, um seine Sache und auch um die Zuhörer. Ich will diesen Dienst für Gott tun, aber mein Ego steht mir immer wieder im Weg. Es bläht und plustert sich auf wie ein Gockel, der sich wichtiger nehmen will, als er eigentlich ist. Wenn ich mich selbst nicht so ernst nehmen würde, hätte ich vermutlich auch keine Angst. Aber die Angst hat mich diesmal fast umgebracht. Es war der reine Horror.

Ich glaube, dass kaum ein Prediger frei von diesem Kampf um Anerkennung ist. Man kann sie ja vorne gut beobachten, die Männer und Frauen Gottes. Mir ist noch keiner untergekommen, bei dem ich das Gefühl hatte, er wäre komplett selbstlos. Niemand steht da vorne auf der Bühne und ist frei von den Reaktionen, die aus der Menge kommen. Spätestens wenn der Prediger oder die Predigerin kritisiert wird, kann man sehen, wie weit es um die Selbstlosigkeit des Agierenden steht. Wer sich selbst immer wieder krampfhaft verteidigt, steht nicht gut da. Und ich bin einer davon.

Natürlich gibt es Ausnahmen in der Kirchengeschichte. Franz von Assisi, vielleicht sogar der neue Papst, wer weiß. Aber die Regel ist: Jeder Mensch, der sich auf einer Präsentationsfläche exponiert, darstellt, etwas von sich preisgibt, braucht auch positive Rückkopplungen und Resonanzen. Nur jemand mit masochistischen, also krankhaften Neigungen kann daran Gefallen finden, wenn er versagt, kritisiert, ausgebuht oder einfach nur ignoriert wird.

ICH WILL DIESEN DIENST FÜR GOTT TUN, ABER MEIN EGO STEHT MIR IMMER WIEDER IM WEG.

Ich glaube, dass es auch eine krankhafte Form der Sehnsucht nach Bestätigung durch andere gibt, und ich befürchte, dass ich nicht frei davon bin. Es ist faktisch so, dass ein Misserfolg immer sehr stark an meinem Selbstwertgefühl nagt. Kaum ist der Dienst beendet, dränge ich förmlich danach, positives Feedback zu bekommen. Nicht unbedingt in Form von Händeklatschen oder Jubelrufen. Aber doch so, dass der Veranstalter mir eine nette Rückmeldung geben muss, sonst fühlt es sich nicht gut an. Er muss mir sagen, wie gut es war, was alles passiert ist, wie großartig Gott gewirkt hat, sonst hänge ich emotional in der Luft.

Diese groteske Anspannung nach einer Veranstaltung ist für mich manchmal kaum auszuhalten. Als ich noch in Köln gelebt habe, sind meine Frau und ich regelmäßig in einen Gottesdienst nach Remscheid gefahren. Dort habe ich auch mehrfach in einer Gemeinde predigen dürfen. Die Rückfahrt war für mich immer wie ein großer Selbstwerttest. Trotz zahlreicher Andeutungen, dass ich gerne hören würde, wie ich war, meine Frau wollte partout nicht bei meinem Predigerbeweihräucherungsspielchen mitmachen. »Na, wie fandest du den Gottesdienst heute?«, kam die vorsichtige Frage meinerseits. Und wenn die Antwort zu allgemein ausfiel, musste ich nachhaken.

»Und? Wie fandest du die Predigt?« Dieses Spiel haben wir unendlich oft gespielt. Keine Reaktion zu bekommen hieß für mich, ich hatte grandios versagt.

Meine eigene Einschätzung von meinem Dienst liegt immer im Negativen. Nie bin ich zufrieden. Es könnte stets mehr sein. Die mir selbst gelegte Latte liegt immer höher als meine Möglichkeit, sie zu überspringen. Ganz fromm könnte ich auch sagen, dass meine Erwartungen an Gott, meine Hoffnungen, ja, mein Glaube sehr groß sind. Und diese zu hohen Erwartungen werden dann oft von der Realität bitter eingeholt. So laufe ich auch stets mit einer Enttäuschung von Gott herum. Er handelt nicht in dem Maße, wie ich es mir von ihm erbeten haben. Fast immer.

Die Angst war diesmal wieder sehr schlimm. Vor allem ausgelöst durch das plötzliche Aufstehen der Gruppe von Jugendlichen in der Mitte der Predigt.

In der nachfolgenden Zeit hängt mir dieser Gottesdienst noch lange nach. Es muss mir gelingen, das zu leben, was ich auch selbst predige, wovon ich überzeugt bin. Gott ist Liebe. In diesen drei Worten ist das ganze Evangelium zusammengefasst. Alles muss sich dem unterordnen. Jede Forderung, jedes Gesetz, jede Moral. Denn diese Liebe Gottes ist für uns bedingungslos. Und wenn sie bedingungslos ist, dann muss das auch bedeuten: Gott liebt mich, selbst wenn ich versage. Seine Liebe ist an keine Leistung geknüpft und auch nicht an den Erfolg oder Misserfolg einer Predigt. Die Zuneigung Gottes zu mir ist so groß, dass sie jedes Versagen aufsaugen und eliminieren kann. Sie hat die Kraft, mich frei zu machen. Frei von mir selbst, frei von meinem Ego und auch frei von der Angst. Ich muss dahin kommen, dass ich diese Liebe wirklich an mich ranlasse. Sie muss mich ausfüllen und von innen heraus verändern. So steht es doch in der Bibel, oder? Diese biblischen Worte wirken von außen und innen, fast so wie Medikamente. Sie können helfen, aber in diesem Fall sind sie nie ganz tief bis in mein Herz vorgedrungen. Wenn Gott mich liebt, brauche ich eigentlich keine Affirmation von Menschen mehr, so einfach ist das. Und doch ist es so sauschwer umzusetzen und zu glauben.

Im Übrigen braucht jeder Mensch Liebe von anderen Menschen. Das lehrt uns die Psychologie schon viele Jahrhunderte. Wenn ein Mensch keine Zuneigung bekommt, dann wird er schwer krank und stirbt. Der deutsche König und römische Kaiser Friedrich II. machte im 13. Jahrhundert ein barbarisches Experiment. Er nahm Müttern ihre neugeborenen Kinder weg und ließ sie von gedrilltem Personal aufziehen, ohne dass die Kinder auch nur eine Form der Zuneigung durch Worte oder Berührung erfahren konnten. Die Ammen durften die Kinder nicht streicheln, nicht liebkosen, nicht mit ihnen sprechen. Sein Ziel war es herauszufinden, ob diese so behandelten Kindern in eine Art Ursprache zurückfallen, seine Vermutung war, es wäre Hebräisch. Doch das Ergebnis ist bis heute schockierend. Alle Kinder starben. Sie konnten ohne Zuneigung, ohne Liebe durch Worte oder Berührungen einfach nicht existieren. Babys ohne menschliche Liebe sterben.

WENN GOTTES LIEBE BEDINGUNGSLOS IST, DANN MUSS DAS AUCH BEDEUTEN: GOTT LIEBT MICH, SELBST WENN ICH VERSAGE.

Ich glaube ganz fest, dass Gottesbilder entscheidend sind für das Lebensglück eines Menschen. Ich habe dazu sogar ein eigenes Buch geschrieben, als mir das bewusst geworden ist. Immer wieder stelle ich bei Christen fest, dass ihre Probleme unmittelbar damit zusammenhängen, dass sie ein ganz schlechtes Bild von Gott haben. Diese Vorstellung versteckt sich hinter frommen Masken, verkleidet mit schönen biblischen Floskeln. Aber es ist trotzdem ein krank machendes Gottesbild.

Ende des 18. Jahrhunderts gab es einen weltweiten Aufbruch in der Christenheit, der im Rückblick den Namen »Heiligungsbewegung« bekam. Diese Bewegung machte sich im sogenannten Pietismus breit, im Rahmen von protestantischen Kirchen und Freikirchen. Das Gottesbild, welches hier propagiert wurde, war eindeutig. Gott ist ein heiliges, überirdisches Wesen, dem man nur begegnen kann, wenn der Christ ebenfalls heilig lebt. Darum Heiligungsbewegung. Mit heilig war ein moralisch einwandfreies Leben gemeint. Wer Gott begegnen wollte, musste in seinen Gedanken, Worten und Taten gemäß eines strikten Moralkodexes leben. Diesen Kodex nahmen die Christen aus Aussagen der Bibel, welche aber meist aus dem historischen und inhaltlichen Zusammenhang gerissen wurden.

So wurde die Bibel zu einer Art Normenregister umgemünzt, zu einem moralischen Gesetzbuch, aber dieses auch nur in eine gewisse Richtung interpretiert. Lachen war Sünde. Alkohol trinken war Sünde. Musik war weitestgehend auch Sünde. In einigen Gottesdiensten im Pietismus durfte keine Musik ertönen. Denn, so glaubte man, Töne und Rhythmus waren weltlich und nicht geistlich, sie stammten aus einer säkularen Quelle und nicht aus einer himmlischen. Ich habe gehört, dass noch vor Jahren Schlagzeuge aus manchen pietistischen Gottesdiensten verbannt wurden, weil man glaubte, Trommeln kämen aus dem Bereich des Voodoo-Zaubers. Mit ihren Rhythmen würde man dunkle Geister anlocken. Gott mithilfe von Schlaginstrumenten zu lobpreisen war für diese Christen schlicht nicht denkbar.

Auch wenn sich die meisten Gläubigen von diesem Bild befreit haben, steckt eine Vorstellung von einem strafenden, allzeit kontrollierenden Gott ganz tief in der DNA des Glaubens. Und die Kirche im Allgemeinen braucht stetig eine neue Revolution der Befreiung von diesen moralischen Normen, die wir uns immer wieder fälschlicherweise setzen. Es ist ein Wagnis, Normen zu hinterfragen. Eine Norm ist ja wie ein Wegweiser, wie eine Mauer, wie eine Begrenzung. Sie sagt uns, was wir tun dürfen und was nicht, und damit gibt sie eine Richtung vor und auch Sicherheit im Denken und Handeln. Hinterfragt man diese Norm, verunsichert das den Menschen. Es muss deshalb sofort eine neue Norm gefunden werden, wenn eine alte stirbt, sonst werden wir nicht glücklich.

Abends denke ich noch viel über diesen Einsatz nach. Bei all dem, was ich im Glauben verstanden habe, ist doch so wenig in meinem Herzen gelandet. Ob ich wirklich der Richtige in diesem Dienst als Prediger bin? Braucht es nicht Menschen, die sich nicht ständig selbst hinterfragen, um diese Aufgabe gut zu erledigen? Ist mein Zweifel nicht auch ein Zeichen, dass ich aus dem Dienst aussteigen sollte? Ist es für den Job in der Verkündigung nicht elementar wichtig, dass man einen auf die Bibel gegründeten, theologisch nicht hinterfragbaren Kanon hat? Bei mir ist ständig etwas im Wandel. Ich weiß nicht, ob ich morgen das noch glauben kann, was heute meinen Glauben definiert. Diese ständige Ungewissheit macht mich krank. Vielleicht führt mein Weg eher aus dem Dienst heraus als in den Dienst hinein. Vielleicht werde ich in absehbarer Zeit aufhören zu predigen und Texte über den Glauben und das Christentum zu schreiben. Die Angst ist unerträglich und vermiest mir den Dienst ganz und gar. Solange ich diese Fessel um meinen Hals habe, macht mir das Predigen keine Freude. Vermutlich brauche ich auch eine Auszeit. Ob ich dann jemals wieder zurückkommen werde, ich weiß es nicht.

WAS ICH VON DIESER REISE MITGENOMMEN HABE

Ich will mir merken, dass äußere Gegebenheiten nicht über mein Selbstwertgefühl entscheiden können. Dieser Gott hat mich so angenommen, wie ich bin, darüber predige ich und das gilt natürlich auch für mich. Dass meine Angst vollkommen unbegründet war, ist nichts Neues. Aber ich muss lernen, nicht zu sehr auf die Reaktionen der Zuschauer achtzugeben, sondern mehr in meinem eigenen Gedankenfluss bleiben. Dass ich mit Lampenfieber in der Kirche zu kämpfen habe, wusste ich bereits. Aber dass es auch ein Problem in der Schule werden kann, musste ich bei meinem nächsten Einsatz in Schneeberg ganz hart erleben.

Nachtrag: Einen Tag nach meinem Einsatz in Essen erzählt mir der Veranstalter, dass die Jugendlichen, die den Gottesdienst vorzeitig verlassen hatten, aus einer stationären Jugendeinrichtung kamen. Diese liegt fünfzig Kilometer entfernt, sodass sie den letzten Bus erwischen mussten, um einigermaßen rechtzeitig nach Hause zu kommen. Es war ein Wunder, dass sie überhaupt so lange geblieben sind.

3
SCHNEEBERG

Juni 2012

**Angst auf einem Schuleinsatz in Schneeberg, ein Tagesseminar
mit der Jugend und wie ich dem Satan übergeben wurde**

Die Zugfahrt nach Schneeberg ist mal wieder ein Genuss. Grüne
Landschaften, wunderschöne Waldstücke, bis man endlich die ersten Gipfel vom Erzgebirge erkennen kann. Ich freue mich schon sehr
auf die Zeit bei den alten Freunden. Die freie evangelische Gemeinde
Schneeberg lädt mich nun schon über einige Jahre immer Ende Januar für ein ganzes Wochenende ein. Ich weiß gar nicht mehr, wie der
erste Kontakt zustande kam. Aber mittlerweile habe ich das Gefühl, es
ist so, als käme ich nach Hause. In all den Jahren sind richtiggehend
tiefe Freundschaften entstanden. Ein wenig hat mich die Gemeinde
adoptiert und umgekehrt auch ich die Gemeinde. Die drei Tage in
Sachsen sind jedes Mal sehr intensiv. Meist fangen wir bereits am
Freitag mit einer Veranstaltung in der Schule an, abends gibt es ein
Treffen mit den Leitern der Jugend. Samstag wird ein Tagesseminar
angesetzt mit einem überregionalen großen Abschlussgottesdienst in
der Kirche. Und Sonntagmorgen darf ich zum Abschluss noch einmal
im Gottesdienst der Erwachsenen der Gemeinde predigen. Meine
Veranstaltungen in Schulen haben immer mit meiner Volxbibel zu
tun, die ich Anfang des neuen Jahrtausends schreiben durfte. Damals
arbeitete ich in einem städtischen Jugendzentrum, und mir fiel auf,
dass viele biblische Begriffe für junge Menschen eine vollkommen

andere Bedeutung bekommen hatten. Sünde war etwas Positives geworden, der Heilige Geist ein anderes Wort für Schnaps und bei den Zehn Geboten gab es Assoziationen zur Straßenverkehrsordnung. Darum habe ich versucht, die ganze Bibel in einer Art Straßensprache zu übertragen, mit Worten und Bildern aus der heutigen Zeit. Mein Bibelbuch wurde von konservativen Kreisen damals stark kritisiert, war aber auf der anderen Seite ein richtig großer Verkaufshit. Es landete sogar in der säkularen Bestsellerliste unter den Top 20.

Der Pastor hat die Kirche in Schneeberg nicht selbst gegründet, er kam erst später dazu. Dennoch steckt er mit seinem ganzen Herzen mitten in der Arbeit.

Endlich kommt mein Zug am Bahnhof an und der Pastor begrüßt mich wie immer sehr herzlich. Seine Kinder hatten zufällig schon in jungen Jahren Kontakt mit den »Jesus Freaks«, daher gibt es schnell ein gutes Einstiegsthema. Für ihn ist es eine positive Entwicklung, dass seine Kinder mit meinem geistlichen Werk zu tun haben. Schon bei einem unserem ersten Zusammentreffen vor vielen Jahren erzählte er mir, dass nach seiner Einschätzung die Töchter wohl nichts mehr mit dem Glauben an Gott zu tun haben würden, wenn es nicht die »Jesus Freaks« gegeben hätte. Das finde ich schön.

Nach einer längeren Fahrt kommen wir in der Mittelschule in Schneeberg an. Die Lehrerin wartet schon vor dem Eingang auf uns. »Guten Tag, Herr Dreyer, schön, dass Sie da sind!« Ich grüße zurück.

Um ehrlich zu sein, fallen mir solche Schuleinsätze immer sehr schwer. Ich habe damit einmal eine sehr schlechte Erfahrung gemacht. Schüler sind ab einem gewissen Alter unberechenbar. Eine Schulstunde über die Volxbibel kann eine wunderbare Sache sein. Sie kann sich aber auch zu einer absoluten Horrorveranstaltung entwickeln, zumindest für den Pädagogen, also für mich.

Vor Jahren sollte ich einmal in einer Kölner Gesamtschule die Volxbibel als Projekt vorstellen. Vor den drei elften Klassen lief es noch hervorragend. Die Schüler stellten die richtigen Fragen, ich war locker und entspannt, die Sitzung war ein voller Erfolg. Dann kamen drei zehnte Klassen und hier lief es sogar noch etwas besser.

EINE SCHULSTUNDE ÜBER DIE VOLXBIBEL KANN EINE WUNDERBARE SACHE SEIN – ODER EINE ABSOLUTE HORRORVERANSTALTUNG. Am Ende der Unterrichtsstunde hob ein junges Mädchen die Hand und fragte: »Sagen Sie, so wie Sie über diesen Jesus reden, hat man das Gefühl, Sie glauben wirklich, dass es den gibt, oder?« Was für eine Steilvorlage. »Ja, natürlich glaube ich das!«, antwortete ich freudestrahlend. »Ich habe vorhin noch mit ihm gesprochen!« Anschließend konnte ich ausführlich das Evangelium erklären und die staunenden Schüler hörten mir dabei aufmerksam zu.

Aber dann kamen die neunten Klassen. Und das war der reine Horror. Bereits nach fünf Minuten spürte ich eine große Unruhe im hinteren Teil des Raumes. Dort saßen vier Jugendliche, die sich aus meiner Lesung einen Spaß machen wollten. Ich war pädagogisch vollkommen überfordert. Mit allem hatte ich gerechnet, auf alles war ich vorbereitet, aber nicht darauf, verlacht zu werden. Die vier hoben nacheinander immer zu einem falschen Zeitpunkt die Hände und stellten nicht ernst gemeinte Fragen, die mich vollkommen aus der Fassung brachten. »Würde Jesus auch Fußball spielen?« Oder: »Was für Kleidung trug Jesus?« Das waren noch die leichter zu beantwortenden Fragen.

Dann wurde es aber immer obskurer. Ob Jesus sich die Schuhe zubinden konnte, ohne hinzuschauen, oder ob er vielleicht schwul war. Die Schüler grölten, weil ich rot anlief und krampfhaft versuchte, eine gute Antwort zu finden, die es gar nicht gab. Die Situation überforderte mich damals komplett. Und sie löste in mir natürlich eine Angstattacke aus, die ich nicht mehr beherrschen konnte. Knallrot angelaufen, im Körper eine Überdosis Adrenalin und schweißgebadet brach ich die Schulstunde nach der Hälfte der Zeit ab. Der zuständige Lehrer schritt leider nicht ein, vielleicht hatte er sogar mehr Angst als ich. Ich war mit der Situation komplett überfordert. Danach hatte ich mir eins ganz fest vorgenommen: nie wieder Schuleinsätze!

Der Leitungskreis der Schneeberger Gemeinde weiß natürlich nichts von meinem Schwur und absagen kann ich jetzt auch nicht mehr. Ich tröste mich mit dem Gedanken, dass Köln nicht Schneeberg ist und die Jugendlichen mich vielleicht freundlicher aufnehmen werden als die aus der viertgrößten Stadt Deutschlands.

In der Klasse angekommen, verspüre ich sofort wieder den Adrenalinanstieg im Blut. Das Lampenfieber kommt. Meine hektischen Flecken am Hals sind nun für jeden sichtbar, und das ist mir extrem peinlich. Meine Ängste sind, wie ich finde, in dieser Situation vollkommen berechtigt. Niemand mag es, wenn eine Gruppe von jungen Menschen die eigene Unsicherheit spürt. Das fühlt sich mies an. Ich versuche, das Lampenfieber zu übertünchen, mache ein paar trockene Sprüche, die aber meine starke Nervosität nur noch mehr aufzeigen. Schließlich stelle ich den Schülern mit einer PowerPoint-Präsentation kurz das Projekt Volxbibel vor. Alle hören mir mehr oder minder aufmerksam zu und nach einer Weile wird meine Angst etwas weniger. In diesen Lampenfiebersituationen hilft eine Präsentation mit Folien sehr, weil sie einem Skript gleichkommt, dem man stur folgen kann, egal, wie man sich fühlt.

»Im nächsten Teil möchte ich mit euch ein kleines Experiment wagen. Ich gebe euch hier in Kopie einen ganz berühmten Text aus der Bergpredigt. Jesus sagt dort einige extreme Worte zum Thema Gewalt. Ich habe von eurer Klassenlehrerin gehört, dass ihr an der Schule gerade ein Problem mit Gewalt auf dem Schulhof habt, ist das richtig?« Einige Schüler nicken, besonders die Mädchen. »Teilt euch bitte in fünf Gruppen auf und versucht diesen Text einmal zu vervolxbibeln. Das heißt, dass ihr ihn in eure eigenen Worte umformulieren sollt, mit Bildern, die ihr benutzen würdet. Es soll in eurer Sprache vom Schulhof ausgedrückt werden, was Jesus hier eigentlich sagen will. Versteht ihr?« Die Klasse macht erstaunlich gut mit. Ich bin erleichtert, denn das pädagogische Werkzeug, Jugendliche für eine Aufgabe zu motivieren, habe ich eigentlich nicht. Und es beruhigt mich ungemein zu sehen, dass ich die Jugendlichen beschäftigen kann.

An den fünf Tischen herrscht ein reges Treiben. Ich gehe durch den Raum und kann die Diskussionen mitverfolgen. Teilweise ringen die Schüler richtig um einzelne Formulierungen, wie schön. Am Ende bitte ich die Jugendlichen, einen Vorleser aus jeder Gruppe zu bestimmen, der das Ergebnis in Form einer Lesung der Klasse vorträgt. Als Erstes kommt ein kleiner blonder Junge nach vorne. »Wir haben uns lange darüber unterhalten, was man aus dem Vers machen kann: ›Und wenn jemand dir auf die rechte Backe schlagen wird, dem biete auch die andere dar‹ (Matthäus 5,39). Unser Ergebnis ist so: ›Jesus sprach: Und wenn dir jemand auf die Fresse haut, dann sag ihm, dass er dir auch noch mal in den Magen boxen soll.‹« Staunendes Gelächter in der Klasse. Ich lobe das Ergebnis, denn es trifft die Aussage Jesu nach meinem Verständnis sehr gut.

Schließlich kommt die letzte Gruppe nach vorn. »Wir haben uns Folgendes überlegt: Bei uns kam es schon vor, dass Jungs aus den höheren Klassen unsere Handys abgezogen haben. Darum ist unsere Übertragung so: ›Jesus sprach: Und wenn dir jemand das iPhone klaut, dann schenke ihm deinen iPad noch dazu!‹«. Super, genau das ist es! Lauter Applaus in der Klasse und auch ich bin schwer begeistert. Nach dem Unterricht verlassen wir die Schule und gehen fröhlich zum Mittagessen. Das war schon mal ein guter Einstieg.

Nachmittags geht es dann weiter. Der Abendgottesdienst mit der Jugend aus dem Nachbarort ist wieder sehr voll. Ich wurde vom Veranstalter angefragt, die Predigt zu halten, und das mache ich sehr gern. Auch wenn das aus meinem Mund komisch klingt, es ist für so einen kleinen Ort immer ein Ereignis, wenn jemand aus der Hauptstadt anreist, um dort zu predigen. Das zieht mehr Leute an und die Erwartungen sind dementsprechend groß. Trotzdem ist die Angst sehr viel weniger als sonst. Relativ locker stehe ich vorn und predige zu den jungen Menschen. Später frage ich mich, ob es vielleicht so eine Art Adrenalinspeicher im Körper gibt. Wenn der erst einmal ausgeschüttet ist, braucht es eine Weile, bis sich neues Adrenalin gebildet hat. Vielleicht könnte das eine Lösung für meine Panikattacken sein? Einfach ein paar Stunden vor einer Veranstaltung eine aufregende Sache machen, um das ganze Adrenalin zu verpulvern? Klingt gut, ich werde die Idee weiterverfolgen.

Abends bin ich ganz schön kaputt und schlafe schnell ein. Nach dem Frühstück am nächsten Morgen bittet mich der Jugendleiter der Gemeinde zu einem besonderen Einsatz. Es geht um einen jungen Mann aus der Gemeinde, der schwer drogenabhängig ist. Wir sollen ihn besuchen und ich soll mit ihm reden. Auf dem Weg dorthin erzählt mir der Leiter, dass die Eltern ihn in der Woche zuvor um Hilfe gebeten hätten. Der Junge verschanze sich tagsüber seit Wochen in seinem Zimmer. Nur nachts gehe er raus, um sich neue Drogen zu beschaffen. Sie wüssten einfach nicht mehr weiter und hätten den Pastor immer wieder um Rat gebeten. Und dieser hat nun mich engagiert, um das Problem zu lösen. Ich empfinde es als eine absolute Überforderung.

Nach einer langen Fahrt kommen wir beim Haus an. Nachdem wir das Auto geparkt haben, betreten wir die Einfahrt, wo wir von den Eltern gleich begrüßt werden. Die Mutter des Jungen macht auf mich einen sehr verzweifelten Eindruck. »Herr Dreyer, Sie müssen uns helfen! Bitte sprechen Sie mit unserem Jungen! Sagen Sie ihm, dass dieser Weg in den Tod führt! Wir wollen unseren Sohn nicht verlieren!« Um ehrlich zu sein, fühle ich mich überrumpelt. Immer wieder begegnen mir in meinem Dienst solche überhöhten Erwartungen. Eltern, die glauben, Martin Dreyer müsste nur einmal mit ihrem Kind reden und anschließend hört dieses sofort auf, Drogen zu nehmen, wird ein ordentlicher Mensch und absolviert im nächsten Jahr sein Abitur mit Auszeichnung. So ein Quatsch. Niemand kann so etwas bewirken und ich erst recht nicht. Weil ich aber zum Dienen nach Schneeberg komme, kann und will ich mich der dringenden Bitte der Eltern nicht entsagen.

Gemeinsam gehen wir die Treppe zum Dachboden hoch, auf dem der Sohn seinen eigenen Wohnbereich von den Eltern bekommen hat. Wir klopfen an die Tür und hören nur ein lautes Klappern und Rascheln. Die Mutter versucht die Tür zu öffnen, aber sie ist abgeschlossen. »Hey! Ich will dir nichts tun! Ich möchte nur mit dir reden!«, rufe ich durch das Schlüsselloch. Keine Antwort. Plötzlich hört man einen Knall, so als würde ein Fenster aufgestoßen werden. Die Mutter öffnet die Tür mit einem Zweitschlüssel, und wir sehen noch den Schatten von ihrem Sohn, wie er aus dem Fenster nach draußen springt. Er landet auf dem Boden und flieht schnellen Schrittes in den umliegenden Wald.

Ich überlege kurz, ob ich ihn jetzt verfolgen sollte. Von der Geschwindigkeit her müsste ich den jungen Mann einholen können mit meinen langen Beinen. Aber ich entscheide mich dagegen. Ich schau mich im Zimmer um. Es beherbergt eigentlich nur eine schwarze Matratze, die auf den Boden liegt und einen kleinen Tisch mit Stuhl.

> IMMER WIEDER BEGEGNEN MIR IN MEINEM DIENST ÜBERHÖHTE ERWARTUNGEN. ALLES QUATSCH.

Der Raum ist sehr verdreckt, überall liegen leere Dosen mit ausgedrückten Zigaretten rum. Es riecht nach einem Gemisch aus altem Schweiß und Chemie. Auf dem Tisch kann man eine Menge kleiner Schnipsel von Aluminiumfolie erkennen, die sauber übereinandergelegt sind. Daneben liegt ein kleiner Spiegel zwischen mehreren kurzen Strohhalmen. »Wollen wir vielleicht noch in dem Zimmer beten?«, frage ich die in Tränen aufgelöste Mutter. Sie nickt still. Der Jugendleiter, die Mutter und ich fassen uns an den Händen und beten, was das Zeug hält. »Jesus! Befreie diesen Jungen von seiner Sucht«, bete ich. »Begegne ihm und schenke ihm ein neues Leben!« Nachdenklich fahren wir weiter, um noch rechtzeitig in die Kirche zu kommen. Der Jugendleiter und ich reden die ganze Strecke kein Wort. Vermutlich, weil wir beide etwas ratlos sind.

Der Jugendgottesdienst am Abend ist gut besucht, aber läuft relativ vorhersehbar. Dafür soll es am nächsten Morgen noch einmal zu einem kleinen Aufreger kommen.

Der Abschluss meiner Reise in Schneeberg findet, wie bereits erwähnt, im Sonntagmorgengottesdienst statt. Die einladende Freikirche feiert jeden Sonntag im zweiten Stock eines ehemaligen Wohnhauses ihre Gottesdienste. Überall stehen Stühle im Raum. In der Mitte ist ein langer Gang, der nach vorne zum Rednerpult führt. Dort steht bereits die Band, welche sich mit Schlagzeug, E-Bass und Gitarre auf den Gottesdienst einspielt. Der Raum fasst gut und gern 250 Menschen. Er füllt sich zusehends, selbst im hinteren Bereich der Freikirche gibt es keine Sitzplätze mehr. Nach dem wirklich guten, weil lebendigen Musikteil predige ich über ein neues Thema. Ich lese einen Abschnitt aus der Bibel im Johannesevangelium. Titel meiner Predigt ist: »Anleitung zum Glücklichsein«.

Ganz subjektiv habe ich das Gefühl, dass an diesem Morgen weit mehr von meiner Botschaft ankommt als an den Tagen zuvor. Ich spüre so eine Art Kraftwirkung beim Sprechen und der Aufmerksamkeitslevel scheint extrem hoch zu sein. Und ich habe nur sehr wenig Angst, die Panikattacke ist kaum zu spüren. Vielleicht ist da doch etwas Wahres an der Theorie, dass ein Mensch sein Adrenalin verbrauchen kann und dieses nicht so schnell wieder nachproduziert wird? Es macht mir heute Morgen sogar richtig Freude, mit meinen Worten eine ermutigende Botschaft an die Gemeinde zu richten.

Wenn ich in einer Predigtsituation drin bin und die Angst überwunden ist, erlebe ich das manchmal wie eine Art Rausch. Ich vergesse für eine Zeit, wo ich mich gerade befinde und was ich hier mache. Es zählt nur noch der Augenblick. Die Worte fließen einfach so aus mir heraus und jedes Nicken, jeder anerkennende Blick wirkt wie die Anfeuerungsrufe beim Fußballspiel aus der Westkurve. Auch ohne dabei großartig emotional zu werden, spüre ich, wie eine Energie von meinen Worten ausgeht und diese Energie zurückkommt. Ich empfinde, natürlich ganz subjektiv, dass Gott in diesem Moment sehr stark anwesend ist und dass er mich gebraucht, in dem Maße, wie ich es zulasse. Das ist schön.

> WENN ICH IN EINER PREDIGTSITUATION DRIN BIN UND DIE ANGST ÜBERWUNDEN IST, ERLEBE ICH DAS MANCHMAL WIE EINE ART RAUSCH. ES ZÄHLT NUR NOCH DER AUGENBLICK.

Die Predigt verläuft in den folgenden Minuten außerordentlich gut. Viele der Gemeindemitglieder kenne ich ja nun mittlerweile. Ich schaue beim Sprechen in die Runde und nehme wahr, wie mich einige der Christen in Schneeberg freundlich anlächeln. Diese Gemeinde ist tatsächlich schon fast eine Art Familie für mich geworden. Zum Ende hin bringe ich noch einen Abschlusssatz. »Darum wäre es gut, wenn wir uns alle mehr auf dieses Abenteuer Glauben einlassen würden, wir sollten uns alle ganz auf unsere Beziehung zu Gott besinnen«, sage ich zum Schluss. Es folgt das obligatorische »Amen«.

Als Nächstes habe ich vor, die Gemeinde gemeinsam beten zu lassen. Ich möchte die Christen dazu anleiten, Gott um einen Durchbruch zu bitten in dem Thema, um das es in meiner Predigt ging.

Urplötzlich erhebt sich ein älterer Herr von seinem Platz aus der hinteren Reihe. Er drängt sich zum Mittelgang, stürmt mit großen Schritten nach vorne auf mich zu. Der recht groß gewachsene Mann baut sich direkt vor der Bühne vor mir auf und blickt mich mit dunkelbraunen Augen ganz fest an. Dann streckt er seine Hände in meine Richtung. Mit lauter und durchdringender Stimme schreit er mir wutentbrannt und voller Aggression folgenden Satz entgegen:

»MARTIN DREYER! HIERMIT ÜBERGEBE ICH DICH DEM SATAN! DEINE SEELE SOLL IN DER HÖLLE VERBRENNEN!!!«

Danach dreht sich der ältere Herr auf seinen Hacken um und verlässt mit schnellen Schritten die Kirche, genauso überraschend, wie er gerade nach vorne gekommen ist.

Und ich? Ich bin sprachlos. Ich bin konsterniert. Ich bin getroffen. Mir kullern Tränen die Wangen runter. Irgendwie habe ich in diesem eigentlich geschützten Augenblick mit allem gerechnet, aber nicht mit so etwas. Dieser Christ hat mich gerade dem Satan übergeben! Mein Herz, meine Seele ist in dem Moment vollkommen ungeschützt. Ich habe mich ganz für die Gemeinde und meinen Dienst an den Menschen geöffnet und alle Schutzwälle runtergelassen. Mir fehlen spontan die Mittel, um mich hinreichend für so einen Angriff zu schützen. Wumm, das hat gesessen.

Sofort stehen die Ältesten der Gemeinde auf. Fünf Christen stellen sich in einem Kreis um mich herum und beginnen zu beten. »Herr, segne Martin«, sagt einer. »Wir brechen diesen Fluch in Jesu Namen«, ein anderer. »Danke für Martin und seinen Dienst«, sagt eine ältere Dame. Sosehr die ersten Worte wehtaten, desto stärker tun mir die zweiten Worte gut. Ich nehme jede Umarmung dankbar an. Schließlich ist der Gottesdienst vorbei.

Nach einem gemeinsamen Mittagessen bringt mich der Pastor wieder zum Bahnhof. Ich bin überrascht, wie nahe wir uns in den zwei Tagen gekommen sind. Ein wirklich toller Pastor, so wie man sich einen Gemeindeleiter wünscht.

Auf dem Rückweg in der Bahn denke ich noch lange über diesen Moment im Gottesdienst nach. Wie können Menschen nur so etwas tun? Sich vor jemanden stellen, den sie gar nicht kennen, und ihn laut dem Satan übergeben? Dieser Mann muss ja ganz bewusst extra in den Gottesdienst gefahren sein, nur um genau das zu tun. Er hatte es sich vorher vorgenommen, er war nur dort, um mich zu verfluchen. Das war keine spontane Handlung, das war geplant. Der Pastor versichert mir später, dass dieser Mensch in der Gemeinde gänzlich unbekannt ist. Aber was für eine Motivation steckt dahinter, wenn ein Christ, der an den gleichen Gott der Liebe glaubt wie ich, sich genötigt sieht, einen anderen Christen in die Hölle zu wünschen, nur weil er theologisch andere Einsichten hat als er? Vermutlich gehört dieser Mann zu der Front der Kritiker, die auch meine Übertragung der Volxbibel verdammen. Diese Gruppe von Christen gehen zum Teil auch im Internet recht militant gegen Andersdenkende vor. Ihr Motiv ist dabei eigentlich nur Angst. Es gibt ein Heer von angstbesetzten Christen, die hinter jeder Ecke einen bösen Dämon vermuten. Und Angst war noch nie ein guter Ratgeber.

Tatsächlich gibt es auch einige Prediger, die mit dieser Angst arbeiten, die eine Angst vor der Hölle und vor dem Satan schüren.

ES GIBT EIN HEER VON ANGSTBESETZTEN CHRISTEN, DIE HINTER JEDER ECKE EINEN BÖSEN DÄMON VERMUTEN. UND ANGST WAR NOCH NIE EIN GUTER RATGEBER.

Alles Negative wird dem Satan zugeschrieben, alles Positive Gott. Nur: so einfach ist das Leben nicht. Und auch die Bibel kennt viele Grautöne zwischen Schwarz und Weiß.

Ich bin nur froh, dass ich so viel Bestätigung für meinen Dienst bekomme, dass diese schlimme Form der Kritik, bis hin zum Aussprechen von Flüchen, mich nicht mehr im Tiefsten treffen kann. Auch wenn ich mich selbst als einen sehr unsicheren Menschen erlebe – dass Gott mich in seinen Dienst gerufen hat, dessen bin ich mir gewiss. Nicht alles, was ich in seinem Auftrag getan habe, war gut. Im Rückblick würde ich vieles anders machen und anders sagen. Aber dass Gott mich berufen hat und gebrauchen konnte, das habe ich zu oft und zu unzweifelhaft erlebt. Also: Geh weg, Satan, du hast mich nicht bekommen.

WAS ICH VON DIESER REISE MITGENOMMEN HABE

Ich halte für mich fest, dass es sich lohnt, die Angst zu überwinden. Gott kennt meine tatsächliche innere Verfassung, er kennt mein Herz und vor ihm brauche ich mich nicht zu fürchten. An den Gedanken, dass es Christen gibt, die mich für eine Gefahr halten, werde ich mich nie ganz gewöhnen können. Es ist manchmal anstrengend, sich bewusst zu machen, dass in dem Raum, der vor mir liegt, tatsächlich Menschen sitzen, die mich als einen grausamen Verführer ansehen, der besonders junge Menschen in die Hölle bringen will. Das ist aber auch ein typisch deutsches Problem. Es war nicht das erste Mal, dass mich ein Christ dem Satan übergeben hat, aber noch nie ist das direkt vor meinen Augen geschehen.

Im nächsten Kapitel möchte ich einen kurzen Rückblick auf meinen Dienst gewähren. Vor vielen Jahren konnte ich während eines Einsatzes eine Kirche auf dem afrikanischen Kontinent kennenlernen. In Kenia funktioniert die christliche Gemeinschaft gänzlich anders als in Deutschland. Ein Gottesdienst in der Form wie in Schneeberg ist dort vollkommen undenkbar. Die afrikanischen Christen haben einen sehr schlichten, einfachen, emotionalen und überaus schönen Glauben. Das Christentum ist dort aber auch immer etwas Existenzielles. Alles hängt davon ab, der gesellschaftliche Zusammenhalt, die Hoffnung, der Broterwerb, ja, sogar die medizinische Versorgung. Gottesdienste sind überlebensnotwendig und deswegen immer überfüllt. Von der Reise nach Kenia, durch große Städte und dürre Savannen, möchte ich als Nächstes berichten. Damals kannte ich die Angst noch nicht, sie war nicht so mächtig wie heute. Was war in der Zeit anders? War ich freier in der Ausübung meines Dienstes? Oder lag es an der fremden afrikanischen Kultur und Frömmigkeit?

Nachtrag: Einige Monate später bekomme ich einen Brief von den Eltern des Jungen, der in den Wald geflüchtet ist. Im Umschlag befinden sich mehrere Fotos und eine sehr große Geldspende. In dem Brief berichten mir die Eltern, dass nach dieser kurzen Begegnung mit mir ihr Junge irgendwie den Weg aus der Sucht herausgefunden hat. Ja, mehr noch, er kam zum Glauben, hat aufgehört zu dealen und macht nun eine Ausbildung zum Lkw-Fahrer. Er hat ein vollkommen neues Leben im Glauben an Gott begonnen und wurde vom Drogenkonsum vollständig befreit. Erstaunlich, aber doch ein guter Grund, laut »Halleluja« zu rufen.

KENIA

Juni 1998

**Rückblende aus einer Zeit vor der Angst:
Einladung von einem Pastor aus Afrika, eine Jugendkirche
in seinem Land zu gründen**

Ich sitze im Flugzeug auf dem Weg nach Nairobi. Der mir zugewiesene Fensterplatz entpuppt sich als absoluter Glücksgriff, denn über vier Stunden fliegt die Maschine unter wolkenlosem Himmel. Der Anblick ist faszinierend, ein blauer Teppich im Meer, dann ein grüner Steifen, und wir befinden uns plötzlich über der Sahara-Wüste. Ebenso plötzlich kommen mir die Tränen, und ich weine einfach nur so vor mich hin, bis mir mein Nachbar netterweise ein Taschentuch reicht. Die Extreme des Lebens werfen mich um, und ich frage mich, ob diese Reise wirklich das Richtige zum richtigen Zeitpunkt mit der richtigen Besetzung ist. Was wird mich in Afrika wohl erwarten?

Erwartet hat mich am Flughafen anscheinend niemand. Pastor Philemon, der mich eingeladen hatte, unter dem Schirm seines Gemeindeverbunds »Miracleland Ministries« eine christliche Arbeit für junge Menschen mit dem Namen »Jesus Freaks Kenia« ins Leben zu rufen, ist nicht gekommen. Auch mein Onkel, der in Nairobi als Rektor die deutsche Schule leitet, hat mein Fax wohl nicht rechtzeitig erhalten.

So fahre ich mit einem Taxi zum YMCA-Hotel, in dem ich erst einmal Zwischenstation machen werde.

Es ist überraschend kalt in Afrika. Nairobi liegt sehr hoch und wir haben hier eigentlich Winter. Auf der Fahrt im Taxi bekomme ich einen ersten Blick auf dieses für mich fremde Land. Alles, was ich von der Stadt sehen kann, empfinde ich im ersten Moment als abschreckend. Viel Dreck und Chaos. Braun in Grau. Sehr wenig Grün, wenig schöne Gebäude. Im Hotel gibt es zum Glück noch ein freies Zimmer, und ich döse einige Stunden auf meinem Bett, bis die Sonne untergeht.

Abends fahre ich mit einem Safaritourleiter und zwei Amerikanern, die ich beim Abendessen im Hotel kennengelernt habe, in die Klubszene Nairobis. Wir besuchen einige Bars und Kneipen. Schon witzig, dass ich mich ausgerechnet hier irgendwie zu Hause fühle, in einer vollkommen fremden Stadt. Besonders gut gefällt mir der Besuch einer Hip-Hop-Disco, die wir abends betreten. Es fühlt sich lustig an, harte Rapmusik zu hören, umgeben von zweihundert dunkelbraunen Gesichtern, die sich geschmeidig und locker zu den Beats hin und her bewegen. Seit ich Basketball spiele, ist der unerfüllbare Wunsch in mir, als Schwarzer auf die Welt gekommen zu sein. Hat leider nicht geklappt, sonst wäre aus mir vielleicht ein besserer Ballspieler geworden.

Einen Tag später komme ich nachmittags schweißgebadet aus der Stadt in unser Hotel. Ich bin ehrlich froh, noch zu leben, denn um ein Haar wäre ich mit einem Messer im Bauch in den Straßen Nairobis verendet.

Folgendes ist passiert: Im Laufe des Vormittags habe ich beschlossen, das Hotel allein zu verlassen, da ich einige Briefe frankieren und in einer Poststation einwerfen will. Kaum bin ich aber eine Straße weiter vom Hotel entfernt, führt mich ein kleiner Junge, ich schätze ihn auf sechs oder acht Jahre, den ich nach dem Weg zur Hauptpost frage, mit einem Trick in eine kleine Nebenstraße. Plötzlich stehen drei stattlich gebaute junge Männer mit Baseballschlägern um mich herum. »Give us your money or die!« Wie unter Schock tue ich das Einzige, was ich ganz gut kann. Ich drehe mich um, renne los und laufe um mein Leben. Jede Sekunde Sprinttraining vom Basketball zahlt sich jetzt plötzlich aus. Mit schnellen Schritten sprinte ich die Straße entlang, in der Hoffnung, meine Peiniger abhängen zu können. Ich danke Gott für meine flinken Beine und für einen älteren Mann, der sich ganz plötzlich meinen Verfolgern in den Weg stellt und die Bande aufhält, während ich panisch davonrenne. Kenia, du kannst mir gestohlen bleiben! Ich will nach Hause!

Abends erreiche ich über ein öffentliches Telefon endlich meinen Onkel, der mich sofort am Hotel abholt. Bei ihm angelangt, kriege ich auch endlich Pastor Philemon zu fassen. Kenias Telefone sind wie Lotto am Mittwoch. Ob du eine Verbindung bekommst oder nicht, weiß keiner vorher. Nach einem längeren Gespräch verabreden Philemon und ich uns bei meinem Onkel, er will mich am morgigen Tag dort abholen. Mein Onkel wohnt in einer schicken Luxusvilla in einem Vorort von Nairobi. Als Lehrer an der deutschen Schule kann er sich drei Dienstleute, sogenannte »Boys«, für Garten und Haushalt leisten. Sein Garten hat einen fein gemähten, tiefgrünen englischen Rasen, verziert mit zahlreichen tropischen Gewächsen. Nachmittags sitze ich dekadent in einem großen Lehnstuhl auf seiner Terrasse, Blick auf den grünen parkartigen Garten, Gin Tonic in der rechten Hand, zwei rassige Windhunde zur Linken, fast wie in einem Hollywoodstreifen.

Am nächsten Morgen holt mich Pastor Philemon endlich ab. Er entschuldigt sich vielmals für sein Nichtkommen, er hatte einen Unfall mit dem Bus und traf erst zwei Stunden später am Flughafen ein. Was mir nicht klar war: In Afrika wartet man am verabredeten Ort und wenn es Tage sind, irgendwann wird man schon noch abgeholt. Den Ort zu verlassen war also mein erster Fehler und es sollte nicht mein letzter sein.

Dann beginnt unsere Reise. Philemon und ich steigen in einen öffentlichen Bus und fahren von einem der reichsten in eins der ärmsten Viertel Nairobis, um dort einen weiteren Bus nach Kisumu zu nehmen. Was für ein krasser Unterschied! Dieses Land ist so extrem, dass es für mich kaum auszuhalten ist. Eben war ich noch umgeben von Luxus und Klimaanlage. Jetzt ziehen an mir kleine Kinder vorbei, die mit Tüten vor dem Mund den Weg entlangtorkeln. In den Tüten befindet sich Klebstoff, der von den Kindern geschnüffelt wird. Der Rausch ist extrem gefährlich und die Droge tödlicher als Heroin. Die Rate an Todesfällen und Organschäden ist exorbitant hoch. Schwere Langzeitschäden wie Leber- und Nierenschäden sowie Gedächtnisausfälle, Lähmungen und Persönlichkeitsveränderungen sind häufige Begleiterscheinungen des Schnüffelns.

Vom Auto aus sehe ich zwei vielleicht zehnjährige Jungen, die vollkommen berauscht in einem stinkenden, qualmenden Müllhaufen nach etwas Essbaren suchen. Sobald wir den Bus verlassen, werde ich umringt von Menschen, die nur meine Haut berühren wollen oder einfach um Geld betteln. Philemon packt mich am Arm und zerrt mich in ein kleines Auto, welches bereits mit sechs Menschen gefüllt ist.

DIESES LAND IST SO EXTREM, DASS ES FÜR MICH KAUM AUSZUHALTEN IST.

Das Auto besteht eigentlich nur noch aus einem Haufen Schrott. Es gibt nur ein Teil, das noch funktioniert, und das ist der Motor. Ansonsten hat das Gefährt keinen Tacho, keinen Scheibenwischer, kein Licht, keine Gangschaltung und vermutlich auch keine Bremsen. Aus den Armaturen quellen zahlreiche lose Kabel, die ab und zu auch mal aufblitzen, vermutlich wegen eines Kurzschlusses. Der Wagen hat mit Sicherheit keinen Sicherungskasten und wenn doch, sind die Sicherungen wohl alle überbrückt worden.

Bei dem ersten Halt auf halber Strecke muss ich feststellen, dass die Bremsen tatsächlich schon bessere Zeiten gesehen haben. Unser Wagen kommt nur sehr schleppend zum Stehen. Ich bete inbrünstig: »Jesus, schicke bitte ein paar Mercedesschutzengel«, oder auch: »Lord, would you buy them a Mercedes Benz.«

Nach endloser Fahrt kommen wir im Dunkeln in einem Dorf kurz hinter Kindubay an. Philemon bringt mich in sein Haus oder das, was er so nennt. Es ist nach meiner westlich verwöhnten Einstellung eher eine alte Blechlaube, aber das ist jetzt nicht mehr wichtig. Hier werden wir die nächsten Wochen verbringen, und von diesem Haus aus werden wir alles Weitere planen, was unsere Reise betrifft.

Kindubay ist eine der ärmsten Gegenden in Kenia. Auf einem Stück Land stehen mehrere Hütten, die mit Lehmwänden, zementierten Fußböden und Wellblechdächern ausgestattet sind. Der Pastor gibt mir sein Zimmer und nach langem Bitten auch noch ein Moskitonetz. Wegen der Malariamücken, vor denen mich in Deutschland alle gewarnt haben, bestehe ich auf diesen Luxus. Ich will mich auf keinen Fall anstecken. Da ich von der Fahrt noch sehr erschöpft bin, falle ich umgehend in einen tiefen Schlaf.

Am nächsten Morgen bricht die Sonne durch ein kleines Fenster schräg über meinem Bett. Langsam realisiere ich, wo ich mich gerade befinde. »Hey, ich bin in Afrika!« Umständlich wickle ich mich aus dem weißen Netz, das wohl eher als Decke denn als Schutz in der Nacht vor den gefährlichen Moskitostichen fungiert hat.

Philemons Haus ist eine Luxuswohnung für die Verhältnisse vor Ort. Links neben seiner etwa fünfzig Quadratmeter großen Hütte wohnt eine Witwe mit zwei Kindern, die uns mit Essen versorgen wird. Gleich daneben stehen in einer Umzäunung mehrere Rinder. Dahinter ist ein kleines Toilettenhaus. Am unteren Ende des Grundstücks befindet sich ein Maisfeld. Mais ist das Hauptnahrungsmittel der Kenianer. Hinter dem Feld erkenne ich die weite Savanne mit kleinen Bananenstaudenwäldchen und palmenähnlichen Bäumen.

Philemon stellt mir heute Brother Ben vor, der extra für meinen Besuch aus dem Westen Kenias angereist ist. Brother Ben will in seinem Ort eine Jugendgemeinde gründen, nachdem er dort vor Jahren einen Miracleland-Zweig in Form einer Kirche für Erwachsene aufgemacht hat. Diese Jugendgemeinde soll ein ähnliches Konzept fahren, wie es die von mir gegründeten »Jesus-Freaks«-Gruppen halten. Dafür braucht er meine Hilfe. Zielgruppe sind eher unreligiöse Menschen, die noch nie in einem Gottesdienst in Kenia waren. Das Konzept sieht jugendgerechte Musik und Sprache vor, genau wie wir es in Hamburg in meiner Gemeinde gemacht haben. Brother Ben und ich unterhalten uns viel über die junge Generation in Kenia. Einer seiner der Sätze, die mich sehr beeindrucken, ist: »Die Kirche in Kenia hat die Jugend vergessen!« Er erzählt weiter, dass es in seinem Land nicht eine christliche Jugendarbeit gibt. »Wir brauchen eure Vision, euer Konzept, erzähl mir davon, so viel es nur geht! Ich möchte von euch lernen.«

> **DIE KIRCHE IN KENIA HAT DIE JUGEND VERGESSEN! ES GIBT IN DIESEM LAND NICHT EINE EINZIGE CHRISTLICHE JUGENDARBEIT.**

Am nächsten Morgen fährt mich Pastor Philemon in das Armenviertel. Dieses Viertel gehört zu seinem Einzugsgebiet, wir werden hier einige Tage verbringen.

Es ist kaum zu beschreiben, was für Eindrücke ich in mir aufnehme. Wir leben ohne Strom, fließend Wasser und Licht in einer kleinen Lehmhütte. Morgens kommt ein Junge mit einem Esel, der Wasser vom nahen Flussbett bringt. Damit waschen wir uns, und die Afrikaner trinken das Ganze dann auch noch, ohne es vorher abzukochen. Heute habe ich mir morgens die Zähne geputzt und anschließend festgestellt, dass sich mit dem gleichen Wasser vorher schon ein erwachsener Mann gewaschen hatte. Na super.

Ich dachte immer, ich wäre alternativ und was Hygiene angeht eher unkompliziert, aber die Klos verlangen auch mir wirklich alles ab. Nachdem man die Fliegen einigermaßen verscheucht hat, setzt man sich über ein kleines Loch auf dem Boden. Also noch nicht mal ein Brett oder ein Stuhl ist in dem Holzverhau vorgesehen. Was unten im Loch ist, kann ich nicht erkennen, denn es ist **WIR LEBEN OHNE STROM, FLIESSEND WASSER UND LICHT IN EINER KLEINEN LEHMHÜTTE.** dunkel und sehr tief. Aber ich rechne jeden Augenblick damit, dass etwas Schlangenförmiges mir gleich in den Hintern kriechen wird. Ich bemerke, dass ich eben doch ein Großstadtkind bin.

Essen bekommen wir später von einer Feuerstelle, zubereitet von Omega, einer jungen Frau, die Philemon bei sich aufgenommen hat, weil ihr Mann vor Jahren erschossen wurde. Sie darf dort wohnen und das Feld bestellen; als Gegenleistung sorgt sie sich um das Haus und bekocht ihn, wenn er da ist. Morgens gibt es Maisbrot mit Tee. Als Gast bekomme ich stets die doppelte Portion, was mir wirklich zu schaffen macht. Ich möchte keine Sonderbehandlung, auch wenn mir der Lebensstil fremd ist. Mittags und abends gibt es immer genau das gleiche Essen. Maisfladen, Reis, Ugali (ein Maisbrei in Topfform) und dazu Borga. Letzteres ist eine Art Rinderbrühe mit Spinat und anderen Zutaten. Schmeckt alles eigentlich ganz okay.

Die Natur in Kenia ist genauso extrem wie das Leben hier. Abends steige ich mit Brother Ben zum Sonnenuntergang auf einen Berg. »Dreh dich mal um«, sagt er plötzlich. Ich traue meinen Augen kaum, denn direkt hinter uns bildet sich gerade ein Twister, der mit irrer Kraft ganze Zweige kilometerweit in den Himmel schleudert. Was für eine Naturkraft!

Die Sonne ist so brennend heiß, dass man es nicht länger als eine Stunde im Freien aushält. Überall umgeben mich kleine Vögel in unterschiedlichsten Farben und Formen. Ben erklärt mir, welche Pflanzen gefährlich sein könnten. Viele der Sträucher sind mit giftigen Stacheln ausgerüstet, denen man besser nicht zu nahe kommen sollte.

Als ich von einem Baum eine gut aussehende Pflaume abpflücken will, reißt er schlagartig meine Hand weg und ruft: »Poison, poison, brother, don't eat this!!« Uuups, das wäre wohl die letzte Pflaume meines Lebens gewesen.

Am nächsten Morgen findet das erste Pastorentreffen der Kirche von Philemon statt, auf dem ich predigen soll. Mir ist mulmig im Bauch. Ich fühle mich nicht danach, große spirituelle Reden zu schwingen bei all dem, was bei mir zu Hause gerade passiert. Ich befinde mich mal wieder in einer Krise, meine Frau ist ausgezogen und hat die Scheidung bei Gericht eingereicht. Mein geistlicher Dienst steht damit infrage, denn eine Scheidung ist unter Christen in dieser Zeit im kirchlichen Dienst tabu. Die vielen Unsicherheiten in meinem Leben helfen mir auch nicht gerade bei meinem Angstproblem. Ich brauche etwas, auf dem ich spirituell stehen kann, wenn ich vorne stehe, um etwas über Gott zu sagen. Einen Halt, eine Sicherheit, einen guten Grund. Ja, einen Grund mehr als den, der in Christus gelegt ist, wie es so schön in der Bibel heißt. Ich brauche etwas Praktisches, etwas zum Anfassen.

Aber ich muss da jetzt durch, einen Ausweg gibt es nicht. Philemon sagt, er ist sich ganz sicher, dass Jesus will, dass ich heute predige. Der Teufel hätte alles versucht, unser Treffen zu verhindern, das reicht ihm als Beweis. Er berichtet von großen Kämpfen im Vorfeld und wie er mich um Sekunden am Flughafen verpasst hat. Also beten wir zusammen und das tut richtig gut. Philemon ist mir heute zum Freund geworden.

Am Abend sitzen wir gemeinsam am Tisch in seiner Hütte. Der Raum wird von der Petroleumlampe schwach erleuchtet. Mit einem dampfenden Tee in der Hand tauschen wir die Schwierigkeiten und Versuchungen in unserem Dienst aus. Er ist so ehrlich zu mir, dass es mir leichtfällt, mich auch ihm gegenüber zu öffnen. Wir sprechen auch über Eheprobleme. Ich frage ihn noch mal, ob er wirklich verstanden hat, was das Konzept der »Jesus Freaks« beinhaltet und ob das auf Kenia angewandt werden kann. Er bejaht dies voll und erklärt mir ausführlich seine Pläne. Alle Pastoren, die bereit dazu sind, sollen in ihrem Landesgebiet eine »JesusFreaks«-Gruppe gründen. Er hat extra Leute ausgesucht, alles »really bad people«, wie er sagt, die die Arbeit tragen sollen. Einige davon stellt er mir vor.

Da wäre zum Beispiel Jack, der in Kisumu eine Kinderstraßenbande angeführt und mehreren Menschen im Kampf die Kehle durchgeschnitten hat. Er ist vor Jahren gläubig geworden, hat eine einschneidende Erfahrung mit Jesus gemacht und führt nun ein ordentliches Leben.

Oder ein gewisser Daniel. Daniel lag im letzten Stadium mit Aids im Krankenhaus von Mombasa, bis ihn Gott durch ein Gebet von Philemon vollständig von diesem zu dieser Zeit noch tödlichen Symptomen heilen konnte. Oder eben Ben, der als Alkoholiker sein Leben aufgegeben hatte, bis er zum Glauben an Christus kam. »Wir veranstalten große Reggae-Partys und laden die Freaks dazu ein! Und dann werden wir eine Brücke zur Reggae-Szene bauen und führen diese Leute dann zu Jesus«, schwärmt er. Das klingt alles zu einfach, aber auch irgendwie sehr schön.

Am nächsten Morgen geht es mit dem Auto aufs Land. Durch den aufgewirbelten Staub hindurch erblicke ich schemenhaft einen großen Schuppen mitten auf einer großen Wiese, der näher und näher kommt. Mir wird erzählt, dass es sich hier um eine ehemalige Schule handelt, die Miracleland nur an den Wochenenden von den dort ansässigen Muslimen mietet. »Viele Muslime werden zurzeit Christen, weil sie die Wunder sehen, welche bei uns im Miracleland passieren«, erzählt mir Philemon.

Wir parken direkt vor dem Eingang, und ich gehe von hinten in den Raum rein, um mich in der letzten Reihe zu platzieren. Philemon winkt mich zwar wie wild nach vorne, wo zwei große braune Sessel für uns reserviert sind, aber ich fühle mich in der letzten Reihe besser aufgehoben und bleibe dort. »Gott liebt die letzte Reihe«, hat mal ein bekannter Prediger gesagt und diesem Satz fühle ich mich verpflichtet. Im Raum sitzen um die zweihundert Männer und Frauen, nach Geschlechtern getrennt: rechts die Männer, links die Frauen. Wir kommen gerade in den Teil des Gottesdienstes, in dem Gott mit Liedern und Gebeten angesprochen wird. Ich bin sehr berührt von dem, was hier passiert. Mit laut rhythmischem Klatschen fängt eine Frau an zu singen. Aber ihr Gesang klingt anders, er ist für mich kaum zu beschreiben. Es hört sich sehr melodisch an und doch ist er auch wie ein Schrei. Die Gemeinde folgt jedem ihrer Rufe mit einigem Abstand, wobei die Männer mit einer Art zweiten Stimme den Gesang begleiten. Es dauert nur einige Minuten, da gerät der ganze Raum in eine Art Ekstase. Menschen klatschen und tanzen, heben die Hände, schunkeln, springen umher, rufen, jubeln, singen. Es ist so laut, dass mit Sicherheit kein noch so großer Gottesdienst in Deutschland von der Dezibelzahl her mitkommen würde. Dabei läuft die Musik vollkommen ohne Verstärker und Instrumente ab.

Nachdem Philemon mit einer Ansprache von etwas über einer Stunde anfängt, wird mir eins klar: Wenn ich hier predigen soll, muss ich alles in die Waagschale werfen. Schamgefühl, Theologie, argumentatives Reden, eben »Deutschsein« ist hier überhaupt nicht angebracht. Für meine Predigt muss ich meine deutsche Zurückhaltung komplett aufgeben. Jetzt brauche ich jeden Krümel an Charisma, Erfahrung, Schauspieltalent, Redebegabung und Vollmacht, den ich aus meiner Persönlichkeit kratzen kann. Sonst werde ich hier nicht weit kommen. Also bete ich im Stillen: »Jesus, bitte gib mir noch ein letztes Mal spirituelle Kraft. Nur dieses eine Mal! Ich gebe dir meine Begabung, meine Berufung, ich gebe dir alles, was mich ausmacht, mach mit mir jetzt, was du willst!« Angst kann ich in so einer Situation nicht gebrauchen, sie spielt überhaupt keine Rolle. »Angst, wovor auch?«, kommt mir in den Kopf. Versagen kann ich hier nicht und eine peinliche Situation wird es nicht geben.

> MENSCHEN KLATSCHEN UND TANZEN, HEBEN DIE HÄNDE, SCHUNKELN, SPRINGEN UMHER, RUFEN, JUBELN, SINGEN.

Die Stimmung ist so emotional aufgeladen, dass ich von dem ekstatischen Hochgefühl einfach mitgerissen werde.

Schließlich ruft mich Philemon nach vorne. Ich spüre einen kurzen Anstieg von Adrenalin, aber dann überfällt mich eine große Ruhe. Ich muss hier nichts beweisen, ich kann hier nur gewinnen. Die Angst hat in Afrika noch nicht die Kontrolle über mich und sie passt auch nicht in diese Situation. Die Menschen sind hier anders, offener, begeisterungsfähiger, sie hat keinen Platz in meinem Denken.

Zuerst stellt mich Philemon der Gemeinde vor. Allein das dauert auch noch mal gut eine halbe Stunde und wird mit viel Gejubel und lauten Halleluja-Rufen begleitet. Jetzt sind die Blicke der Gottesdienstbesucher fast körperlich zu spüren. Alle starren mich an. Ich habe lange blonde Haare, ich habe Ohrringe, ich bin tätowiert, ich bin jung und vor allem: Ich bin weiß!

Nach einer kurzen Einleitung fange ich an zu predigen, wobei Philemon mich in die Muttersprache Luo übersetzt. »Gott liebt die letzte Reihe!«, rufe ich auf Englisch in den Raum. »Ich bin ein Sünder, ich bin nicht fähig, ich bin am Ende, ich bin schwach und kein Stück besser als irgendjemand von euch. Aber eins weiß ich: Gott liebt die letzte Reihe, er kann die Schwachen und die Fertigen und die Kaputten gebrauchen, um sich seine Kirche zu bauen.« »Jesus opaki! Jesus is Lord!«, hallt es als Antwort durch den Raum mir entgegen. Es fühlt sich wie die Anfeuerungsrufe aus der Westkurve an. Dann beginne ich, kurz meine Geschichte zu erzählen. Ich erzähle von meinem ersten Gottesdienst, in dem der Glaube an Jesus mich erfasst hatte. Als ich während meiner Predigt in der Blechhütte auf die Knie gehe und von dem Gebet berichte, mit dem vor Jahren meine Reise mit Gott begann, muss ich selbst plötzlich weinen. Ich schaue in die Gesichter der Menschen vor mir und sehe, dass viele auch Tränen in den Augen haben. Eine Energie aus dem Himmel ist jetzt irgendwie in dieser Blechhütte, und ich spüre, wie diese Kraft ganz plötzlich über mich kommt und mich ausfüllt. Von diesem Zeitpunkt an verläuft die ganze Predigt fast wie in Ekstase. Ich springe von rechts nach links, renne durch den Raum, schreie, lache, flüstere und weine, schmeiß mich wieder auf den Boden, um dann schnell aufzuspringen.

VON DIESEM ZEITPUNKT AN VERLÄUFT DIE GANZE PREDIGT FAST WIE IN EKSTASE. ICH SPRINGE VON RECHTS NACH LINKS, RENNE DURCH DEN RAUM, SCHREIE, LACHE, FLÜSTERE UND WEINE.

Mein Predigtthema stammt aus dem Matthäusevangelium der Bibel, es steht im 18. Kapitel. Dort erzählt Jesus von einem verlorenen Schaf, das die Herde verlassen und sich in der Welt verirrt hat. In der biblischen Geschichte beschreibt der Gottessohn, wie der Hirte, also Gott, diesem einen Schaf hinterhergeht und es so lange sucht, bis er es gefunden hat. Ich predige darüber, wie Gottes Einstellung, sein Herz genau für dieses eine verlorene Schaf schlägt, die Kirche sich aber mit Sorgen, Finanzen, Planungen und anderen Bemühungen nur noch um die neunundneunzig dreht, also die Menschen, welche sowieso schon in der Gemeinde sind. Ich versuche zu erklären, dass dieser Gott seine Leute heute immer noch zu den verlorenen Schafen rufen will, zu denen sonst keiner gehen möchte.

Ich weiß nicht, wie viel Zeit vergangen ist, vielleicht ist es eine Stunde oder auch zwei Stunden, denn ich werde dabei ja auch fortwährend übersetzt. Schließlich kommt der Punkt, an dem es nichts mehr zu sagen, aber viel zu beten gibt. Ich frage auf Englisch ernst und ruhig in die Gemeinde hinein: »Wer in diesem Raum will sich aufmachen, um zu den verlorenen Schafen zu gehen? Wer will von Gott ein Herz für die verlorenen Schafe bekommen? Der soll jetzt zu mir nach vorne kommen, damit wir zusammen beten können.«

OHNE RELIGIÖSES GETUE, OHNE FALSCHEN STOLZ IST FAST DIE GANZE GEMEINSCHAFT VOLLER LEIDENSCHAFT MEINEM AUFRUF GEFOLGT.

Ich habe kaum zu Ende gesprochen, da stürmen alle Pastoren nach vorne und schmeißen sich vor mir in den Staub. Viele schreien zu Gott und flehen ihn an, dass sie ein Herz für die Jugend, für die Ausgestoßenen, für die Freaks in Kenia bekommen. Einige liegen auf dem Boden und weinen. So eine Reaktion auf eine Predigt habe ich noch nie vorher und niemals nachher erlebt. Es haut mich um. Ohne religiöses Getue, ohne falschen Stolz und großer Oberflächlichkeit ist fast die ganze Gemeinschaft in diesem Zelt voller Leidenschaft und Herzblut meinem Aufruf gefolgt.

Der Gottesdienst muss jetzt schon mehrere Stunden dauern und ich bin mittlerweile sehr erschöpft. Philemon übernimmt wieder die Leitung und predigt noch einmal, bestimmt wieder eine Stunde lang. Kaum zu fassen, was für ein Durchhaltevermögen die Christen in Kenia haben. In Deutschland ist man schon genervt, wenn der Gottesdienst zehn Minuten länger geht, aber hier wird so ein Zusammentreffen bis zum Exzess weitergefeiert.

Es ist schon dunkel, als der Leitungskreis sich feierlich am Ende der Veranstaltung in einen Kreis stellt. Philemon erhebt die Stimme und sagt: »Ab heute haben wir einen neuen Dienst ins Leben gerufen, den niemand mehr aufhalten wird: ›Jesus Freaks Kenia!‹«

Am nächsten Tag soll ein weiterer Gottesdienst in der Savanne stattfinden. Diesmal in der Nähe von Kisumu. Ich lege mich morgens in die Sonne, als ich plötzlich von sehr starken Kopfschmerzen überwältigt werde. Als es immer schlimmer wird, erzähle ich Pastor Philemon von den Symptomen, der sehr besorgt die anderen Brüder zum Gebet ruft. Ohne die Wirkung des Gebets abzuwarten, fahren zwei Männer mich anschließend in das einzige Dschungelkrankenhaus in der Nähe, welches von der Kirche der Siebenten-Tags-Adventisten betrieben wird. Dort empfängt mich ein Arzt, der verblüffende Ähnlichkeit mit James Brown hat. Zur Blutuntersuchung werde ich in das Labor gebracht. Nach stundenlangem Warten teilt der Arzt uns das Ergebnis mit: Ich habe Malaria!

Ich raste innerlich vor Ärger aus. Der Reiseführer hatte mich vor den Gefahren gewarnt und Malaria als eine Hauptodesursache weltweit beschrieben. Ich habe doch auch nur einen einzigen Mückenstich am Bein abbekommen, weiter nichts. Ständig habe ich mich mit Antimückenspray eingecremt. Allerdings habe ich vergessen, die Malariavorsorgemedikation zu nehmen, die ich noch in Hamburg von einem Arzt verschrieben bekommen hatte. So ein Mist.

Ich werde im Krankenhaus in einen weiteren Raum geführt, in dem Dutzende Betten aufgereiht sind. Von den weiß getünchten

Wänden blättert überall der Putz ab. Unter den zum Teil rostigen Krankenhausbetten stehen Lachen mit Urin und Blut. Überall sind kleine und große Fliegen. Es riecht nach Chlor und Abfall zu gleichen Teilen. Die anderen Patienten starren mich verwundert an. Viele von ihnen haben noch nie zuvor einen weißen Mann zu Gesicht bekommen. In einem Nebenraum haut mir der Pfleger zwei Spritzen in den Hintern und gibt mir sechs Beutel mit Pillen, die ich täglich einnehmen soll. Die Medikamente bezahlt Philemon für mich.

Zurück fahren wir in einem Matatu, einer Art Pick-up in der Größe eines VW-Busses. Ich werde zwischen zwei Frauen und einer Ziege eingeklemmt. Mir ist schwindelig, und ich zähle fünfundzwanzig Leute auf der kleinen Ladefläche, wobei sich einige auch draußen auf die Stoßstange stellen, um mitzufahren.

Es geht mir richtig schlecht. Ich sage Philemon, dass er heute Abend predigen muss, ich kann es nicht. Wir sprechen noch einmal darüber, dass die dunkle Seite wirklich alles in Bewegung setzt, um »Jesus Freaks Kenia« zu verhindern. Aber Philemon meint: »Wir lachen über ihn, denn er kommt mal wieder zu spät, die Sache hat begonnen und wird nicht mehr aufgehalten werden. Halleluja, Jesus opaki, Jesus ist Herr!«

Drei Tage später sitze ich endlich wieder Flieger und bin auf dem Weg nach Hause. Nach einigen Fiebertagen geht es mir wieder gut, und das Tropeninstitut in Hamburg wird meine erste Station sein, sobald ich zu Hause ankomme.

Dies ist mit Sicherheit die extremste Reise meines Lebens gewesen. Ob der Ableger meiner »Jesus Freaks« in Kenia wirklich eine reelle Zukunft hat, weiß ich nicht. Aber es wäre sehr schön, wenn sich meine Idee auch in anderen Ländern verwirklichen lassen würde.

WAS ICH VON DIESER REISE MITGENOMMEN HABE

Mir wurde in Afrika die Wahrheit aus folgendem Bibelvers wieder sehr deutlich: »Ein Prophet ist nicht ohne Ehre, außer in seiner Vaterstadt und unter seinen Verwandten und in seinem Haus« (Markus 6,4). Aber der Prophet im Ausland, dort, wo ihn keiner kennt, kann unwahrscheinlich viel erreichen. Vielleicht auch, weil er sich dort viel freier bewegen kann und keine Angst haben muss, peinlich zu sein.

Ich konnte in Afrika in eine Rolle schlüpfen und niemand hat das bemerkt. Wenn ich eine Rolle spiele, die Rolle des weißen Evangelisten, dann kann ich meine Angst kontrollieren. Das gelingt mir in Deutschland kaum. Aber hier, in Afrika, war das ganz einfach. Ich konnte vorne stehen und predigen, auch wenn mein Leben eigentlich nicht dem christlichen Vorbild entsprach und ich unter Angstzuständen litt.

Mir wird im Rückblick noch einmal klarer, dass meine Angst ganz existenziell mit meiner Befürchtung zu tun hat, in meinem spirituellen Dienst zu versagen. Ja, sogar mit meinem ganzen Leben zu versagen. Das wurde in Afrika wieder deutlich. Es ist also nicht nur eine punktuell auftretende Angstattacke, sondern es ist etwas, das mit meinem ganzen Denken und Fühlen zu tun hat, mit einer Bewertung von mir selbst und meinem Dienst.

Nachtrag: Nach eingehenden Blutuntersuchungen kann das Tropeninstitut in Hamburg einige Tage später weder Malariaerreger noch deren Antikörper in meinem Blut feststellen. Die Medikamente können eigentlich nur die Erreger beseitigen, nicht die Antikörper. Ich muss also tatsächlich auf übernatürliche Weise geheilt worden sein. Jesus opaki, Halleluja!

5
WACKEN

August 2014

Menschenfurcht, Predigt und Lesung
auf dem europaweit größten Rockevent in Wacken

Nach einer langen und etwas nervigen Autofahrt komme ich endlich in meinem Hotel in Itzehoe an. Der Himmel ist heute nur leicht bewölkt, gestern hat es noch stundenlang in Strömen geregnet. Wacken heißt aber immer auch Regen, nass, Matsche, Schlamm. Zumindest wenn man den zahlreichen Videos auf Youtube glaubt, die über Jahre von den Besuchern über die einzelnen Festivals gedreht und ins Netz gestellt worden sind. Auf dieser Plattform ist in Dutzenden Berichten zu sehen, wie junge Leute in Schwarz gekleidet durch hellbraune Schlammlachen waten oder sich sogar genüsslich in dem feuchten, sandigen Dreck wälzen. Ich kenne keine Statistik dazu, aber der »Wackener Volksmund« behauptet: »Bei uns regnet es. Immer!«

Es ist für mich unfassbar, dass ich hier bereits zum zweiten Mal vom Veranstalter eingeladen werde, etwas aus der von mir verfassten Volxbibel vorzulesen. Bereits im vorherigen Jahr hatte mich der evangelische Pastor aus dem kleinen Ort in Schleswig-Holstein angeschrieben, ob ich nicht Lust hätte, »… auf dem größten Heavy-

Metal-Festival Europas eine Lesung aus der Volxbibel zu halten«. Er hatte mit einem der zwei Gründer vom Wacken nach einem Gottesdienst ein längeres Gespräch geführt. Dessen Sohn war im Religionsunterricht in der Schule auf meine Volxbibel gestoßen. Unter noch ungeklärten Umständen lag plötzlich ein Exemplar davon auf dem Küchentisch der Familie. Doch anstatt dass der Sohn sich eingehend mit dem Buch beschäftigte, fing sein Vater an, darin zu lesen. Mein etwas anderes Bibelbuch hat ihn dann so angesprochen, dass er den Pastor im darauffolgenden Gottesdienst bat, mit mir Kontakt aufzunehmen und mich auf sein Festival einzuladen.

Holger Hübner, so heißt der Chef des Festivals, wollte im Jahr 2013 unbedingt, dass ich auf dem Rockevent eine Lesung aus meiner Volxbibel anbiete. Der Auftrag an den Geistlichen lautete, mich davon zu überzeugen, einen Auftritt auf Wacken abzuhalten, weiter nichts. Er würde mir auch ein anständiges Honorar dafür bezahlen und eine größere Bühne zur Verfügung stellen.

So viel Überzeugungsarbeit war dann gar nicht nötig, zumal die Höhe des angebotenen Honorars sehr anständig war. Ich muss gestehen, dass ich damals, im Jahr 2013, mit dem Wort »Wacken« gar nicht so viel anfangen konnte. Erst nach einer schnellen Google-Recherche wurde mir urplötzlich klar, was für einen großen Fisch ich plötzlich an der Angel hatte. Wacken! Das war mehr als Musik, das war größer als ein Festival, das war ein Weltereignis! Die 85 000 verfügbaren Eintrittskarten sind normalerweise bereits wenige Tage nach Verkaufsstart komplett ausverkauft. Und das (bei meiner ersten Einladung) seit über zehn Jahren! Aus der ganzen Welt reisen die Metal-Fans extra für das Wacken-Festival an. Vermutlich gibt es Abertausende Musiker, die ihr Leben dafür geben würden, auch nur einmal auf diesen Bühnen stehen zu dürfen. Es sind Dutzende Geschichten in der Umlaufbahn von Bands, die genau dort ihre Karriere begonnen haben und heute sehr berühmt sind. Zumindest in der Rock- und Metalszene ist das so. Wacken gilt als so eine Art Katalysator der Rockmusik. Wer hier auftreten darf, hat es entweder bereits geschafft oder bekommt damit die einmalige Chance, vor dem ganz großen Durchbruch zu stehen. Und nun sollte ausgerechnet ich hier einen Auftritt mit meiner Volxbibel haben? Das Ganze war für mich schon beim ersten Mal vollkommen surreal und kaum zu fassen.

Im Vorfeld schrieb ich also mit dem Pastor einige E-Mail und bekam schließlich Kontakt zu einem der Dutzenden Festivalmanager, der mir die Sache näher erläuterte. Die Idee des Veranstalters war bei meinem ersten Auftritt folgendermaßen: Es gab auf dem Wacken-Festival eine Art Marktplatz mitten auf dem Gelände. Dort sollte ich auf einer Seitenbühne eine Lesung abhalten. In dem großen hellen Zelt konnten Händler ihre

> WER AUF DEM WACKEN AUFTRETEN DARF, HAT ES ENTWEDER BEREITS GESCHAFFT ODER BEKOMMT DIE EINMALIGE CHANCE FÜR DEN DURCHBRUCH.

außergewöhnlichen Waren anbieten. Zum Beispiel gab es dort diverse Bücherstände, an denen man Veröffentlichungen wie die »Anleitungen zum Hexen« sowie die »Satanische Bibel« von Szandor LaVey oder andere okkulte Werke von Aleister Crowley und Konsorten kaufen konnte. Also nicht unbedingt die Kirchentagsbuchhandlung. Am äußeren Ende stand sogar eine Frau, die »Voodoo-Puppen für jeden Zweck!« an ihrem Verkaufstisch anpries. Daneben standen aber auch Sexspielzeuge, Handschellen und Lederkleidung zum Verkauf. Nicht schlecht, dachte ich. Definitiv ein anderes Angebot und vom Sortiment her mit einem normalen Flohmarkt nicht zu vergleichen.

Am Ende des Marktplatzes war eine kleine Bühne aufgebaut, die nicht für Musik, sondern überwiegend für Kleinkunst und Lesungen genutzt wurde. Und genau auf dieser Bühne durfte ich an zwei Tagen eine Lesung aus meiner Volxbibel halten. Schon in diesem

Jahr dachte ich: Was für eine herausragende Chance! Natürlich schlug ich dieses einmalige Angebot deswegen nicht aus. Ich wäre ja auch schön dumm gewesen, wenn ich mir diese Chance hätte entgehen lassen. Als ich mir dann das Rahmenprogramm meiner Bühne genauer anschaute, auf der auch meine Lesung stattfinden sollte, musste ich aber dann doch an manchen Stellen schlucken. Und es fühlte sich vor Ort sogar noch etwas schlimmer an, als es vorher im Prospekt den Anschein hatte. Direkt vor meiner Lesung wurde nämlich eine besondere Art einer Fakir-Show angesetzt. Zwei junge Männer stellten sich auf die Bühne und schnitten sich gegenseitig mit Rasierklingen in ihre Haut. Es spritzte sehr viel Blut.

Anschließend aßen die beiden händeweise Glassplitter und verschluckten rostige Nägel. Keine Ahnung, wie sie das machten, es sah definitiv sehr gruselig aus. Dann kam ich mit meiner Bibellesung dran. Und anschließend gab es auf der gleichen Bühne eine große Bondage-Show. Ein in schwarzes Leder gekleideter älterer Herr fesselte eine splitterfasernackte Frau langsam und genüsslich an ein Gerüst, um sie dort anschließend lustvoll auszupeitschen. Das war also mein Rahmenprogramm. Definitiv anders als auf einer christlichen Jugendveranstaltung oder auf dem evangelischen Kirchentag. Besonders die Bondage-Show nach mir war brechend voll, im Zelt gab es kaum noch einen freien Platz. Die Luft war so dick, dass man sie fast schneiden konnte, und die Besucher kamen keinen Zentimeter vor noch zurück. Vermutlich wollte jeder die nackte Frau gefesselt am Marterpfahl sehen und ihre Auspeitschung bewundern.

Als es nach der Show vor mir aus den Boxen tönte: »Und jetzt kommt Martin Dreyer und liest aus der Volxbibel«, nutzten viele Zuschauer die Pause, um draußen frische Luft zu tanken. Die Anfeuerungsrufe hielten sich also bei meiner Lesung im Vorjahr in Grenzen. Es war aber auch in der Woche sehr warm und in dem Zelt stand die Hitze förmlich. Drinnen blieben nur eine Handvoll junger Menschen, die sich in dem großen Zelt mehr oder minder verloren hatten. Trotzdem stieg ich auf die Bühne und hielt tapfer meine beiden Lesungen ab. So als stünden Tausende interessierter Hörer vor mir, las und erzählte ich aus meiner Bibelübersetzung. Ich dachte damals bei mir, dass man ja nie wissen konnte, was bei dem Einzelnen hängen bleiben würde, und bekanntlich konnte ja bereits ein ganz kleines Wort ein ganzes Leben zum Positiven verändern. Damals verließ ich die Bühne im Metal-Markt dennoch leicht frustriert. Der ganz große Durchbruch war das definitiv nicht, schade.

Ich kann mich gut erinnern, wie ich bei diesem Einsatz wieder mit starkem Lampenfieber zu kämpfen hatte. Es war nicht ganz so dramatisch, weil ich vorher noch einige Biere zur Beruhigung trank. Nüchtern hätte ich es nicht auf die Bühne geschafft. Und dann war die Zuschauerzahl auch zu gering, um schlimmere Angstattacken befürchten zu müssen. Natürlich war mir klar, dass Alkohol nicht die optimale Lösung für mein Problem sein konnte. Bier als Beruhigungsmittel, das geht nicht.

Dennoch bin ich mir sicher, dass sich meine Panikattacke auch ohne Alkohol bei diesem ersten Auftritt in Wacken in Grenzen gehalten hätte. Denn es war ja kein gottesdienstähnlicher Zusammenhang, sondern nur ein Festival und eine Bühne. Ich habe viel darüber nachgedacht, warum das so ist. Kann es sein, dass meine Angst in einem Gottesdienst, also in kirchenähnlichen Räumen, stärker da ist als außerhalb der Kirche? Und wenn ja, warum ist das so? Predige ich zu Nichtchristen, kann ich richtig ausgelassen, souverän und sogar charming sein. Sobald sich die Veranstaltung aber nach Freikirche oder generell nach Kirche anfühlt, geht mein Adrenalinpegel auf 180. Das ist schon komisch. Meine Angst muss also auch etwas mit meiner Religion zu tun haben.

Zusammengefasst war meine erste Einladung auf Wacken definitiv nicht von einem großen Erfolg gekrönt. Ich weiß noch, wie ich abends ein eher nüchternes Resümee vom Tag zog. Ich hatte mir wesentlich mehr von meinem ersten Auftritt in Wacken erhofft.

—

Um so überraschter bin ich, dass mich die Veranstalter im Folgejahr noch ein weiteres Mal einladen. Und diesmal bekomme ich sogar ein Upgrade! Ich werde ganz offiziell als Künstler gebucht und nicht nur als VIP. Holger Hübner schreibt mir Wochen vorher, er hätte die Idee gehabt, in der Ortskirche in Wacken ein Konzert zu veranstalten, welches von zwei Gottesdiensten eingerahmt werden soll. Das Ganze gilt als ein Geschenk vom Wacken-Festival an die Evangelische Kirche im Ort, zum 150-jährigen Bestehen. Hübner erzählt dem Pastor von der Idee und der ist sofort begeistert. Der Pastor ruft anschließend den Ältestenkreis zusammen und holt sich die Genehmigung für dieses etwas verrückte Vorhaben. Und damit ist meine zweite Buchung perfekt und ich darf erneut auf dem größten Rockfestival auftreten.

Auf Rückfrage, was genau denn für die zwei Veranstaltungen in der Kirche von mir erwartet wird, bekomme ich eine etwas diffuse Antwort. »Eine Lesung aus der Volxbibel oder eine Predigt. Ist egal, lass dir was einfallen, mach, was du willst!«, antwortet mir das Wacken-Management. Ich habe also freie Hand, wie günstig.

Mein Hotel ist relativ neu und hat, wie ich auf der Webseite erfahre, einen eigenen Saunabereich und sieht von außen sehr schick aus. Nachdem ich die Eingangshalle des Hotels betrete, treffe ich auf eine Ansammlung von, sagen wir mal, »Rock-Menschen«. An der Schlange vor der Rezeption warten zahlreiche Männer, die sich meist auf Englisch unterhalten. Alle tätowiert, alle in verschlissenen Jeans mit Nietengürtel und alle langhaarig. Irgendwie auch uniformiert, wie überall in der Gesellschaft. Ich vermute, es handelt sich um Rockmusiker, die im selben Hotel eingebucht wurden wie ich. Ich schlafe heute vielleicht unter demselben Dach wie die »Scorpions«, »Alice Cooper« und »Rammstein«? Mir wird schlagartig klar, dass jeder normale Wacken-Fan in diesem Moment vor Ehrfurcht erstarren würde. Alle Größen der Szene im selben Haus und ich mittendrin!

Aber bei mir ist so gar keine Ehrfurcht zu finden. Denn ich kenne die Stars von Wacken nicht. Rock ist eben nicht meine Musik. Mein Herz schlägt nicht schneller bei einem fünf Minuten Fendergitarrensolo oder dem kreischenden, mit einem Vibrato versehenen Schrei des typischen Heavy-Metal-Sologesangs. In meiner Jugend fing ich mit Beginn der Pubertät an, auch Musik der härteren Gangart zu hören. Aber es war Punk, Trash und Hardcore, das traf den Musikgeschmack meiner Zeit. Niemals Rock und erst recht nie Heavy Metal. So ist mein Weg zu Europas größtem Rockfestival, ich kann das nicht oft genug sagen, eben ungewöhnlich. Die Warteliste der Leute, die nicht auf das Wacken-Festival kommen dürfen, ist lang, aber ich bin einfach so hier, in dieser Umgebung, mit diesen Rockstars, in diesem Hotel.

ICH SCHLAFE HEUTE VIELLEICHT UNTER DEMSELBEN DACH WIE DIE SCORPIONS, ALICE COOPER UND RAMMSTEIN.

Mit meinem Ticket erhalte ich Zugang zum Backstagebereich, der am hinteren Ende des Festivalgeländes liegt. Da hat mir wohl jemand von »ganz oben« eine Tür aufgemacht, und ich bin fest entschlossen, diesen Raum zu betreten. Warum will dieser Gott nun, dass ausgerechnet ich hier bin? Einen anderen Verrückten hat er vielleicht nicht finden können? Ich weiß es nicht. Aber ich empfinde das Ganze als einen Auftrag, einen Job, direkt aus dem Himmel.

Ich bin mit Absicht eine Nacht vorher angereist, um mich etwas auf die besondere Atmosphäre einzustellen und die letzten Vorbereitungen direkt vor Ort zu treffen. Natürlich ist klar, dass ich diesmal kein normales »Jugendgottesdienstprogramm« vortragen kann, wie ich es hundertfach gemacht habe. Wie viele Leute auch immer in die Kirche zur Lesung kommen werden, der durchschnittliche Konfirmandentyp wird auf jeden Fall nicht dabei sein. Ich muss mir etwas Besonderes einfallen lassen. Etwas, das die Metal-Fans schocken und aufrütteln soll. Bei diesem Musikstil ist ein »lauter« Beitrag Pflicht, eine krasse Predigt das absolute Muss. Beim Nachdenken kommt mir die Idee, eine Textstelle aus der Volxbibel vorzulesen, in der es um Dämonen geht, und diese Bibelstelle dann anschließend in einer Predigt auszulegen. Bei dem Thema Dämonen erhoffe ich mir eine gewisse Aufmerksamkeit, denn in einigen Hardrockliedern geht es im Text auch um dämonische Mächte. Es ist in der Szene nichts Außergewöhnliches, an Dämonen zu glauben.

> WARUM WILL DIESER GOTT NUN, DASS AUSGERECHNET ICH HIER BIN? ICH EMPFINDE DAS GANZE ALS EINEN AUFTRAG DIREKT AUS DEM HIMMEL.

Eine Woche zuvor habe ich mir aus dem Baumarkt eine lange Stahlkette besorgt und einen Kurzhaarrasierer aus dem Elektromarkt um die Ecke. Im Internet einen passenden Händler zu finden, bei dem ich einen Liter Kunstblut und schwarze Schminke bestellen kann, ist auch nicht schwer. In meinem Schrank hängt noch ein alter Anzug, den ich von meinem Vater geerbt habe. Damit ist meine Ausrüstung perfekt.

Die Heilig-Geist-Kirche in Wacken ist ein alter Bau aus dem 18. Jahrhundert. In dem kleinen, aber schönen Mittelschiff stehen alte dunkelbraune Holzbänke, auf denen ca. fünfhundert Gottesdienstbesucher Platz haben. Vorne ist ein großes Taufbecken aus weißem Marmor aufgestellt, dahinter steht, wie in fast jeder evangelischen

Kirche, ein großer Altar aus Stein. In Zeiten der Reformation erhielt die Kirche ein leicht erhöhtes Podest, von dem aus der Pastor die Predigt halten konnte. Es wirkt wie ein kleiner Turm, der an der rechten hinteren Längsseite der Wand hochgebaut wurde. Dass die Predigt von einem zentralen Ort in der Kirche gehalten werden soll, das war Luthers Idee. Für Martin Luther war eine zentrale Entdeckung, dass der Glaube an Gott immer durch eine Bibelauslegung, durch eine gehörte Predigt entsteht bzw. dadurch gestärkt wird. Darum ist in allen lutherischen Gemeinden der Ort zum Predigen immer an einem zentralen, meist erhobenen Ort innerhalb des Kirchenschiffs gebaut.

Morgens gehe ich zum Frühstück in das große Hotelrestaurant. Plötzlich kommt eine Nachricht von einem Freund übers Handy bei mir an. »Martin, du stehst auf der Titelseite des größten Boulevardblatts Deutschlands!« Etwas ungläubig kaufe ich mir im Hotelkiosk eine BILD-Zeitung. Und tatsächlich. Mein Gottesdienst wird auf der ersten Seite rechts in einer Spalte ganz groß erwähnt. Und zwar in der Rubrik »Gewinner oder Verlie-

DIE BILD MEINT ZU MEINER LESUNG AUF WACKEN: »WACKER!«

rer«. Als Verlierer wird ein CDU-Politiker deklariert, warum, weiß ich nicht mehr. Aber bei Gewinner steht: »Martin Dreyer. Er liest heute aus seiner Volxbibel in Wacken. BILD meint dazu: Wacker!« Ich weiß nicht, wie die Redaktion des Springer-Blatts von meiner Lesung auf Wacken erfahren konnte. Aber ich freue mich natürlich wie verrückt. So eine kostenlose Werbung kann nur zum Erfolg der Veranstaltung beitragen.

Bereits eine Stunde vor Einlass verstecke ich mich hinter dem großen Altar vorne in der Kirche. Dort kauere ich mich auf den Boden und treffe die letzten Vorbereitungen. Mit dem Mann am Mischpult habe ich ein Zeichen ausgemacht, wann es losgehen soll. Sobald er das Gefühl hat, die Kirche sei einigermaßen gefüllt, soll er das Lied »Legion« von der Band »Saviour Maschine« spielen. Eine christliche Metal-Band, die es einmal auch in die säkularen Charts geschafft hat. Aus meinem Versteck höre ich immer lauter werdende Geräusche. Die Kirche füllt sich anscheinend zunehmend.

Obwohl alles gut aussieht, ich optimal vorbereitet bin, viele Menschen da sind, kommt die alte Bekannte wieder zu mir. Meine Angst. Sie ist nicht so stark wie sonst, aber doch sehr schlimm. Alles drängt sich in mir, so schnell es geht auf die Toilette rennen zu wollen, aber das geht jetzt nicht mehr. Ich halte mich ja noch immer hinter dem Altar versteckt und kann unmöglich aufstehen und gehen. Dann wäre das ganze Konzept, welches ich mir für die Predigt ausgedacht habe, verloren gegangen. Wenn die Angstattacke kommt, muss ich ja immer ganz schnell auf die Toilette gehen. Es drückt und rumort in meinem Magen. Eine Explosion steht bevor. Etwas in mir will sich entleeren.

Ein Arzt sagte einmal zu mir, bei Angstzuständen aufs Klo gehen zu wollen wäre ein Erbe der Evolution. Wenn der Säbelzahntiger Lust auf eine Fleischportion Mensch hatte, war dieser Effekt vermutlich überlebenswichtig. Nicht nur, dass der Neandertaler durch das schnelle Kotabführen leichter wurde und besser weglaufen konnte. Die übel riechende Masse schreckte auch den stärksten Säbelzahntiger ab. Doch ich sage jetzt nur: beknackte Evolution! Kein Säbelzahntiger weit und breit! Und ich kann noch nicht einmal diesem evolutionären Urinstinkt folgen und aufs WC gehen, denn ich hocke immer noch hinter dem Altar. Das bedeutet: ablenken um jeden Preis. Backen zusammenkneifen und durch. Ich muss mich jetzt mit aller Kraft zusammenreißen. Es gibt keinen Weg zurück, ich kann nicht mehr fliehen.

Komischerweise macht dieser Zwang meine Angst nicht schlimmer. Ich finde mich damit ab, dass es keinen Ausweg gibt. Mantramäßig spreche ich die einschlägigen Bibelstellen vor mich hin. »In der Welt habt ihr Angst; aber seid getrost, ich habe die Welt überwunden! In der Welt habt ihr Angst; aber seid getrost …« (Johannes 16,33; LUT). Schließlich fängt der Mann am Mischpult an, wie abgemacht das Musikstück einzuspielen. In dem Lied »Legion« der Band »Saviour Maschine« geht es genau um meine Bibelstelle, die ich gleich in meiner Lesung vortragen möchte.

Schnell nehme ich den mitgebrachten Langhaarrasierer zur Hand und schneide mir einen Teil der Haare von der rechten Seite des Kopfes ab. Das Schneidegeräusch ist nicht zu hören, weil die Hintergrundmusik laut genug ist. Meine Stahlkette aus dem Baumarkt liegt griffbereit neben mir auf dem Boden. Jetzt schmiere ich mir die schwarze Farbe wie wild ins Gesicht und schminke meine Augen rot unterlaufen. Ich beiße auf eine der Blutpillen, die sich schnell in meinem Speichel auflösen und unglaublich sauer schmecken. Das Blut läuft aus meinem Mund, aber trocknet auch die Schleimhäute aus. Kurz bevor die Musik vom Band aufhört zu spielen, gieße ich den gesamten Restinhalt der Flasche Kunstblut über meinem Kopf aus. Damit ist die Verkleidung als dämonisierter Mann auf dem Friedhof perfekt, so wie er in der Bibelstelle vorkommt.

In der Kirche wird es plötzlich mucksmäuschenstill. Die letzten Töne erklingen aus den Boxen, dann ist es ruhig. Jetzt ist der Zeitpunkt, an dem ich aus meinem Versteck über ein Funkmikro mit meiner Lesung beginne. Niemand kann mich zu dem Zeitpunkt sehen, da ich immer noch hinter dem großen Altar vorn im Kirchenschiff hocke. Wie aus dem Off hallt meine Stimme fast schon etwas unheimlich durch das alte Gebäude, als meine Lesung beginnt:

»Dies ist eine Geschichte aus der Volxbibel, Markusevangelium, Kapitel 5,1-20. Ihr Titel: Jesus trifft auf einen durchgeknallten Mann, der von Dämonen kontrolliert wird. ›Schließlich kamen sie mit ihrem Boot auf der anderen Seite des Sees an, dort war das Land der Gerasener. Als Jesus aus dem Boot stieg, rannte ihm ein total durchgeknallter Psycho entgegen. Dieser Mann war von einem Dämon besessen, so einem fiesen Geist, der ihn irgendwie kontrollierte. Der Typ lebte auf dem Friedhof in irgendwelchen Grabhöhlen. Er war so stark, dass er selbst mit Handschellen und Fußfesseln nicht zu bändigen war. Jedes Mal wenn man ihn wieder anketten wollte, riss er die Dinger ab und floh. Es gab keinen, der stark genug war, um ihn festzuhalten. Er wohnte die ganze Zeit entweder in einer Grabhöhle oder er streunte in den Bergen herum. Manchmal schrie er irre laut und verletzte sich selber mit einem Stein.

MIT DER KETTE RASSELND UND DEN HÄNDEN HERUMFUCHTELND LAUFE ICH IM KIRCHENSCHIFF VORNE AUF UND AB.

Als er Jesus von Weitem sah, rannte er auf ihn zu, schmiss sich auf den Boden und fing wie blöd an zu schreien …‹«

In diesem Augenblick springe ich plötzlich hinter dem Altar hervor, schlage wild mit meinen Armen um mich, klirre mit meiner Stahlkette und schreie so laut ich nur kann: »Aaaaaarrrrggggghhh! Aaaaaarrrrggggghhh!!!« Mit der Kette rasselnd und den Händen herumfuchtelnd laufe ich im Kirchenschiff vorne auf und ab, wälze mich auf dem Boden, springe wieder auf, schreie und brülle weiter. »Uuuhaaaaaaaa!!!« Das Blut trieft nur so von meinem Kopf runter und brennt höllisch in meinen Augen. Mein Mund ist voller roter schleimiger Masse.

Mit einem Mal sehe ich mich um und bin vollkommen überrascht. Die Kirche ist voll! Überall sitzen die Menschen, auch im Mittelgang auf dem Boden. Ja, sogar der Platz ganz vorne direkt vor der Bühne ist voller Metal-Fans, die auf dem Fußboden Platz genommen haben. Die Mehrzahl der Besucher trägt alte Jeans, Lederjacken und Nietengürtel, definitiv nicht das klassische Gottesdienstbesucheroutfit.

»Aaaaaaarrrgg«, schreie ich noch einmal laut auf und genieße die Reaktionen, welche sich auf den Gesichtern der Metal-Fans vor mir breitmacht.

Zuvor hatte ich mir überall auf dem Boden Ausschnitte von meinem Volxbibeltext in Kopie ausgelegt, sodass ich meine Lesung von dort einfach weitermachen kann. Immer dann wenn Jesus spricht, schaue ich in Richtung Kreuz. Immer dann wenn die Dämonen sprechen, blicke ich wild zuckend in die Menge der Besucher. »Was willst du von uns? Scheiß Jesus! Du bist der Sohn vom superheftigen Gott, das weiß ich! Bitte, bitte, bitte, mach mich nicht fertig!«, schreien die Dämonen zu Christus. Mit normaler Stimme fragt dieser zurück: »Wie heißt du?« Ich werfe mich wieder auf den Boden, schreie, drehe mich um und wälze mich weiter auf dem Boden, hin und her. »Ich bin eine Legion!!!! Wir sind nicht nur einer hier drin!!«, rufen die Dämonen aus dem Mann. Dabei spucke ich das Blut immer wieder aus, so als müsste ich mich übergeben. »Bitte sei so nett, wir wollen wenigstens in dieser Gegend bleiben dürfen!«, sagen die Dämonen. »Bitte lass uns wenigstens in den Schweinen dort wohnen!«, betteln sie weiter. Ich stehe auf, drehe mich um und rufe zum Publikum: »Okay!« In diesem Augenblick verändert sich die Situation in der biblischen Geschichte, der Mann wird mit dem Wort Jesu von allen Dämonen befreit.

Also stelle ich mich jetzt an das Rednerpult in der Mitte der Bühne und lese den Rest der Geschichte bis zum Ende aus der Volxbibel vor. Wie die Dämonen den Mann augenblicklich verlassen und in die Schweine einziehen. Wie die Schweineherde dann, so steht es in der Volxbibel, »kollektiven Selbstmord begehen«. Die Reaktion der Zuschauer, die Jesus plötzlich als geschäftsschädigend beurteilen und ihn des Platzes verweisen. Und ich lese, wie der Mann glücklich und frei weiter mit Jesus ziehen will.

Schließlich ist das Anspiel fertig. Von der Angst spüre ich überhaupt nichts mehr. Sie ist komplett verschwunden. Nach und nach schminke ich mich mit den mitgebrachten Feuchttüchern ab. Dabei schaue ich ganz ruhig in die Runde und frage. »Und? Was denkt ihr? Ist das nur ein Märchen? Hat sich die Bibel das nur ausgedacht? Ist das nur mal wieder so eine dumme religiöse Geschichte? Oder ist das wirklich so passiert? Wenn es wirklich so passiert ist, stellt sich doch gleich die nächste Frage: Gibt es Dämonen wirklich? Und gibt es Dämonen immer noch? Oder sind die vielleicht in den Jahrhunderten ausgestorben? So wie die Beutelratte, die gibt es ja leider auch nicht mehr. Wie schade!« Die Besucher in der Kirche lachen.

»Ich lebe jetzt seit dreißig Jahren mit Gott«, predige ich weiter, während ich auf und ab gehe. »In den Jahren sind mir einige Dämonen begegnet, auch wenn ich vorher nie fassen konnte, dass es sie wirklich gibt. Das meine ich nicht nur wortwörtlich, sondern auch im übertragenen Sinne. Ich rede von unsichtbaren Mächten, die uns besetzen, die uns verfolgen, die uns unfrei machen. Von Zwängen, von Süchten, von psychischen Unfreiheiten. Heute denke ich: Wenn man an einen Gott glaubt, dann muss man auch an einen Gegengott glauben.

WENN MAN AN EINEN GOTT GLAUBT, DANN MUSS MAN AUCH AN EINEN GEGENGOTT GLAUBEN.

Das klingt vielleicht zu spirituell für euch. Aber die Bibel ist voller Hinweise auf diesen Gegengott. Oft wird er von den Menschen unterschätzt. Man lacht über ihn, oder man glaubt eben, dass es ihn gar nicht gibt. Beides ist gefährlich. Ich will hier einige von den Dämonen aufzählen, die es heute noch gibt.«

Während ich mein Gesicht säubere, führe ich die Predigt fort. Ich berichte vom Gelddämon und dass unsere Gesellschaft von diesem Dämon richtiggehend beherrscht wird. Ich behaupte, dass Menschen wie Uli Hoeneß mit diesem Dämon vielleicht ein Problem haben. Wieder gibt es ein paar Lacher. Ich suche mit Absicht Hoeneß als Beispiel aus, weil ich mir im hohen Norden gewiss sein kann, hier nicht auf allzu viele Sympathieträger für den FC-Bayern-Chef zu treffen. Vielleicht ein bisschen gemein, ich weiß. Hoeneß war in diesem Jahr beim Steuerbetrug im großen Stil erwischt worden. Ausgerechnet er, der große Saubermann. Er hat durch Aktienspekulationen an der Börse Millionengewinne erzielt, diese aber nicht beim Finanzamt als Einnahmen versteuert. In einem Interview gab Hoeneß sogar zu, richtiggehend besessen vom Zocken an der Börse gewesen zu sein.

Jetzt rufe ich in die Menge: »Aber es gibt jemanden, der ist stärker als der Gelddämon, und das ist Jesus Christus!« Anschließend spreche ich vom Lügendämon und dass vieles in unserem Gesellschaftssystem nur auf Lügen aufgebaut ist. Dass wir schon in der Schule lernen zu lügen und Lügen unser Leben prägen, bis hin zur Steuererklärung. »Aber es gibt jemanden, der ist stärker als der Lügendämon, und das ist Jesus Christus!«. Und ich erzähle auch vom Sexdämon, dass ich einige Menschen kenne, die fast durchgehend mit sexuellen Fantasien zu tun haben, dass sie vollkommen unfrei sind und ihr ganzes Leben nur auf Sexualität ausrichten. »Sex ist eine wunderbare Sache, wir sollten uns nur nicht von unserer Sexualität versklaven lassen.« Jedes Mal schließe ich wieder mit dem Slogan, welchen ich schon zuvor laut in die Menge rief: »Aber es gibt jemanden, der ist stärker als dieser Dämon, und das ist Jesus Christus!« Am Ende erzähle ich auch vom Suchtdämon. Dass wir in einer Welt voller Süchtiger leben, dass unsere Marktwirtschaft Sucht geradezu fördert und dass ich selbst einer von ihnen bin. Ich bekenne mich als Drogenabhängigen, erzähle meine Geschichte, vom Kiffen in der Jugend, von Extasy, Heroin und Kokain bis hin zu meiner Überdosis 1999. Und dass ich durch meinen Glauben immer wieder neue Kraft bekomme, dagegen anzukämpfen und wieder aufzustehen, trotz Rückfällen und Vorfällen. »Es gibt jemanden, der ist stärker als der Suchtdämon, und das ist Jesus Christus!«

Als ich mit meiner Ansprache fertig bin, schaue ich das erste Mal bewusst in die Gesichter der Zuschauer. Es ist wie ein Aufwachen aus einem tiefen Traum. Vorher war ich wie in einem Rausch, ich konnte meine Umgebung kaum bewusst wahrnehmen. Doch jetzt bemerke ich erst, dass mich Hunderte Augenpaare in der ganzen Kirche wie gebannt anschauen. Nahezu alle blicken dabei voller Aufmerksamkeit auf mich. Es gab während der ganzen Predigt nicht einen Zwischenruf, nicht einen Protest oder Kommentar. Niemand ist aufgestanden und hat die Kirche verlassen. Das ist doch sehr erstaunlich. Wie von den Worten gefesselt sitzen die harten Metal-Fans auf ihren Kirchenbänken und blicken mich erwartungsvoll und offen an.

WIE VON DEN WORTEN GEFESSELT SITZEN DIE HARTEN METAL-FANS AUF IHREN KIRCHENBÄNKEN UND BLICKEN MICH ERWARTUNGSVOLL UND OFFEN AN.

Bis hierhin bin ich noch ganz gut vorbereitet. Jeder Satz war vorher schon einmal ausformuliert auf meinem Zettel gelandet. Aber jetzt weiß ich nicht mehr, was ich konkret tun soll, ich muss improvisieren. Spontan frage ich in die Runde: »Äh. Also. Wollen wir vielleicht noch zusammen beten? Wärt ihr bereit, mit mir das Vaterunser zu beten? Schließlich sind wir hier ja in einer Kirche, oder?« Zustimmendes Gemurmel. »Ja. Beten. Warum nicht beten?« So mache ich der Wacken-Metal-Gemeinde einen Vorschlag zur Güte. »Vielleicht gibt es ja hier jemanden, der tatsächlich ein Problem mit so einem Dämon hat, wie ich sie benannt habe. Vielleicht gibt es hier auch jemanden, der einen Bekannten oder Freund hat, der unfrei ist, der mit Abhängigkeiten zu tun hat. Wie wäre es, wenn alle, die es möchten, gemeinsam dieses alte Vaterunser-Gebet beten. Und zwar in der Form, dass es eine Art Bitte um die Befreiung von unseren Dämonen ist. Von den Dingen, die uns abhängig machen und unfrei. Wenn jemand das will, dann kann er jetzt gerne aufstehen. Wir beten gemeinsam dieses Gebet wie einen Schrei zu Gott, dass er uns von unseren Dämonen befreien soll, wie eine Art der Hingabe an Jesus Christus. Ich werde selbst auch beten, ich bin kein Stück besser als ihr, ich bin auch süchtig, ich kämpfe mit meinen Dämonen, ich stelle mich jetzt als Erster hier vorne hin!«

Dann drehe ich mich zum Altar, schließe meine Augen und schweige. Minuten, die sich wie Stunden anfühlen, vergehen und es passiert einfach nichts. Absolute Stille. Niemand bewegt sich. Kein Rascheln, kein Klopfen, null. Mir wird heiß, und ich überlege, wie ich die Lesung jetzt beenden kann, ohne dass es doch noch peinlich wird, weil keiner aufgestanden ist. Das wäre doch ein offensichtlicher Reinfall, wenn nicht einer auf meine kleine Predigt reagiert. Doch plötzlich höre ich ein Geräusch in der Kirche. Dann noch eins und noch eins. Und auf einmal kommt es mir wie eine Welle vor, die sich im Kirchenschiff hin und her bewegt. Vorsichtig drehe ich mich um und blinzle in die Kirche. Ich kann meinen Augen kaum glauben. Über neunzig Prozent der Besucher sind von ihren Plätzen aufgestanden! In den Gängen und vorne auf der Fläche sitzt kein Mensch mehr. Einige der Besucher sind sichtlich gerührt und haben Tränen im Gesicht. Viele schließen andächtig ihre Augen und sind bereit für ein ernsthaftes Gebet.

So spricht meine kleine Metal-Gemeinde zum Ende der Lesung gemeinsam das berühmte Vaterunser. Aber sie tun es in einer Art und Weise, wie es nur Rockfans tun können. Laut. Schreiend. Brüllend. Die Fenster und Wände beben förmlich, als es durch die Mauern hallt: »Unser Vater

SO SPRICHT MEINE KLEINE METAL-GEMEINDE ZUM ENDE DER LESUNG GEMEINSAM DAS BERÜHMTE VATERUNSER: BRÜLLEND.

im Himmel, geheiligt werde dein Name! Dein Reich komme, dein Wille geschehe wie im Himmel so auf Erden. Unser tägliches Brot gibt uns heute. Und vergib uns unsere Schuld, wie auch wir vergeben unseren Schuldigern. Und führe uns nicht in Versuchung, sondern erlöse uns von dem Bösen. Denn dein ist das Reich und die Kraft und die Herrlichkeit in Ewigkeit. Amen!« (Matthäus 6,9-13; LUT).

Nach dem Gottesdienst habe ich noch gut ein Dutzend, zum Teil sehr intime Gespräche und Gebete. Die Besucher beichten mir von ihren Belastungen, Abhängigkeiten, Sünden und Problemen. Sie bitten um Gebet und Zuspruch und auch um Befreiung von etwas, das sie gefangen hält.

Als ich abends ins Hotel fahre, bin ich vollkommen erschöpft und kraftlos. Aber innerlich empfinde ich eine große Zufriedenheit. Was für ein tolles Erlebnis, was für ein guter Gottesdienst, was für ein Erfolg. Dabei ahne ich zu dem Zeitpunkt noch nicht, wie nahe mir diese Predigt noch einmal kommen würde. Denn meinen Suchtdämon, von dem ich sprach, ich habe ihn noch lange nicht besiegt. Er schlummert weiter in meinem Inneren und wartet nur darauf, wann er das nächste Mal wieder zuschlagen kann. Ich kämpfe immer noch mit meinen Dämonen, mal werden sie durch den Glauben besiegt, aber dann stehen sie wieder auf und lachen mich hämisch an.

Und einer der stärksten davon ist mein Angstdämon. Ich bin wieder ein Stück weiter mit ihm gekommen. Ich habe verstanden, dass auch in Situationen, wo ich keinen Ausweg mehr weiß, die Angst mich nicht besiegen kann. Ich muss mich nur rauswagen, ich muss es machen, ich darf mich von ihm nicht beeindrucken lassen. Was hätte ich auch in der Situation anderes tun können? Einfach die Kirche verlassen? Das wäre noch viel peinlicher gewesen, als die Veranstaltung zu Ende zu bringen. Und das habe ich getan, ich habe es durchgezogen.

Nachts liege ich noch lange in meinem Bett im Hotel wach und denke über diesen Einsatz nach. Mir wird wieder klar, dass die unsichtbare Schwelle vor einer kirchlichen Veranstaltung für viele Menschen viel zu hoch ist. Ich meine damit die kulturellen, sprachlichen und auch religiösen Schwellen. Menschen ohne religiösen Hintergrund kommen nur schwer über dieses Hindernis in eine Kirche, es wirkt wie eine Mauer. Darum muss die Kirche zu den Menschen kommen, inhaltlich, kulturell, sprachlich und auch räumlich. Sie muss Brücken bauen. Es ist unsere Aufgabe als Christen, die Hindernisse zum Glauben so niedrig wie möglich zu halten. Jesus selbst hat niemanden zurückgewiesen, der zu ihm kam. Keiner musste besonders heilig leben oder fromme Dinge tun, um von ihm angenommen zu werden.

DIE KIRCHE MUSS ZU DEN MENSCHEN KOMMEN, INHALTLICH, KULTURELL, SPRACHLICH UND AUCH RÄUMLICH.

Einige Tage später erzählt mir ein Manager von Wacken, dass das Festivalbüro extra Türsteher von den »Hells Angels« für diesen Gottesdienst gebucht hatte. Die Kirche in Wacken musste bereits zwanzig Minuten vor Beginn wegen Überfüllung geschlossen werden. Bis weit an die Straße standen noch wartende Fans vor der Kirchentür, die alle nicht mehr in den Gottesdienst reinkommen konnten. Was für ein überraschend großartiger Erfolg.

WAS ICH VON DIESER REISE MITGENOMMEN HABE

Es ist wohl in Gottes Plan, mich an Orte zu bringen, zu denen andere Pastoren und Pfarrer nicht hinkommen können. Das werte ich als ein Geschenk. Die Themen rund um Abhängigkeiten scheinen für viele Menschen heute elementar wichtig zu sein, sie stellen eine große Not dar. Wichtig ist für mich, dass die Angst mich in diesem Augenblick nicht davon abhalten konnte, das zu tun, was ich tun sollte. Auch wenn ich in solchen Situationen, in denen das Lampenfieber droht, die Kontrolle zu übernehmen, mich vollkommen machtlos fühle.

Wie bin ich eigentlich zu diesem Dienst für Gott gekommen? Und wie wirkt sich die Angst aus, wenn ich in einer gänzlich ungefährlichen Situation stehe? Dazu etwas im nächsten Kapitel, auf einem Einsatz in Nürnberg.

6
NÜRNBERG

Juli 2006

Rückblick: Wie ich zu meinem Dienst kam und eine Psalmenlesung in einer großen evangelischen Kirche in Nürnberg, in der ich vor lauter Lachen keine Angst hatte

»Ich bin jetzt los!« Das sind die letzten Worte, die ich meiner Frau noch zwischen Tür und Angel zurufe. Ich bin mal wieder »Im Auftrag des Herrn unterwegs«, diesmal ein ganzes Wochenende. Der Spruch »Im Auftrag des Herrn unterwegs« stammt eigentlich von dem Kultfilm »Blues Brothers« aus den 80er-Jahren. In diesem Film dreht sich alles um ein straffällig gewordenes Brüderpaar, welches fünftausend Dollar für einen guten Zweck zusammenbringen muss. Die beiden, Jake und Elwood, bekommen in einem Gospelgottesdienst eine göttliche Erleuchtung und gründen daraufhin eine Band, um mit ihren Konzerten die nötigen Dollars zu verdienen. Dabei dient ihnen der Slogan »Wir sind im Auftrag des Herrn unterwegs« halb ironisch, halb ernst dazu, ihrem Dienst mehr Vollmacht zu verleihen.

Ich kann mich in dieser Storyline immer noch gut wiederfinden. Auch ich mache das Ganze nicht aus Jux und Tollerei, dieses ständige Herumfahren, in fremden Betten schlafen. Es macht keinen Spaß, ich empfinde es als anstrengend und auch belastend. Aber ich bin im Auftrag einer höheren Macht unterwegs, ich fühle mich dazu berufen. Und darum bin auch ich auf der Reise.

Meine Predigtdienste laufen meistens gut, aber auch nicht immer. Einige Einsätze kann man schon als Erfolge bewerten. Wenn die Kirche voll ist, die anschließenden Resonanzen gut sind, positiv und manchmal sogar voll des Lobes, dann freue ich mich.

Aber sehr oft fahre ich auch leer und depressiv wieder heim. Ganz besonders setzt es mir zu, wenn ich das Gefühl habe, wirklich alles gegeben zu haben, aber der Effekt gegen null gegangen ist. Ich meine damit besonders diese Abende, in die ich wirklich viele Stunden Vorbereitung gesteckt habe, die Predigt oder Lesung trotz meiner krankhaften Angst ganz gut abläuft, ich auf der Bühne hin und her renne und alles gebe. Um dann am Ende festzustellen, dass der Funke einfach nicht überspringt, meine Worte prallen an einer Gummiwand um das Herz der Zuhörer ab, die Auswirkungen gehen gegen null. So etwas geht an die Substanz und führt zu Selbstzweifel.

Auf dem Rückweg von solchen Reisen frage ich oft abwechselnd mich und dann den Himmel, woran es gelegen haben könnte. War ich zu nervös? War mein Vortrag zu schwach? Oder war die Angst wieder zu groß? Hat sie mich zu sehr gelähmt, mich behindert, mir die Kehle zugeschnürt? Habe ich vielleicht doch irgendeine verborgene Sünde begangen, die sich jetzt so auswirkt? Gerade dieser letzte Gedanke zeugt von einem völlig schrägen Gottesbild in mir, welches ich längst hätte ablegen sollen. Und doch ist es immer wieder da, dieses dumme, hohle, superfromme Bewertungsschema. Ein Glaube an einen Gott, der nur die Heiligen liebt und unterstützt. Bin ich gut, segnet mich Gott. Bin ich schlecht, kann Gott mich nicht segnen. Und schlecht fühle ich mich sehr oft, besonders in letzter Zeit.

ICH HÄTTE MEIN VÖLLIG SCHRÄGES GOTTESBILD LÄNGST ABLEGEN SOLLEN. UND DOCH IST ES IMMER WIEDER DA.

Wenn ich versuche, die Zeitspanne zu errechnen, wie lange ich schon für diesen Auftrag des Herrn unterwegs bin, muss ich mir erst mal darüber klar werden, was als Startpunkt meiner Reise gelten könnte. 1983 war ich eines Sonntagabends in der Hauptkirche St. Petri in Hamburg. Es war einer der damals berüchtigten charismatischen Gottesdienste, welche vom mittlerweile verstorbenen Revoluzzer Pastor Wolfram Kopfermann und seinem Team in der Hansestadt durchgeführt wurde. In der großen alten Kirche war es, wie derzeit jeden Sonntagabend, rammelvoll. Vor Jahren hatten sie noch in der Kirche die vielen Holzbänke im Seitenschiff abmontiert, um mehr Platz für die Touristen zu schaffen. In einem normalen Sonntagmorgengottesdienst der Kirche saßen um die zwanzig bis dreißig Leute. Aber diese Veranstaltung erfreute sich zunehmender Beliebtheit. Die Kirche war überfüllt. Ohne zu übertreiben: Bis zu zweitausend Besucher strömten jede Woche zu diesem Event in die große Hauptkirche St. Petri. Überall saßen junge und alte Menschen. Sogar auf dem Fußboden hatten einige Platz genommen. Extra für diesen Gottesdienst musste ein Stuhlräumkommando eingerichtet werden, um den freien Raum im rechten Kirchenschiff mit neuen Stühlen zu belegen, damit mehr Gottesdienstbesucher einen Sitzplatz bekamen. Bereits beim Betreten des Raums spürte ich, dass heute etwas ganz Besonderes in meinem Leben passieren würde. Eine große Wende, eine echte Veränderung, nach der ich mich schon so lange gesehnt hatte.

Und so war es dann auch. Mir kam es damals so vor, als wäre der ganze Gottesdienst nur für mich organisiert worden. Nicht nur die Predigt, auch die Lieder, die Gebete, fast alle Wortbeiträge trafen mich tief ins Herz. Anschließend ging ich zu einer Segnung nach vorne in den Altarraum der Kirche und übergab mein Leben sehr bewusst an Gott. Was für ein Gott das war, ich wusste es nicht. Ich kannte ihn nicht, ich hatte nicht die Bibel studiert, ich war so gut wie nie in Gottesdiensten, ich hatte nur hier etwas Gutes von ihm gehört.

Alles, was mir als Jugendlicher in der Schule von Gott erzählt wurde, machte mir den Glauben madig. Der Schöpfer schien ein alter, schnöder, langweiliger Mann mit langem weißen Bart zu sein, dem seine Geschöpfe mehr oder minder am Hintern vorbeigehen. Er kümmerte sich nicht um sie und schon gar nicht um mich. Doch in dieser Kirche, im Zentrum der Hansestadt, wurde mir ein anderer Gott vorgestellt. Ein Gott auf meiner Ebene, ein Gott zum Anfassen, der mich irgendwie versteht, den ich ehrfurchtsvoll anbeten, aber im gleichen Atemzug auch duzen und vor ihm meine Alltagsprobleme auskotzen kann. Das gefiel mir.

Recht schnell wurde klar, dass ich für diesen Gott leben wollte. Nicht nur privat, sondern auch beruflich. Jesus war für mich in allem, was er gesagt und getan hatte, unendlich attraktiv. Fast schon so eine Art [All-Zeit] Superheld, ein Vorbild, eine Vaterfigur und doch auch ein Freund. Gott zum Anfassen, Gott wurde Mensch, Immanuel. Das bedeutet übersetzt: Gott ist einer von uns. Und doch bleibt er eben auch Gott, ein Wesen, welches über allem steht, rätselhaft und doch mit unendlichen Möglichkeiten.

IN DIESER KIRCHE WURDE MIR EIN ANDERER GOTT VORGESTELLT. EIN GOTT AUF MEINER EBENE, EIN GOTT ZUM ANFASSEN.

Nachdem ich durch diese Wende zur großen Überraschung des gesamten Lehrerkollegiums sogar mein Abitur mit einer ganz ordentlichen Note geschafft hatte, wollte ich unbedingt in seinen Dienst eintreten. Eben: In den Auftrag des Herrn.

Viele Jahre später, genau genommen 1990, hatte ich ein richtigge-hendes Berufungserlebnis für meinen ganz persönlichen »Auftrag«. Zwar keine laute Stimme aus den Wolken, aber doch ein recht deut-liches Zeichen, geschmückt mit einer Prise Wunderglaube. Ich habe diese Geschichte in den darauffolgenden Jahren so oft erzählt, dass sie mir langsam selbst wieder aus den Ohren rauskommt. Und doch ist sie wichtig, um meinen Bericht in diesem Buch zu verstehen.

Damals war ich für ein soziales Jahr in einer Missionsgesellschaft in Amsterdam angestellt. Während einer Gebetzeit im Keller des Hauses hatte ich ganz plötzlich eine laute Stimme in meinem Kopf. Sie sagte zu mir: »Martin, lies Matthäus, lerne das Matthäusevan-gelium auswendig!« Ich erschrak richtiggehend, denn die Stimme war so unverkennbar, dass die Vermutung einer Psychose nahelag.

Aber es bestand eben auch die Möglichkeit, dass tatsächlich Gott selbst zu mir in diesem kleinen Kellerraum sprach. In den darauf-folgenden Wochen las ich das Matthäusevangelium im Neuen Testa-ment mehrfach durch. Ich lernte die wichtigsten Verse auswendig und war fast nonstop mit Matthäus beschäftigt.

Schließlich veranstaltete die Missionsgesellschaft einen großen Kongress in den eigenen Räumen am Hafen von Amsterdam. Als Sprecher waren einige charismatische Prediger aus den USA einge-laden. Einer davon zeigte nach seiner Predigt ganz ohne Vorwarnung mit dem Finger auf meine Wenigkeit. Ich solle aufstehen, denn er hätte ein prophetisches Wort von Gott für mich empfangen. Pro-phetisch bedeutet, dass Gott durch einen Menschen zu einem ande-ren Menschen reden will. Leicht verdutzt folgte ich stumm seiner Anweisung. »Gott sagt dir, du bist ein Matthäus!«, klang es durch die großen Lautsprecher der Halle. Huch? Das war natürlich ein Schock.

Der Mann konnte ja nicht ahnen, dass ich mich gerade durchgehend nur mit diesem Buch der Bibel beschäftigt hatte. Woher hatte er nur dieses Wissen, wie kam er darauf? Dann sprach er weiter: »So wie Matthäus seinen Leuten das Evangelium in einer Sprache gebracht hat, die sie verstehen, so ist dein Auftrag, deinen Leuten das Evangelium in einer Sprache zu bringen, die sie verstehen!«

Diese Worte waren für mich als Anfang 20-Jähriger natürlich eine richtig große Ermutigung. Wenn dieses prophetische Reden wirklich mir galt, dann konnte es nur bedeuten, dass Gott tatsächlich einen Plan für mein Leben hatte. Eine Idee, ein Ziel, ein Auftrag, eine Berufung oder wie man es auch immer nennen mochte. Dass Gott mich kannte und wusste, was für Begabungen ich in mir trug, ja, sogar, dass er mir einen ganz speziellen Job anvertraute, den nur ich ausfüllen konnte. Das war ein sehr intensives und lebensveränderndes Erlebnis. Bis heute sorgt die Geschichte bei mir für Gänsehaut. Sie trägt die Kraft in sich, meine weitere Reise zu befeuern.

»SO WIE MATTHÄUS SEINEN LEUTEN DAS EVANGELIUM IN EINER SPRACHE GEBRACHT HAT, DIE SIE VERSTEHEN, SO IST DEIN AUFTRAG, DEINEN LEUTEN DAS EVANGELIUM IN EINER SPRACHE ZU BRINGEN, DIE SIE VERSTEHEN!«

Doch wusste dieser Gott auch, auf was für Schwächen er in mir treffen würde? Wusste er von meiner Angst? Wusste er von meiner Panik, vor Menschen zu reden? Vermutlich wusste er das.

Was ist nun aus dieser himmlischen Berufung nach so vielen Jahren geworden? Gilt sie noch oder habe ich sie verwirkt? Habe ich wirklich nach diesem Wort gelebt? Wurde ich für eine Generation zu so einer Art Matthäus? Konnte ich tatsächlich das Evangelium in eine Sprache übersetzen, die meine Leute verstehen? Ich bin mir zusehends unsicher darüber, wie meine Antwort auf diese Frage ausfällt.

Es ist natürlich immer eine Sache des Blickwinkels, um das eigene Leben zu bewerten. In letzter Zeit habe ich oft zurückgeschaut und mich als Versager gefühlt.

Eigentlich hatte ich das Christsein immer als etwas Überlegenes empfunden. Für mich war klar: Ein Christ hat ein besseres Leben, weil er zu Gott gefunden hat. Er ist dadurch zu einem besseren Menschen geworden, mit besseren moralischen Werten und weniger Nöten. »Der Glaube überwindet«, ist ein Motto, welches in vielen Gemeinden immer wieder gepredigt wird. Glaube sorgt dafür, dass man seine Probleme besser in den Griff kriegt, er macht dich zu einem Überwinder, er macht die Gläubigen glücklich. Aber als Überwinder fühle ich mich nicht. Meine alten Probleme haben mich eingeholt. Sucht, Depression, Hilflosigkeit, das sind Dinge, die immer wieder in meiner Realität hochkommen, die ich nicht abschütteln kann. Wie Leichen, die an die Oberfläche des Meeres geschwemmt werden, weil sie leichter sind als das Wasser, kommen sie immer wieder hoch. Zumindest wenn sie nicht mit Stahlbeton und Ketten beschwert werden, so wie es in der einschlägigen Mafiaserie von Sopranos und Co der Fall ist.

ICH FÜHLE MICH NICHT WIE EIN ÜBERWINDER. MEINE ALTEN PROBLEME HABEN MICH EINGEHOLT. SUCHT, DEPRESSION, HILFLOSIGKEIT.

Und dann erlebe ich im Dienst immer wieder diese vergiftende Angst, dieses übermächtige Lampenfieber, eine Panik, vor Menschen zu reden. Trotz Gebet, Segnungen und Seelsorge.

Manchmal habe ich regelrecht Angst vor der Angst. Ich will keinen Herzinfarkt erleiden, weil ich so voller Angst bin, bevor mein Dienst beginnt. Der Puls dreht aufs Maximum hoch, das Herz pocht so laut, dass ich das Gefühl habe, jeder im Raum müsste es jetzt hören.

Wenn die Angst nur ganz unscheinbar in meinem Kopf passieren würde, nur für mich wahrnehmbar, ich könnte damit vielleicht leben. Aber durch die knallroten Stellen am Hals, im Gesicht, an der Brust und den Armen wird es für alle sichtbar. Es ist mir peinlich, ich schäme mich dafür, weil es zeigt, wie schwach ich bin.

Eigentlich möchte ich nach außen stark wirken, souverän, kompetent, über den Dingen schwebend, locker. Aber mit diesen Flecken am Hals merkt jeder im Raum, dass der Pastor da vorne gerade vor Nervosität vermutlich kaum noch reden kann.

Woher kommen nur diese Attacken? War das schon immer so? Es fällt mir schwer, mich zu erinnern. Bei manchen Einsätzen geht die Panik nach einigen Minuten wieder weg. Oder sie wird mit der Zeit besser, erträglicher. Und es gibt auch verschiedene Phasen der Intensität. Als sich nach einigen Jahren so eine Art Beruhigung einstellte, habe ich das wie einen Durchbruch gefeiert. »Endlich, es ist vorbei, die Angst ist besiegt!« Doch dann musste ich bei mehreren Einsätzen erleben, wie das Lampenfieber ganz plötzlich, sogar mitten in einem Vortrag oder einer Predigt, in meinem Kopf förmlich explodierte. Auf einmal war sie wieder da mit all ihrer vernichtenden Macht.

AUS MEINEM GLAUBEN, DER IN JEDER DISKUSSION DIE ÜBERLEGENEN ARGUMENTE PARAT HATTE, WURDE EIN GLAUBE, DER MEHR UND MEHR VON ZWEIFELN DURCHSETZT IST.

Sie ist zu stark für mich. Ich kann sie weder bekämpfen noch bewältigen. Wenn sie kommt, muss ich ihr Platz machen. Die Angst ist stärker als der Glaube, stärker als die Erfahrung, stärker als jede Strategie. Wenn ich nicht aufpasse, kann sie mich komplett kontrollieren und alles zunichtemachen, was ich mir in den Jahren des Dienstes aufgebaut habe. Es geht bei meiner Aufgabe ja nicht nur um ein Hobby oder eine flotte Freizeitbeschäftigung, sondern um eine Berufung, um einen Beruf. Wenn ich nicht mehr vor Leuten sprechen kann, dann werde ich auch kein Geld mehr verdienen können, das war mir immer sehr deutlich.

Diese Sorge treibt mich um. Vielleicht sollte ich den Beruf wechseln? Vielleicht hat Gott mich auch schon lange aus dem Dienst abberufen, ich habe es nur noch nicht bemerkt? Gerade im letzten Jahr kam ich mir oftmals beim Predigen so vor, als stünde ich mit der falschen Rolle auf einer falschen Bühne. Es stellt sich ein Gefühl ein, wenig geben zu können, weil auch bei mir ganz plötzlich bohrende Fragen aufgetaucht sind. Von einem Prediger erwartet man Inspiration, Worte, die aufbauen und den Glauben stärken. Weisheit, Abgeklärtheit, Richtung. Aber bei mir war aus einem »Leben im Sieg« ein »Leben in der Niederlage« geworden. Aus meinem einst lupenreinen Glauben, der in jeder Diskussion die überlegenen Argumente parat hatte, wurde ein Glaube, der mehr und mehr von Zweifeln durchsetzt ist. Zweifel an den moralischen Werten der christlichen Kirche. Zweifel an dem, was man bei Christen als »Bekehrung« bezeichnet. Zweifel an der Art, wie das Christsein heute gelebt wird. Zweifel an den Glaubenssätzen, an den Grundlagen der Kirche. Und vor allem auch Zweifel an mir selbst.

Doch noch bevor ich mir so viele Gedanken um diese Themen gemacht habe, hat mich dieses Mal ein lutherisch-evangelischer Pastor eingeladen, der in seiner Kirche in Nürnberg eine Konzertlesung mit mir veranstalten will. Ich bin gespannt, wie die Zeit in dieser geschichtsträchtigen Stadt werden wird.

Nürnberg war eines der häufigsten Ziele der alliierten Luftangriffe im Zweiten Weltkrieg. Kein Wunder, dass dieser Ort besonders im Fokus der Gegner stand. Die Nazis hatten Nürnberg zu einer ihrer wichtigsten Propagandazentralen ausgebaut. Hier hielt Hitlers Mannschaft, die NSDAP, ihre Reichsparteitage ab. Hier wurden die fatalen »Nürnberger Rassengesetze« einstimmig beschlossen und unterzeichnet. Diese Gesetze brachten Millionen Juden den sicheren Tod und sind bis heute eine Schande für die deutsche Geschichte.

In den neuen charismatischen Zirkeln der christlichen Pfingstbewegung gab es immer wieder prophetische Aufrufe, um für Nürnberg zu beten. Manche spirituelle Leiter glauben bis heute, dass wegen der nationalsozialistischen Vergangenheit ein »dämonischer Bann« über dieser Stadt liegt, der Einfluss auf ganz Deutschland, wenn nicht sogar Europa hat. Das klingt für einen normalen evangelischen oder katholischen Christen, und natürlich auch für jeden säkular denkenden Menschen, total verrückt. Aber so ist das. Charismatische Christen glauben, dass es neben der sichtbaren, wissenschaftlich belegbaren Welt auch noch eine unsichtbare, geistliche, spirituelle Welt gibt. In dieser für normale Menschen unsichtbaren Region leben Dämonen, Geister, aber auch Engel. Und genau in dieser Dimension soll über Nürnberg ein Fluch liegen.

Die Ursache für diesen »dämonischen Bann« sahen jene Christen in der historischen Vergangenheit zu Zeiten des Nationalsozialismus und auch in den Zukunftsplänen, den Visionen Adolf Hitlers, welche er für Nürnberg hegte. Für diese Charismatiker hatten genau diese Pläne eine teuflische Wirkung auf die ganze Stadt, einen geheimnisvollen Einfluss auf die unsichtbare Welt voller Engel und Geister. Immer wieder habe ich davon in diesen spirituellen christlichen Zirkeln gehört und gelesen, dass dieser Bann nur »im Blute des Lammes gebrochen« werden müsse, dann wäre ein großer christlicher, geistlicher Aufbruch in der Welt die Folge. Für Menschen, denen ein derartiger Zugang eher ungewohnt ist, soll erklärt sein: Mit dem Blute des Lammes war Jesus Christus gemeint, der in der Bibel an manchen

Stellen als Lamm Gottes bezeichnet wird. Weil Jesus am Kreuz hingerichtet wurde, gehen sie davon aus, dass er dieses Lamm ist, welches durch seinen Tod Blut für alle Menschen vergossen hat. Eben wie ein Opferritual, in dem etwas geschlachtet und verbrannt wird. So ein Ritual war für die Juden damals ein durch und durch verständliches Bild. Heute kann kaum einer noch etwas damit anfangen.

Wenn ich auf Reisen bin, ist der erste Livekontakt zum Veranstalter oft der wichtigste. Bis dato hat man sich ja noch nie gesehen, nur gelesen. Die ganze Kommunikation läuft heute nur noch übers Internet. Den Pastor, der mich eingeladen hat, lerne ich meist erst bei der Abholung am Bahnhof kennen oder bei einem einleitenden Gespräch vor der Veranstaltung.

Diesmal sind die Hinweise in der E-Mail für mich aber etwas kryptisch. In dem PDF steht, dass mich der Pastor für eine Lesung aus der Volxbibel in seiner evangelischen Landeskirche gebucht hat. Die Veranstaltung ist an ganz konkrete Vorstellungen gekoppelt, wie alles abzulaufen hat. Zum einen soll ich nur Texte aus den Psalmen lesen, außergewöhnlich. Reihenfolge und Inhalte: egal! Dafür soll meine Lesung musikalisch vom Pastor selbst und von seinem Freund begleitet werden, im Freestyle. Der Pastor soll Klarinette, der Freund das Saxofon spielen. »Das wird ganz toll!«, fügt der Pastor in seiner Nachricht an. Ich bin gespannt auf das, was mich dort erwartet.

Zum Glück steht der Pastor bereits am Gleis und ich erkenne ihn sofort. Langer dunkelbrauner Mantel, etwas ökige Cordhose, unrasiert und grau meliert. Er begrüßt mich freundlich mit den Worten »Gute Reise gehabt?« »Ja, das habe ich in der Tat!« Wir steigen in seinen kleinen Golf und fahren direkt zur Kirche. Meine Hoffnung, dass wir noch Zeit für eine kurze Probe haben, zerschlagen sich.

»Das Saxofon wird sich etwas verspäten. Darf ich Ihnen noch unsere Gemeinderäume zeigen und Sie auf unser Gelände entführen?«, fragt er mich mit einem verschmitzten Lächeln. Und natürlich darf er das.

Der Pastor öffnet die mit einem alten Alurahmen verschlagene Eingangstür und bringt mich in die Gemeinderäume. Im Vorraum wurde der Boden mit dunkelgrauen Linoleumplatten ausgelegt, die mindestens schon über fünfzig Jahre alt sind. Es riecht nach staubigen alten Möbeln, wie in einem Seniorenzentrum. Alle Türen sind mit ausgeblichenem rotbraunen Holz beschlagen und durch die mattgrauen Fenster gelangt nur wenig Licht in die Räume. Rechts passieren wir einen Fair-Trade-Shop, aus dem mir der Pastor im Vorbeigehen eine Auswahl an »Köstlichkeiten« anbietet. Da ich wirklich Hunger habe, nehme ich die Schokoladengeschenke dankbar an. Erst beim Reinbeißen fällt mir auf, dass die Oberfläche des »Bengali-Curry-so-was-von-fair-gehandelten-Schokoriegels« mit einer weißgräulichen Schicht belegt ist. Uurrggg, Schimmel! Ich teste noch ein weiteres Exemplar, bis ich ernüchternd feststellen muss: alles vor Jahren abgelaufen!

Je länger ich mich in diesen Räumen bewege, desto mehr verstärkt sich der Eindruck, dass nicht nur die Bio-Schokolade ihre beste Zeit hinter sich hat. Das gesamte Inventar verbreitet ein Gefühl vom »Charme« der 60er-Jahre, dazu im schlechten Zustand. Vorhänge, Lichtschalter, Rahmen und selbst die Bilder stammen aus einer längst vergangenen Zeit. Ich weiß, dass dies symptomatisch für viele Kirchengemeinden in Deutschland ist, wenn nicht sogar für die ganze Kirche. In Sachen Mode, Style und Chick scheint die Landeskirche, evangelisch wie katholisch, irgendwie die Entwicklungen der Zeit verpasst zu haben. Dabei war das vor fünfhundert Jahren noch genau umgekehrt. Musik, Kunst und selbst die Architektur wurde von den Kirchen maßgeblich geprägt. Kein Instrument war hipper als die Orgel. Doch heute hört man selten in einem Jugendzimmer die Orgel, so schön sie auch klingen mag. Es ist ein Instrument aus einer längst vergangenen Zeit. Nur die Kirchen halten immer noch daran fest, in der Welt da draußen werden schon lange ganz andere Instrumente gespielt. Dass mancherorts immer noch so zentral an diesem alten Instrument festgehalten wird finde ich sehr schade.

Schließlich bleiben wir bei unserer spontanen Kirchenführung vor einer großen Doppeltür aus Naturholz stehen. Der Pastor blickt mich verstohlen an, so als würde hinter dieser Tür das echte Paradies auf uns warten. »Was Sie jetzt sehen werden, ist der absolute Höhepunkt! Wir haben im Gemeindevorstand lange beraten, wie wir dieses Projekt realisieren können. Bitte ziehen Sie sich die Schuhe aus.« Ich äußere meine Bedenken wegen meines starken Fußgeruches, da er sich aber nicht beirren lässt, folge ich schließlich den Anweisungen. Gemeinsam betreten wir einen recht großen Gemeindesaal, in dem ringsherum an der Wand Stühle aufgestellt sind. Der Boden ist mit einem alten hellen Holzpanel ausgelegt, welches bei jedem Schritt knirscht. In der Mitte des Raumes wurde so eine Art Zelt aufgebaut.

»Was ist das?«, frage ich den Pastor. »Das ist ein echtes Beduinenzelt!«, raunt er mir mit leicht verzückter Stimme entgegen. Ich mache ein paar Schritte auf die von der Decke hängenden eiergelben Vorhänge zu. Der Pastor geht vorweg. »Kommen Sie, wir setzen uns einmal hinein!« Wir betreten das Zeltinnere. Ich erkenne in der Mitte so eine Art Lagerfeuer-Plastik-Attrappe aus braunem Kunststoff, in der aus leicht vergilbtem rotem und orangenem Krepppapier eine Art Feuerimitation »brennt«. Daneben sitzt eine überlebensgroße männliche Anziehpuppe, natürlich mit Beduinenmantel bekleidet, die auf das »Feuer« starrt. Sie hat lange schwarze Haare, die unter einem kleinen Turban herausragen. Man erkennt einen angeklebten kurzen Vollbart und gaaaanz dunkle Augen. Ich und der Pastor setzen uns neben die Puppe, er rechts, ich links. Da ich Meniskus-Knorpel- und Rückenschmerzen habe, ist Schneidersitz bei mir nicht mehr drin. Ich versuche also, meine langen Gräten in dem kleinen Zelt irgendwie so unterzubringen, dass einerseits die Beduinenpuppe von mir nicht umgestoßen wird, andererseits ich nicht auch noch dem Pastor meine stinkenden Socken ins Gesicht halte. Das erste Mal in meinem Leben, dass ich es bereue, keinen Yogakurs in der Uni belegt zu haben. Da sitzen wir nun in einem eiergelben Beduinenzelt vor einer Lagerfeuerattrappe aus China in Begleitung einer überlebensgroßen Puppe mit Ziegenbart.

»Spüren Sie das auch? Diese Atmosphäre?«, flüstert mir der Pastor leise zu. Dabei schaut er mich mit erwartungsvollen Blicken an.

Aber ich, ich spüre nichts. Gar nichts. Außer meine Knie, die beginnen, höllisch wehzutun. Nun hat der Schmerz in dieser Situation auch etwas Gutes. Denn vermutlich würde ich mir sonst vor Lachen in die Hose machen. Diese Szene, ich, der Pastor und eine olle Beduinenpuppe, meditierend im Kreis um ein paar flackernde Holzscheite aus Plastik, in einem eiergelben Zelt, das werde ich mein Leben lang nicht vergessen.

DA SITZEN WIR NUN IN EINEM EIERGELBEN BEDUINENZELT VOR EINER LAGERFEUERATTRAPPE AUS CHINA IN BEGLEITUNG EINER ÜBERLEBENSGROSSEN PUPPE MIT ZIEGENBART.

Nun beginnt endlich unsere Veranstaltung in der großen Kirche. Es handelt sich um eine richtig alte schöne Kirche. Braune Holzbänke, Steinfußboden, sakrale Bilder und Figuren schmücken die

Wände. Der Pastor bittet mich, vorne auf der Empore, neben dem Altar, direkt am Mikrofon Platz zu nehmen. Von dort soll ich meine Psalmen aus der Volxbibel vorlesen. Er und sein Freund platzieren sich mit ihren Instrumenten weiter vorne im Altarraum. Auf die Frage, ob wir jetzt vielleicht noch einmal den Ablauf durchgehen oder proben wollen, winkt der musizierende Pastor ab. »Das machen wir alles spontan! Das kommt immer am besten!«

Nun ja, er weiß ja auch nichts von meinem Angstproblem. Eine Maßnahme, die mir ein befreundeter Psychiater vor Jahren empfahl, war: »Bereite dich immer gut auf deine Einsätze vor. Eine gute Vorbereitung ist das perfekte Gegenmittel für deine Angst!« Ich bin natürlich für meinen Part gut vorbereitet, die Textstellen sind ausgewählt und auch geprobt worden. Aber so eine Art Generalprobe mit den Musikern hatte ich eigentlich fest eingeplant.

Sicherheitshalber gehe ich schon auf die Toilette. Diesmal ist die Angst jedoch nicht so verzehrend, weil ich von den Umständen her abgelenkt werde. Mir ist nicht wirklich deutlich geworden, was der Pastor in seiner Kirche mit mir vorhat. Das Konzept hat er mir nie wirklich vorgestellt. Und ich weiß auch nicht, ob er ausreichend Pressearbeit leisten konnte und wie die Reaktionen auf seine außergewöhnliche Idee sind. Vielleicht ist er ja auch ein großer Star der Stadt und die Menschen rennen uns gleich die Kirche ein.

Wir begeben uns in den Altarraum und bereiten die Technik vor. Der Start unserer Konzertlesung ist um 16:00 Uhr angesetzt, aber auch um 16:15 Uhr ist die Kirche noch gähnend leer. Um 16:20 Uhr betritt ein älterer Herr den Kirchenraum und geht schnurstracks auf die erste Reihe zu. Drei Damen, ebenfalls im Rentenalter, kommen kurz darauf herein und setzen sich in die Mitte auf eine der hölzernen Bänke. Zwei weitere Menschen verlieren sich irgendwo im Kirchenschiff. Die Kirche bietet für mindestens dreihundert Besucher Platz. Damit ist schon einmal klar, dass unsere Veranstaltung gefloppt ist. Aber was dann kommt, werde ich mein Lebtag nicht vergessen.

Ich schaue von oben auf die Bänke und stelle fest, dass ich überhaupt keine Angst habe. Warum auch? Es sind ja kaum Menschen da. Auf ein Zeichen vom Pastor beginne ich mit meiner Lesung: »Sehr geehrte Damen und Herren. Mein Name ist Martin Dreyer. Der Pastor Ihrer Gemeinde hat mich eingeladen, Psalmentexte aus der Volxbibel vorzutragen. Die Volxbibel ist eine Bibelversion für junge und jung gebliebene Menschen. Wir haben den Psalmen in dieser Bibel einen Reim zugeführt, sodass man sie als Lied, als Rap oder eben als Gedicht vortragen kann. Begleitet werden wir vom Pastor dieser Gemeinden mit der Klarinette und seinem Freund am Saxofon.« Mit einer Handbewegung weise ich auf meine musikalischen Begleiter hin. Der Pastor und sein Freund stehen kurz auf und begrüßen das Publikum. Dann rede ich weiter.

»Ich beginne mit Psalm eins.« Noch ein kurzer Blickkontakt mit meinen zwei Musikern, dann geht es los. »Voll glücklich ist, wer nicht auf das hört, was die sagen, die null Bock auf Gott haben«, lese ich. »Voll glücklich ist, wer nicht den gleichen Mist mitmacht wie jemand, der ständig über Gott lacht. Voll glücklich ist, wer nicht mit den Leuten, die lästern, rumsitzt und jeden und alles abdisst …« Der Pastor und sein musizierender Freund fangen an zu spielen. »Düdelüüdüt deldüüüdel düüüüt dadeldudelu delüt, düt, dedelüüt, delüt …« Ich weiß nicht, wie ich reagieren soll. Ich bin überrascht, nein, ich bin geschockt. Erst jetzt wird mir klar: Die beiden spielen keine melodischen Klangfolgen, nichts, was zum Drama des Textes passen würde. Sie spielen eine Form von Free Jazz! Ganz verrückten Free Jazz zu meinen Psalmen. Der eine der beiden gerät regelrecht in Ekstase. »Düdelüüüütdüdeldööötdeldüüüü.« Mir ist völlig unklar, ob ich jetzt lachen oder weinen soll. Angst brauche ich definitiv nicht zu haben, das ist klar. Tapfer lese ich weiter.

»… Gut drauf ist, wer Bock hat rauszufinden, was Gott von ihm will, täglich, 24 Stunden.« »Dudelüüüüt deldüüüdeldoooo.« »Wer in seinen Verträgen liest Tag und Nacht und sich darüber voll den Kopf macht.« »Dudelaadeldulädeldlä, ladedüdelüt dedadela.« »Der ist wie ein Baum, an einem riesigen Fluss, die dicksten Früchte wachsen an ihm, ich erzähl euch keinen Stuss.« »Deldüüüdel düüüüt dadeldudelu delüt.«Seine Blätter werden nie gelb, die fallen auch nicht ab, was er anfasst, gelingt ihm …« »Dudelüüüütdeldüüüdel doooo.« »Und er wird niemals schlapp. Aber die ohne Gott leben, sind eben nicht so. Die sind wie weggespült in irgendeinem Bahnhofsklo. Bei der letzten Gerichtsverhandlung sagt Gott: ›Nein, nicht so.‹« »Düdelüüüütdüdeldööötdeldüüüü.« »Denn bis jetzt wollten sie nie etwas von Gott wissen, jetzt werden sie aus seiner Familie rausgeschmissen.« »Duudeelääududeladeduludeladeldel.«

Ich traue mich gar nicht, in die Ecke meiner jazzenden Kollegen zu schauen, weil ich innerlich so lachen muss. Mir kommen die Tränen, aber ich muss mich unbedingt auf den Text konzentrieren, ich muss weitermachen. Mein Bauchfell spielt verrückt und ich sollte eigentlich ganz dringend auf die Toilette gehen. Aber nicht aus Angst, nicht aus einer Panikattacke heraus, sondern weil ich vor Lachen dringend für kleine Jungs muss. Ich mach mir in die Hose vor Lachen. »Hi, hi, hi, oh nein, zum Beeumeln …«, kann ich nur noch denken. Trotzdem lese ich, so trocken es geht weiter und weiter und weiter. Zwischendrin entweicht mir unweigerlich immer wieder ein kleines Prusten aus meinem Mund, weil die Situation so zum Schießen komisch ist. »Um seine Freunde kümmert sich Gott. Wer korrekt für ihn ist, dem hilft er in der Not.« »Dudelüüüütdeldoooodedaaadoooo.« »Doch, hi hi hi, wer immer noch keinen Bock auf ihn hat, wuhahaha, rammt mit 200 eine Mauer, macht sich selber platt.« »Düdelüüüütdüdeldööötdeldüüüüüüt.« Oh Mann, wie soll ich das nur so lange durchhalten?

Als ich nach dem ersten Teil unser Psalmenlesung in die große Kirche schaue, stehen drei der älteren Damen auf und gehen. Kurze Zeit später verlassen weitere Besucher unsere Konzertlesung. Am Ende sitzt nur noch der ältere Herr vorn und schaut uns gebannt zu. Ich halte die Situation aus. Nach jedem gelesenen Psalm schaue ich etwas hilflos zum Pastor rüber, in der Hoffnung, dass er diese extrem peinliche Veranstaltung abbläst. Aber da habe ich mich verrechnet. Ganze neunzig Minuten trage ich meine Psalmen vor, während die beiden mit ihrem Gedüdel immer weitermachen. Und das sogar mit wachsender Begeisterung, fast so, als wären wir im London Hide Park, vor Tausenden von Zuschauern.

ICH TRAUE MICH GAR NICHT, IN DIE ECKE MEINER JAZZENDEN KOLLEGEN ZU SCHAUEN, WEIL ICH INNERLICH SO LACHEN MUSS.

Schließlich sind wir am Ende angelangt, der Pastor und sein Freund verneigen sich, ich verneige mich, das war es. Und schließlich steht der letzte noch verbliebene Besucher von seinem Platz auf. Beim Rausgehen sehe ich, wie er an einem kleinen Knopf dreht von einem Gerät, welches um seinen Hals hängt. Es ist ein Hörgerät. Vermutlich hatte der einzige Besucher unserer Veranstaltung, der bis zum Schluss da war, nur seine Hörhilfe abgeschaltet.

Auf dem Rückweg in der Bahn versuche ich diesen Einsatz so gut es geht zu reflektieren. Für mich ist dort etwas geschehen, was symptomatisch für die ganze Situation in der Kirche steht. Besonders der evangelischen Landeskirche. Ganz viel hängt an dem jeweiligen Pastor. Ist er träge und visionslos, dann läuft die Gemeindearbeit rückwärtsgewandt und auf kleiner Flamme. Der Kirchenvorstand muss nur in der Zusammensetzung stimmen, dann gibt es für den

Pastor keinerlei Ansporn oder Herausforderungen, geschweige denn Kontrolle. Niemand fordert Wachstum oder Lebendigkeit aus seiner Gemeinde ein, geschweige denn eine lebendige Jugendarbeit. Hauptsache der Status quo wird gehalten.

Aber so geht die Dynamik der Dynamis vollkommen verloren. Christus hat die Kirche mit einem großen Auftrag gegründet, der auch Wachstum inkludiert. Er sagte: »Geht hin in die ganze Welt und predigt das Evangelium der ganzen Schöpfung!« (Markus 16,15), das war sein letzter Auftrag an seine Schüler und damit an alle Menschen für alle Zeit, die sich Christen nennen. Aber zurzeit habe ich das Gefühl, die Kirche geht kaum noch, sie wartet, sie steht still. Sie reagiert und agiert nicht. Sie bleibt stehen, anstatt sich »hinzubewegen«. Es gehen kaum noch Impulse von der Kirche auf die Gesellschaft aus. Ganz im Gegenteil wird sie von ihrem Umfeld mehr geprägt, als dass sie ihr Umfeld prägen könnte. Das finde ich sehr schade.

Den Glauben über das Theologiestudium an manchen Universitäten nicht zu verlieren ist eine der großen Herausforderung der zukünftigen Pastoren oder Pastorinnen. Viele Männer und Frauen gehen mit einem feurigen, leidenschaftlichen Herzen des Glaubens in die Universitäten, um dort die Lehre über Gott zu studieren. Und dann kommen sie Jahre später als verkopfte Gläubige wieder heraus, mit einem großen Hirn und einem kalten Herzen, in dem das Feuer, die Begeisterung für den Glauben, gelöscht worden ist.

ICH HABE DAS GEFÜHL, DIE KIRCHE GEHT KAUM NOCH, SIE WARTET, SIE STEHT STILL.

Dazu kommt: Ich höre immer wieder aus Kreisen der Kirche, dass Pastoren mit ihrer Arbeit derart überlastet sind, dass die Energie für eine visionäre Tätigkeit in ihrer Kirche, welche auf der Höhe der Zeit agiert, vollkommen fehlt. Beerdigungen, Taufen, Konfirmationsunterricht, Religionsunterricht in der Schule, Gottesdienstvorbereitung, Notfallseelsorge, keine klaren Arbeitszeiten, das ist der Alltag eines jeden Pfarrers, Pastors oder Pastorin. Dazu kommt der Anspruch, immer erreichbar sein zu müssen. Meist wohnen die Geistlichen auch noch direkt an ihrer Arbeitsstelle, denn die Pastorenwohnung ist gleich neben der Kirche. So kann man gar nicht den Abstand bekommen, der nötig wäre, um sich von diesem schweren und kräftezehrenden Job zu erholen.

Die Lebenswirklichkeiten haben sich verändert, es müssen zusätzlich noch E-Mails geschrieben, Telefonate geführt, Webseiten gefüttert werden. Aber der Pfarrberuf ist in seinem Selbstverständnis noch im 15. Jahrhundert stecken geblieben. Viele Pfarrer und Pfarrerinnen kommen von der Uni mit großem Tatendrang und dem Wunsch, etwas zu bewegen. Um dann im harten Gemeindealltag sich vielerorts die geistliche Nase blutig zu schlagen. Da bleibt nur die Wahl, von Tag zu Tag das Nötigste zu erledigen, sich selbst zu schützen und mit den fließenden Kirchensteuergeldern so gut es geht auszukommen. Denn sonst brennt der oder die Geistliche aus. Letzteres habe ich am eigenen Leib erlebt. Ein schrecklicher Zustand. Plötzlich geht dir die Luft aus. Du kannst nicht mehr schlafen, kommst nicht mehr zur Ruhe. Ein ständiges innerliches Unter-Druck-Stehen treibt dich weiter an, mit offenen Augen in die Katastrophe zu rennen. Bis du nicht mehr kannst, mit deiner Kraft am Ende bist. Dann folgt fast immer ein totaler psychischer und körperlicher Zusammenbruch.

Mir ist in Nürnberg auch deutlich geworden, dass die Lebendigkeit der Kirche mit ihren Pastoren steht und fällt. Wenn die Kirche eine Zukunft haben soll, dann muss sie das Kostbarste, was sie hat, ihre Pfarrer, Pfarrerinnen und Geistliche, behandeln wie Könige. Sie muss dafür sorgen, dass diese am Puls der Zeit bleiben, dass sie aber auch positiv kontrolliert und mit Begeisterung ihren Job mit Leib und Seele ausfüllen können. Sie brauchen mehr Freiraum, kreative Pausen und genügend gute Inspiration.

Und die Angst? Sie bleibt diesmal in Nürnberg völlig aus. Vermutlich war ich von dem Gedudel der Protagonisten zu abgelenkt. Und die wenigen Gottesdienstbesucher waren auch kein Grund, in Panik zu geraten. Es zeigt mir wieder, dass die Angstattacken stark auch mit meinen Umständen zusammenhängen oder mit der Bewertung derselben. Wenn ich, wie in so einem Fall, wenig Druck verspüre, kann ich mit dem übersteigerten Lampenfieber umgehen. Ein Toilettengang am Anfang, dann bin ich frei.

WAS ICH VON DIESER REISE MITGENOMMEN HABE

Mir gefällt es, Veranstaltungen in großen und kleinen Kirchen zu haben. Wenn ich auch immer wieder vieles kritisieren muss, fühle ich mich in den meisten kirchlichen Räumen wohl. Dadurch, dass man grundsätzliche Werte teilt und einen gemeinsamen Glauben an ein höheres Wesen hat, gibt es eine tiefe, innere Verbindung. Trotzdem muss in vielen Kirchen ein grundsätzliches Umdenken stattfinden, sonst kommt niemand in die Gottesdienste, und die Kirchen gehen wie eine vertrocknete Pflanze ein. Und zu mir: Meine Angst hängt eben auch mit der Anzahl der Besucher zusammen, die meine Veranstaltung wahrnehmen, das ist mir auch wieder klar geworden. Sie ist kaum zu spüren, wenn ich die Umstände anders bewerte, eben ohne eine Gefahr zu erahnen, zu vermuten, die nächste Katastrophe wartet schon auf mich. So ist es mir auch ganz besonders bei meiner ersten Live-TV-Sendung im Samstagabendprogramm gegangen. Davon soll die nächste Reise berichten.

KÖLN

August 2006

**Große Angstattacke während einer Livetalkshow
mit Jürgen von der Lippe im ARD-Samstagabendprogramm**

Vielleicht werde ich heute zu so vielen Leuten auf einmal sprechen können, wie ich es noch nie zuvor getan habe. Das ist Grund genug, aufgeregt zu sein, finde ich.

Zwei Monate zuvor erreicht mich völlig überraschend ein Anruf aus der Redaktion der ARD-Sendung »Wat is«. Ich liege gerade auf dem Sofa in unserem Wohnzimmer, als mein Telefon klingelt. »Guten Tag, mein Name ist Monika, spreche ich mit Herrn Martin Dreyer?« Ich denke zuerst, es wäre ein Werbeanruf, und will gleich wieder auflegen. Dann antwortete ich aber doch leicht entnervt: »Ja, das bin ich!« »Wie schön, dass ich Sie erreiche! Ich bin im Redaktionsteam der Sendung ›Wat is‹ mit Jürgen von der Lippe. Die Sendung läuft in der ARD am Samstagabend. Ist Ihnen das Format ein Begriff?«

Ich stutze. Der Name kommt mir bekannt vor, aber Bilder habe ich dazu nicht im Kopf. »Ist das nicht diese Sendung, in der irgendwelche Talkgäste eingeladen werden und Jürgen von der Lippe weiß nicht, wer das konkret ist?« »Ja, genau«, lacht die Frau am anderen Ende. »Und dann muss er im Laufe der Sendung spontan einen Talk daraus entwickeln. Wir haben viel in der Presse über Ihre Arbeit gelesen, und in der Redaktion sind wir uns einig, dass wir Sie, Herr Dreyer, gern in einer unserer nächsten Sendungen haben wollen! Hätten Sie

Zeit und Lust?« »Puh, also, ich weiß nicht so richtig. Eigentlich bin ich aus der Leitungsebene schon länger raus. Würden Sie sonst auch jemanden anderen nehmen? Ich könnte Sie an das Büro weitervermitteln«, frage ich die Frau.

»Das ist nett gemeint«, antwortet sie, »aber wir brauchen schon jemanden, der medienerprobt ist. Ich habe mir im Vorfeld in der MAZ einige Berichte und Interviews über Ihr Projekt angeschaut. Das Team findet, dass wir Sie einladen sollten. Für unser Sendungskonzept ist es wichtig, dass die Talkgäste spontan reagieren können. Nichts ist geprobt, alles entsteht aus dem Moment heraus. Ich würde mich über eine Zusage wirklich freuen! Der Sender übernimmt natürlich für Sie die Fahrtkosten und eine Übernachtung in einem schicken Hotel.« Ich bitte um einen Tag Bedenkzeit und beende das Gespräch.

Puh, Talkshow, ARD und dann auch noch zur besten Sendezeit? Eigentlich ist mir das gerade viel zu viel. Vor einigen Wochen habe ich meine pastorale Tätigkeit in meiner Hamburger Gemeinde niedergelegt. Ich bin ausgebrannt, nichts geht mehr. Durch mehrere Jahre nonstop im Dienst mit konstantem Schlafmangel und übermäßigem Stress haben sich meine inneren Batterien komplett entladen. Und auch ein freier Tag oder ein langer Urlaub reichen nicht mehr aus, um dauerhaft meinen Energielevel wieder hochzubringen. Dazu kommen starke Probleme in meiner Ehe. Meine Frau ist aus unserer gemeinsamen Wohnung ausgezogen und die Trennung belastet mich sehr. Das ist auch keine gute Grundsituation, um als »Kirchenstar« im Fernsehen aufzutreten. Die Vermutung liegt nahe, dass viele Christen urteilen würden, dass ich mich mal besser um meine Ehe kümmern solle, anstatt als Glaubensheld im Fernsehen aufzutreten.

Die Fakten sprechen also eindeutig dagegen. Außerdem würde ich vermutlich vor lauter Angst sterben. Bei meiner Recherche kommt heraus, dass die Sendung in den vergangenen Monaten recht hohe Einschaltquoten hatte. Die Chance, dass mich Menschen im TV sehen würden, welche ich auch aus dem echten Leben kenne, ist also recht groß. Schrecklich. Vor der Kamera in einer Livesendung zu stehen, die Situation kenne ich noch nicht. Wie sich das auf meine Angst auswirken würde, kann ich nicht erahnen. Ob eine Studiosituation vielleicht hilft, die Panikattacken vor Auftritten zu überwinden? Schließlich sind ja überwiegend Kameras da und nur wenige Zuschauer. Es könnte allerdings auch genau das Gegenteil passieren. Und dann stünde ich da mit knallrotem Kopf, mitten in einer Livesendung. Zu viel Adrenalin im Körper, dass ich nicht mehr sprechen kann? Ich hatte schon mal so eine Situation. Das wäre sehr peinlich.

Auf der anderen Seite wird mir damit aber auch eine gigantische Möglichkeit geboten, buchstäblich Millionen Menschen vom Glauben an Christus zu erzählen. Und das ist es doch, was ich immer machen wollte. Menschen von meinem Glauben und von Jesus Christus erzählen.

HIER WIRD MIR EINE GIGANTISCHE MÖGLICHKEIT GEBOTEN, BUCHSTÄBLICH MILLIONEN MENSCHEN VOM GLAUBEN AN CHRISTUS ZU ERZÄHLEN.

Dass so eine Chance noch ein weiteres Mal kommen würde, erscheint mir sehr unwahrscheinlich. Nachdem ich mich mit Freunden beraten habe, sage ich meine Teilnahme an der Talkshow dann zu. Meine Berater sind der Meinung, dass ich es machen soll, egal, wie meine private Situation aussieht. Die Gelegenheit ist einfach zu verlockend, einem breiten Publikum unsere christlich-soziale Arbeit vorzustellen. Werbung, ohne Werbungskosten zu haben, darum geht es.

Kurze Zeit später ist es dann auch schon so weit. Mein Flieger geht nach Köln/Bonn und ich komme wohlbehalten am Flughafen an. Der Sender hat mir ein schickes Hotelzimmer organisiert und ich werde von einem Taxi zur Sendung abgeholt. Nach und nach treffen die anderen Talkgäste ein und wir stellen uns einander vor.

Schließlich komme ich in die Maske und erzähle der Frau, die mich für die Sendung schminken soll, von meinem Adrenalinproblem, den Angstattacken und meinen roten hektischen Flecken im Gesicht und am Hals, wenn ich auf der Bühne stehe. »Sie müssen mein Gesicht und meinen Hals unbedingt ganz dick einschmieren«, bitte ich die junge Frau. »Und vor allem die Wangen!«

Das eine ist die Angst, viel schlimmer ist aber für mich, dass sie jeder an meinem Äußeren sehen kann. Und ich befürchte zu Recht, dass es in diesem Fernsehstudio besonders schlimm werden wird. Denn die Sendung wird live ausgestrahlt! Es gibt keine Möglichkeit, Peinlichkeiten im Nachhinein rauszuschneiden. So bekomme ich eine doppelte Schminkschicht um den Hals und ins Gesicht verpasst. Das ist gut, ob es helfen wird, weiß ich aber nicht.

Als es dann losgeht und ich bald auf die Bühne in das TV-Studio muss, sterbe ich. Genauso empfinde ich die Situation. Ich sterbe. Und der Gedanke beruhigt mich irgendwie. »Martin, du stirbst jetzt einfach und dann ist alles gut.« Im nächsten Moment aber rast mein Herz wieder wie verrückt. Ich bekomme Atemnot und laufe knallrot an. Mein Magen meldet sich mit Krämpfen. Die Augen tränen und meine Muskeln am Bauch und an der Brust beginnen zu zittern. So schlimm wie heute Abend war es noch nie. Wir sitzen im Backstage und warten auf unser Zeichen. Am liebsten möchte ich weglaufen. Ich spiele mit dem Gedanken, das Studio einfach zu verlassen, heimlich. Dann denke ich aber, wie peinlich das für mich und die Bewegung wäre, die ich dort vertreten soll. Ja, sogar für den ganzen christlichen Glauben. Ein Christ hat zu viel Angst vor den Kameras und einer TV-Sendung? Nein, das geht nicht.

Jürgen von der Lippe bekommt von seinem Kameramann zwei Dosen Bier und einen Zettel überreicht. Auf dem Zettel steht »Martin Dreyer, Jesus-Freak«, mehr nicht. Nach einem kurzen Gespräch zwischen dem Kameramann und von der Lippe kriege ich ein Zeichen von der Regie. Im Hintergrund ertönte die Melodie von »Jesus Christ Superstar«, und ich werde angewiesen, eine lange Brücke hinunterzugehen, mitten hinein ins Studio.

Der Weg kommt mir eine halbe Ewigkeit vor. Schritt für Schritt stolpere ich dem Sterben entgegen. Ich habe das Gefühl, gerade den schlimmsten Moment meiner irdischen Existenz zu durchleben. Es ist ganz schlimm. Mein Magen spielt verrückt. Ich muss jetzt so rote Stellen am Hals haben, dass es jeder sehen kann. Hoffentlich hält die Schminke. Mein Puls schlägt so laut, dass ich befürchten muss, man kann es über das angeklebte Mikrofon an meinem Hemd hören.

Und fliehen geht jetzt nicht mehr, wir sind live auf Sendung. Also muss ich da jetzt durch.

ICH HABE DAS GEFÜHL, GERADE DEN SCHLIMMSTEN MOMENT MEINER IRDISCHEN EXISTENZ ZU DURCHLEBEN.

Schließlich komme ich bei Jürgen von der Lippe an. Wir schütteln uns kurz die Hand und setzen uns in zwei orangefarbene Sessel gegenüber voneinander. Von der Lippe schaut auf seine Karten und fragt verwundert: »Also, du bist ein ›Jesus Freak‹? Was bedeutet das genau?« »Noch nie davon gehört?«, frage ich schüchtern zurück. »Da wurde vor einiger Zeit viel in der Presse drüber berichtet!« »Ah, stimmt, ich erinnere mich!«, sagt er mit einem Stirnrunzeln. »Aber erzähl mal selbst!« Ich rutsche auf meinem Stuhl hin und her, schlage die Beine übereinander. Ich bin so wahnsinnig aufgeregt, dass mir das Atmen schwerfällt. Jeder im Studio muss meine hektischen Flecken jetzt sehen. Mir kommt es so vor, dass das Adrenalin wieder diese Lähmungserscheinungen in meinem Kehlkopf verursacht. Ich kann kaum sprechen! Also trinke ich etwas Wasser, schlucke mehrmals. Und dann lege ich los.

Ich beginne bei mir und erzähle aus meinem Leben. Wie ich in Hamburg aufgewachsen bin, mich dann als Jugendlicher auf die Suche nach dem echten Leben gemacht hatte, es aber nirgends finden konnte. Ich schildere ausführlich den Tag, an dem ich in einem Abendgottesdienst der St.-Petri-Kirche nach vorne gerannt bin und mein Leben in einer Segnung Jesus Christus anvertraut hatte. Und ich erkläre von der Lippe, wie ich später in Amsterdam die Idee für die Gründung dieser Jugendgemeinde »Jesus Freaks« bekam. Dann folgt ein Bericht über unseren ersten Gottesdienst mit den Freaks und was daraus letztendlich gewachsen ist: eine deutschlandweit agierende Jugendbewegung mit über hundert Ablegern.

Von der Lippe ist sehr interessiert, stellt Rückfragen und hört mir aufmerksam zu. Im weiteren Verlauf des Gesprächs kann ich auch von unserer Kneipe auf St. Pauli berichten, die wir damals mit meiner christlichen Gruppe angemietet haben, und von diversen Taufen in der Alster. Das Gespräch verläuft gut, wenn auch recht gequält auf meiner Seite. An einer Stelle merke ich, dass ich so eine Art toten Punkt überwunden habe. Die Angst ist noch da, aber sie ist nicht stark genug, um mich zu überwinden.

Nach ein paar Einblendungen mit Bildern erscheint ein Foto, auf dem ich in einem Sarg liege. »Was ist das denn?«, fragt mich der Talkmaster. »Das ist so eine Sargaktion, die wir manchmal auf dem Kiez machen. Soll ich zeigen, wie das geht?«

Ich weiß nicht, warum ich das jetzt sage, es ist mir einfach so rausgerutscht. »Ja, warum eigentlich nicht?«, antwortet er mit einem Lachen. Also stehe ich auf und spiele das ganze Stück live im Studio vor. Zuerst schildere ihm die Szene: Wir befinden uns auf St. Pauli, Reeperbahn. Überall Prostituierte, Zuhälter, Freier, Partygäste,

Kneipen, Discolicht. In der Mitte der Straße ein Zug von jungen Menschen, die einen Sarg tragen. Und in dem Sarg liege ich.

Dann lege ich mich auf den Fußboden mitten im Studio, so als wäre ich in dem Sarg auf St. Pauli, und spiele das Stück live vor. »Uhhaaaauuu«, schreie ich laut los, springe aus der imaginären Holzkiste und laufe im Studio umher. Der Kameramann hat sichtbar Mühe, mich im Bild zu halten, und dreht wie wild an seiner Kurbel. »Uhhhaaaaa. Ich will leben! Ich will leben! Ich will leben«, schreie ich laut und laufe weiter umher.

WIR BEFINDEN UNS AUF ST. PAULI, REEPERBAHN. ÜBERALL PROSTITUIERTE, ZUHÄLTER, FREIER, PARTYGÄSTE, DISCOLICHT. IN DER MITTE DER STRASSE EIN ZUG VON JUNGEN MENSCHEN, DIE EINEN SARG TRAGEN. UND IN DEM SARG LIEGE ICH.

Plötzlich bin ich voll in einer Rolle drin. Ob es jetzt die Rolle des Untoten ist oder die Rolle des »Jesus Freaks«, der auf der Reeperbahn rumspringt, keine Ahnung. Aber ich bin im Spiel und damit ist die Angst komplett verschwunden. Ich spiele jemand anderen, hinter dem ich mich verstecken kann, und damit hat die Angst keine Chance. Total befreit kann ich die TV-Sendung weiter bestreiten.

»Ich war auf der Suche nach Leben«, führe ich das Schauspiel fort. »Und dann habe ich studiert und einen guten Job gesucht, denn ich wollte Karriere machen. Ich dachte: In der Karriere ist das Leben. Aber da war kein Leben in der Karriere. Dann habe ich versucht, nur noch mehr Geld zu verdienen. Ich dachte mir, wenn ich genug Geld habe, dann bin ich glücklich, dann habe ich das Leben. Und ich hatte ein Reihenhaus im teuersten Stadtteil und ich hatte einen weißen Mercedes. Aber dann ging meine Firma Pleite. Und da war kein Leben in der Karriere. Aber ich will doch nur leben! Ich will leben!«, rufe ich in die Kamera und ins Publikum.

Das Stück geht weiter. »Jetzt dachte ich, es muss die Party sein. In Party ist das Leben! Und ich ging auf alle Partys der Stadt, und ich nahm alle Drogen, die ich kriegen konnte, und ich hatte viele Frauen. Aber da war kein Leben in der Party. Da war kein Leben in den Drogen. Und ich wurde beim Feiern immer einsamer. Und ich wurde immer kaputter. Aber ich will leben, ich will leben!«

Nach diesem kurzen Anspiel berichte ich Jürgen von der Lippe und den Studiogästen davon, wie wir das Stück damals auf der Reeperbahn beendet haben. Es kam ein Mann aus der Menge, der aus unserer Gruppe stammte, das wusste nur keiner. Dieser junge Mann fing ein Gespräch mit mir, dem lebenshungrigen, aber auch todessehnsüchtigen Mann an und erzählte mir schließlich vom Glauben an Gott. Es endet mit den Worten, dass Jesus seinen Gläubigen versprochen hat, ein Leben möglich zu machen, das sich lohnt, ein wirklich gutes, sinnvolles Leben. Dann ist mein kleines Anspiel vorbei.

Als ich fertig bin, gibt es zu meiner großen Überraschung einen tosenden Beifall der Studiogäste! Es hat ihnen anscheinend gefallen, das ist kaum zu fassen. Schließlich setze ich mich wieder auf den Platz. Plötzlich spüre ich, wie sich die ganze Atmosphäre im Studio durch dieses Stück und meine Worte verändert hat. Vielleicht ist das auch nur meine Einbildung? Aber es ist definitiv mein Gefühl, etwas hat sich nach meiner Predigt entwickelt, was vorher nicht zu spüren war. Eine große Klarheit, eine Offenheit, ich fühle mich selbstbewusst, stark und sicher.

Die Angst ist komplett verschwunden. Anstatt Furcht zu haben, werde ich angriffslustig und frech. Ich nutze die Chance und versuche mich jetzt anders zu verhalten als vorher. Anstatt dass Jürgen von der Lippe mich befragt, fange ich an, ihm Fragen zu stellen. Ich hatte vorher über das Internet herausbekommen, dass er als Jugendlicher einmal Priester werden wollte. Als ich ihn darauf anspreche, kommt ein richtig guter Talk zustande. Er bekennt sich zu seinem Glauben oder besser gesagt zu seinem Unglauben. Wir führen ein lockeres Gespräch und am Ende gibt es noch einen Clip mit Bildern von unserem Gottesdienst der »Jesus Freaks« auf St. Pauli. Von der Lippe verabschiedet sich von mir. Dann ist die Sendung vorbei.

Am Abend feiern wir noch mit dem ganzen Produktionsteam in einem schicken Restaurant den erfolgreichen Livedreh der Sendung. Alle sind zufrieden, auch mit meinem Part.

PLÖTZLICH SPÜRE ICH, WIE SICH DIE GANZE ATMOSPHÄRE IM STUDIO DURCH DIESES STÜCK UND MEINE WORTE VERÄNDERT HAT.

Nachts liege ich wie immer noch lange wach in meinem Hotelbett. Was war das für ein großer Erfolg, damit habe ich nie und nimmer gerechnet! Das Blatt hat sich ganz plötzlich vollkommen gedreht. Es fühlt sich total gut und richtig an, dass ich mich überwunden habe, doch in die Sendung zu kommen.

Vor dem Einschlafen fange ich an, wach zu träumen. Mir kommen Gedanken von weiteren Einladungen im Fernsehen in den Kopf, von großer Presse und sogar einer eigenen christlichen Sendung. Das ist natürlich Unsinn und vollkommen unrealistisch.

Tatsächlich bin davon überzeugt, dass Jesus Christus, würde er heute noch als Mensch auf der Erde leben, das Internet, Radio und Fernsehen nutzen würde. Nun, er hat auf einem Berg gepredigt. Wer sich auf einen Berg stellt, will viele Menschen gleichzeitig beschallen. Christus hatte eine Botschaft, die eine große Zahl von Hörern erreichen sollte. Was damals der Berg war, sind heute die Medien. Fernsehen, Radio und ganz besonders das Internet. Jesus hätte mit Sicherheit heute einen eigenen Youtube-Kanal, er hätte Milliarden

Follower auf Instagram und Twitter, sein Facebook-Account wäre sehr gut besucht.

Was meinen heutigen Einsatz betrifft, bin ich im Rückblick überrascht, dass die Angst am Ende wie weggeblasen war. Wie kann das sein? Was ist der Grund dafür? Spirituelle Antworten fallen mir sofort ein. Zum Beispiel haben meine Mutter und meine Freunde dafür gebetet. Gott wollte, dass ich dort war, und hat übernatürlich eingegriffen. Aber der naheliegende Grund ist wohl doch schlicht in der Horizontalen zu finden. Die Angst war weg, als der Applaus kam. Die Zustimmung der Menschen wirkte wie ein Heilmittel auf meine Panik. Es ist eben nicht nur eine unbestimmte Angst, es ist die Angst, von Menschen nicht geliebt zu sein. Die Angst, dass Leute mich ablehnen, mich nicht mögen, die lähmt mich. Vielleicht hatte ich auch von dem vielen Adrenalin im Körper eine Art Rausch. Ich habe nicht mehr nachgedacht und einfach funktioniert. Aber richtig frei wurde ich erst, als eine positive Reaktion auf das kam, was ich tat. Zustimmung, Jubelrufe, Gejohle, Lacher, Applaus und die Angst ist verschwunden. Sie ist besiegt und kommt nicht wieder. Vielleicht ist es das, was ich brauche? Den Spiegel, den Blick der anderen. Die spürbare Anerkennung.

RICHTIG FREI WURDE ICH ERST, ALS EINE POSITIVE REAKTION AUF DAS KAM, WAS ICH TAT. APPLAUS UND DIE ANGST IST VERSCHWUNDEN.

Wobei das auch nicht ganz richtig sein kann, denn dann wäre die Qualität meiner Auftritte zu hundert Prozent von den Reaktionen meines Publikums abhängig. Wären anstatt des Jubels Buhrufe gekommen, ein Supergau wäre die garantierte Folge. Mit Sicherheit wäre ich wieder knallrot angelaufen, schneller, als ich denken kann. Ich hätte so starke Schweißausbrüche bekommen, dass mein Hemd vor Nässe getrieft hätte. Vermutlich hätte meine Stimme gänzlich versagt, denn wie gesagt: Adrenalin in hohen Dosen führt zu Lähmungserscheinungen im Kehlkopf. Dass sich die Situation so zum Ende hin verändert hat, macht mich aber sehr froh.

WAS ICH VON DIESER REISE MITGENOMMEN HABE

Diese Talkshow mit Jürgen von der Lippe haben Millionen Menschen gesehen. Ich wurde in den nächsten Tagen beim Bäcker, in der U-Bahn und sogar im Park von Passanten auf meinen Glauben angesprochen. Dafür hat es sich gelohnt. Auch wenn ich mich in solchen Situationen vor der Kamera, wo das Lampenfieber droht die Kontrolle zu übernehmen, vollkommen machtlos fühle. Die Angstzustände haben wirklich immer etwas vom Sterben. Ich erlebe bei jedem Einsatz einen kleinen Vorgeschmack auf den Tod. Wer hätte gedacht, dass ich über genau das Thema sogar noch einmal predigen würde? Davon soll in der nächsten Reise erzählt werden.

DÜREN

Oktober 2011

Wut ist stärker als Angst.
Predigt in Düren zu dem unbeliebten Thema »Die Macht des Todes«

Als ich den Raum betrete, wird mir zuerst etwas mulmig ums Herz. Der Gottesdienst, in den man mich bereits vor Wochen per E-Mail eingeladen hat, findet anscheinend in einer Art Hinterzimmer statt. Nachdem ich durch die Eingangstür des recht großen Cafés komme und nichts sehe, was irgendwie nach Gottesdienst aussieht, frage ich die Frau am Tresen, wo sich hier bitte ein paar Christen treffen sollen. Die freundliche Dame zeigt mit dem Finger auf eine kleine Tür am hinteren Ende des Raumes. Ich betrete durch die Tür das Hinterzimmer und schaue mich um. In einem recht großen Saal stehen diverse alte Stühle, die von dem Veranstalter dort extra für den Gottesdienst aufgestellt worden sind. In einer Ecke und an der Wand wurden sogar ein paar alte Sofas und ein Sessel platziert. Das Ganze ist eine Mischung aus Veranstaltungssaal und Wohnzimmeratmosphäre. Hier kann ich mich wiederum gut einfühlen. Es ist gemütlich und ein Bild, das man in vielen Freikirchen in Deutschland zunehmend finden kann. Das Interieur vieler Gemeinderäume verändert sich von sakraler, kalter und religiöser Umgebung mit harten Kirchenbänken zu einer unreligiösen, lockereren Atmosphäre mit Sofaflair, weichen Kissen und Hobbyraumfeeling. Ich finde das sehr gut. Wer hat gesagt oder wo steht in der Bibel, dass ein guter und auch heiliger Gottesdienst immer nur in einer alten Kirche oder einem kirchenähnlichen, sakral anmutendem Raum stattfinden kann?

Der Weg nach Düren mit dem Auto war mal wieder extrem stressig. Es gibt Situationen, da mag ich das Autofahren überhaupt nicht. Auf manchen deutschen Autobahnen herrscht geradezu Krieg. Wer sich erdreistet, zu lange auf der linken Spur zu bleiben, wird gnadenlos von irgendwelchen Mercedesfahrern mit überhöhter Geschwindigkeit von hinten bedroht, rechts überholt oder abgedrängt. Mit der Lichthupe als Waffe und einem Mindestabstand von einem halben Meter wird es auf den hiesigen Straßen lebensgefährlich. Nicht selten bekommt der den Mittelfinger gezeigt, welcher nicht schnell genug auf die andere Spur ausweicht.

Ich hatte ausreichend Fahrzeit eingeplant, bin aber aufgrund einer vom Navi unerkannten Baustelle in einen großen Stau geraten und komme gerade eben so rechtzeitig zu meiner Veranstaltung.

Wie so oft fand die vorbereitende Kommunikation auch hier nur über E-Mail statt. Das ist eine Veränderung, die ich in den letzten Jahren im Dienst immer stärker beobachte. Früher haben Veranstalter zur vorbereitenden Planung noch mindestens ein- bis zweimal das persönliche Gespräch am Telefon gesucht. Dadurch konnte man ein wenig miteinander warm werden und die wichtigsten Fragen vorab klären. Heute findet der erste persönliche Kontakt bei neunzig Prozent meiner Buchungen oft erst kurz vor Beginn der eigentlichen Veranstaltung statt, und zwar direkt vor Ort, live und in Farbe. Alles davor wurde nur auf digitalem Weg über das Netz geregelt. WhatsApp, Chat, Facebook-Nachricht, E-Mail etc.

Heute handelt es sich bei meinem Einsatzort um eine relativ kleine freie Gemeinde, die erst im letzten Jahr durch eine Abspaltung gegründet worden ist. Das ist nichts Außergewöhnliches. Jedes Jahr entstehen in Deutschland Dutzende neuer Gemeinden auf diese Art. Gemeindegründungsforscher schätzen, dass zurzeit in Deutschland fünfzig bis siebzig neue Gemeinden pro Jahr gegründet werden und allein zwanzig Prozent davon nur durch eine Abspaltung. Eine spannende Entwicklung, das weiß bloß kaum jemand, weil die einschlägige kirchliche Presse nicht oder nur wenig darüber berichtet.

Oft gibt es vor einer Gemeindespaltung theologische Streitigkeiten innerhalb des Leitungsteams, die dazu führen, dass eine Gruppierung aus der Gemeinschaft immer stärker und größer wird, die andere sich durch dieses Wachstum aber bedroht fühlt. Die eine Seite setzt einen neuen Schwerpunkt, fühlt sich geistlicher, charismatischer oder einfach biblischer als die andere. Der neue und lebendigere Teil zieht neue Christen an und wächst mehr als der andere. Dieser aufstrebende Teil bekommt dadurch natürlich viel mehr Aufmerksamkeit, weil er das Ungewöhnliche darstellt. Der alte Teil, der die Neuerungen nicht mitmachen will, wird als »zu konservativ« und »rückwärtsgewandt« abgestempelt. Schlimmstenfalls kommt der unterschwellige Vorwurf, der alte Teil würde den »Geist betrüben«, weil er sich nicht im Flow des Neuen bewegen will. Schließlich führt es zu einem großen Showdown, der alte Kern will die Neuerungen nicht akzeptieren, weil deren Einfluss auf den Rest der Gemeinde zu groß geworden ist. Es folgt eine Spaltung. Diese wird oft als ein schmerzhafter Prozess erlebt, da der Riss zum Teil durch langjährige Freundschaften und sogar Familien geht. Die neue Gemeinschaft fühlt sich als Sieger, als »neuer Wein«, als geistlicher oder sogar als erwecklicher Aufbruch. Und die Zurückgebliebenen müssen sehen, wie sie den Weggang eines Teils der Gemeinde veratmen können, ohne dabei ihre Identität zu verlieren.

In der Gemeinde in Düren gibt es noch nicht einmal einen Pastor, sondern nur einen vierköpfigen Leitungskreis, welcher die Geschicke der Gemeinde lenken soll. In dem dunklen Kneipenraum kann ich ungefähr fünfzig Personen zählen, die nach meiner Einschätzung alle zwischen zwanzig und vierzig Jahre alt sind.

Mir geht es oft so, dass ich bereits nach wenigen Minuten eine ungefähre Einschätzung davon abgeben kann, wie die Leute in dieser Gemeinde ticken. Man schaut in die Gesichter, sieht sich die Kleidung und deren Style an, schaut auf die Instrumente, hört ihnen ein wenig beim Reden zu und weiß sofort, woran man ist. Hier kommt es mir so vor, als dass die Mehrzahl der Gemeindemitglieder in irgendeiner Form christlich sozialisiert sind. Sie wurden in einer christlichen Familie großgezogen und sind mit der christlichen Kultur und Sprache gut vertraut. Beruflich gesehen besteht ein Großteil der Mitglieder aus jungen Menschen, die sich gerade noch im Studium oder in der Ausbildung befinden. Auch ein paar junge Familien kann ich erkennen, vermutlich gehobene Mittelschicht.

Die Kontaktperson hat mir per E-Mail geschrieben, dass sie sich eine Predigt über eine ganz konkrete Problematik von mir wünschen. Und zwar soll ich über das Thema Tod sprechen. Die Gemeinde hätte in den vorliegenden Monaten mehrere verheerende Todesfälle zu verkraften gehabt. Die Mutter eines der Leiter war überraschend an Krebs gestorben, und das, obwohl die ganze Gemeinde geschlossen rund um die Uhr für sie gebetet hatte. Bei einem anderen Gemeindemitglied war jemand aus dem engeren Freundeskreis durch einen Motorradunfall ums Leben gekommen. Es gab auch einen Selbstmord zu beklagen, die Umstände dazu erfahre ich aber nicht.

Ich empfinde es so, dass es kaum ein Thema gibt, über welches der christliche Glaube mehr zu sagen hat als über den Tod. Wir alle sind davon bedroht. Jeder wird irgendwann einmal sterben, ohne Ausnahme. Egal, wie viel Geld man hat, wie hoch man in der Karriereleiter gekommen ist, ob man obdachlos ist oder reich, jeder muss irgendwann sterben. Wir verdrängen diese Tatsache erfolgreich, bis es dann einen Todesfall im näheren Umfeld gibt. Oder bis wir von einem Arzt selbst eine tödliche Diagnose gestellt bekommen.

»Am Sterbebett werden alle Christen«, hatte ein katholischer Pfarrer einmal nach einer Beerdigung zu mir gesagt. Und da ist etwas Wahres dran. Schon viele Jahre arbeite ich für eine Agentur, die kirchliche Dienste für Menschen anbietet, welche nicht Mitglied einer Kirche sind. »Rent-a-Pastor«, so heißt sie, wurde von einem jungen freikirchlichen Pastor gegründet, der die Not dieser Menschen erkannt hatte. In seiner Agentur kann man übers Internet pastorale Dienste für jede Gelegenheit buchen. 95 Prozent der Anfragen drehen sich um eine Trauung. Aber meine erste Buchung über die Webseite war tatsächlich eine Beerdigung.

EGAL, OB MAN OBDACH-LOS IST ODER REICH, JEDER MUSS IRGENDWANN STER-BEN. OHNE AUSNAHME.

Ich weiß noch, wie ich mit der Tochter des Verstorbenen Kontakt aufnahm. Sie schrieb mir übers Internet, dass ihr Vater ein sehr lebensfroher Mensch gewesen war. Er arbeitete hart, um sich so viel Urlaub wie möglich leisten zu können. Thailand, USA, Kanada, Brasilien, China, er hatte die ganze Welt bereist. Von Montag bis Freitag wurde geschuftet, am Wochenende saß er in der Kneipe und im Sommer und Winter ging es für mehrere Wochen mit dem Flugzeug in die Welt. Ich hatte damals lange überlegt, was ich als Bibelstelle für meine Predigt nehmen könnte. Schließlich kam ich auf den Vers aus den Psalmen, in dem König David schreibt: »Herr, lehre uns bedenken, dass wir sterben müssen, auf dass wir klug werden« (Psalm 90,12; LUT).

Nachdem ich in der Friedhofskapelle den von der Tochter vorbereiten Text über den Lebenslauf des Verstorbenen vorgetragen hatte, las ich den Bibelvers aus Psalm 90 und begann mit meiner Predigt. »Liebe Trauergäste, lehre uns bedenken, schreibt der Psalmist in diesem Vers in der Bibel. Der Tod soll unser Lehrmeister sein, wir sollen von ihm etwas lernen. Was kann uns der Tod denn beibringen? Was sollen wir vom Tod lernen können? Worin könnte der Tod unser Lehrmeister sein?«

Als erste Antwort darauf zählte ich ein paar humanistische Punkte auf, von denen ich dachte, dass jeder diesen zustimmen würde. Dankbarkeit, Freude am Leben, die uns gegebene Zeit auszukosten, Freude an der Familie, das sind Lektionen, die uns der Tod beibringen kann. Dann sagte ich aber auch am Ende: »Es gibt eine weitere Frage, die uns der Tod stellt. Jedem von uns. Es ist die Frage, ob mit dem Tod alles vorbei ist oder ob da noch etwas kommt.« Ich schilderte kurz die Geschichte der Auferstehung Jesu, in der er den Tod als ultimative Kraft besiegt hatte. Und sagte am Ende: »Der Tod bringt uns auch bei, dass jeder Mensch die Frage nach Gott noch zu Lebzeiten für sich beantwortet haben sollte. Denn kurz vor dem Tod, und auch danach, könnte diese Frage zur wichtigsten aller Fragen überhaupt werden.« Anschließend gingen wir mit der Trauergemeinschaft zum Grab und übergaben den Leichnam der Erde. Bei der Verabschiedung vor dem Friedhof schlug mir eine für mich vollkommen überraschende Welle von tiefer Dankbarkeit entgegen. Ich habe selten so viel Lob und Anerkennung für einen Dienst bekommen wie an diesem Tag.

Spätestens dann wurde mir klar, dass der Auftrag dieser Agentur eine sehr wichtige ist. Man kann in so einem Moment, in dem die Endgültigkeit des Todes jedem so sehr bewusst wird, mit dem Glauben an Gott Hoffnung und Trost geben. Das ist in der schier endlosen Trauer beim Todesfall eines nahen Verwandten oder Freundes weit mehr wert als Geld oder Prestige.

Ich selbst habe auch erfahren, wie es ist, wenn ein naher Verwandter stirbt. Meine Mutter rief mich an einem Sonntagabend an. Unser

Vater sei auf der eisglatten Straße gestürzt und liege jetzt im Krankenhaus in Hamburg. Die Ärzte sagten, er hätte sich einen Oberschenkelhalsbruch zugezogen und würde morgen operiert. Ich fuhr so schnell es ging ins Krankenhaus und konnte meinen Vater noch am Abend vor der OP sehen und mit ihm reden. Es war nichts Weltbewegendes, was wir ausgetauscht hatten, aber es bekam dennoch eine Bedeutung für mich. Denn einen Tag später starb er im Ruheraum nach der Operation. Er hatte einen Darmverschluss und ist erstickt. Ich hätte ihm einen schöneren Tod gewünscht. Mein Vater hatte immer eine starke Sehnsucht nach Leben, so wie ich. Aber ich denke, er hatte auch Frieden mit sich und Gott gefunden. Er war bereit zu gehen.

Ein weiteres Erlebnis mit dem Tod war für mich ebenfalls prägend. In den 90er-Jahren erlebte ich einen tödlichen Unfall nach einem Predigteinsatz in Leonberg bei Stuttgart. Esther, so hieß das junge Mädchen, kam aus einem christlichen Elternhaus, hatte sich aber mit der Pubertät vom Glauben ihrer Eltern distanziert. Als sie in meine Gemeinde kam, war sie innerlich kaputt. Esther litt unter starken Depressionen und fühlte sich oft sehr einsam. Mit fünfzehn Jahren begann sie, auf Partys zu gehen, rauchte gelegentlich Marihuana und lebte in einer Welt ohne Gott. Mit der Art von Christsein, welches ihr das Elternhaus vorgelebt hatte, wollte sie nichts zu tun haben. Irgendeine Freundin erzählte ihr dann einmal von den Gottesdiensten der »Jesus Freaks«. Der erste Abend gefiel ihr so gut, dass sie es auf einen zweiten ankommen ließ. Und während eines weiteren Abends entschied sie sich, einen Anfang im christlichen Glauben zu wagen. Schnell war sie in der ganzen Gemeinde sehr beliebt; ich kenne keinen, der sie nicht mochte.

Sonntagabend war unser Einsatz zu Ende, auf dem sie, wie viele andere jungen Menschen aus meiner Gemeinde, als Mitarbeiter mitgefahren war. Wir verabschiedeten uns lange und herzlich von den Leuten und machten uns auf den Rückweg. Auf der Autobahn kurz vor Hamburg passierte dann das Schreckliche. Ohne Vorwarnung schoss von hinten ein Mercedes mit überhöhter Geschwindigkeit auf der linken Spur auf uns zu. Der Fahrer des Mercedes gab wilde Zeichen mit der Lichthupe, um uns dazu zu drängen, ihm die linke Spur freizugeben. Unser Wagen wechselte zu schnell von links nach rechts, um dem Mercedes auszuweichen. So gerieten wir ins Schleudern. Unser Pkw drehte sich mehrfach um seine eigene Achse und blieb mit der Front zur Gegenrichtung mitten auf der Fahrbahn stehen. In Panik rief ich allen zu: »Wir müssen aussteigen!« Das war natürlich ein großer Fehler. In jeder Fahrschule lernt man, wie gefährlich es ist, mitten auf der Autobahn auszusteigen, aber mir fiel in dem Augenblick nichts Besseres ein. Also verließen wir alle fluchtartig den Wagen.

UNSERE FREUNDIN WAR TOT, NIEMAND KONNTE DAS MEHR ÄNDERN. ICH HABE LANGE MIT DIESEM UNFALL GEHADERT.

Der Fahrer und ich retteten uns mit ein paar schnellen Schritten über die Fahrbahn auf den Seitenstreifen. Esther, die hinter mir saß, stieg ebenfalls aus und wollte auch zu uns rüberlaufen. Sie machte ein paar Schritte, kam aber durch ihre Holzschuhe, die sie an dem Tag anhatte, ins Stolpern und stürzte, ungefähr fünf Meter vor mir entfernt, mitten auf der rechten Autobahnspur. Ich sah noch, wie sie sich gerade wieder aufrappeln wollte, als ein weißer BMW mit deutlich überhöhter Geschwindigkeit auf sie zugeschossen kam. Es gab einen lauten Knall, unsere Freundin flog mehrere Meter durch die Luft und landete mitten auf dem harten Asphalt. Sofort rannte ich zu ihr. Esther war sofort tot.

Dieser Tod traf mich damals schwer. Ich fühlte mich schuldig, denn es war mein Auto, ich hatte die fahrlässige Anweisung gegeben, aus dem Wagen auszusteigen und die Fahrbahn zu überqueren. Als Leiter dieses Einsatzes trug ich auch die Verantwortung. Damals war es eigentlich das erste Mal für mich, dass der Tod wie eine Art unsichtbare Macht mir gegenübertrat. Und diese Macht hatte so eine

Endgültigkeit, man konnte sie nicht nachträglich schönreden oder ihr die Härte nehmen. Unsere Freundin war tot, niemand konnte das mehr ändern. Ich habe lange mit diesem Unfall gehadert. Das Schuldgefühl ist auch bis heute nicht ganz gewichen, obwohl ich sogar in einem Brief von den Eltern hörte, dass sie mir verziehen hatten.

Mein drittes Erlebnis mit dem Tod soll auch noch erzählt werden. Auf meiner Arbeitsstelle gab es einen Mann, den ich sehr mochte. Klaus war ein sehr aufrechter Mensch, auf den man sich immer verlassen konnte. Sein Leben lang war er politisch aktiv. Er gründete eine linksalternative Partei mit Freunden in unserer Stadt und beteiligte sich rege in einem autonomen Zentrum. Klaus konnte sich zeit seines Lebens einer großen Fangemeinde erfreuen, er war bei vielen Menschen beliebt und seine Meinung wurde hochgeachtet. In vielen Mittagspausen saß ich mit Klaus an einem Tisch und unterhielt mich mit ihm über den Glauben. »Die Kirche ist schon immer nur ein gefährlicher Machtapparat gewesen, es geht den Christen nur darum, die Menschen kleinzuhalten und zu kontrollieren.« »An Gott zu glauben empfinde ich als eine Krücke für Menschen, die mit ihrem eigenen Leben nicht klargekommen sind.« »Gott ist tot. Und wenn er mal gelebt hat, dann muss er die Menschen gehasst haben.« Das waren Aussagen, die immer wieder in Gesprächen aus seinem Mund kamen.

Ich würde nicht sagen, dass ich versucht habe, Klaus zu missionieren. Bei anderen war mir das schon ein Anliegen, aber nicht bei ihm. Es kam mir so vor, als ob er für sich so eine Art »Glaubensresistenz« entwickelt hatte. Alle noch so guten Argumente, alle Geschichten, Zeugnisse und göttlichen Erfahrungen von mir prallten an seiner Resistenz ab wie an einem Gummiball.

Dann wechselte ich die Arbeitsstelle und wir verloren uns aus den Augen. Bis ich von einer anderen Kollegin völlig überraschend hörte: »Klaus liegt im Hospiz! Er hat unheilbar Krebs, die Ärzte geben ihm höchstens noch vier Wochen.« Ich war geschockt. Mein alter Kollege hatte zeit seines Lebens immer sehr gesund gelebt. Er kaufte seine Nahrung nur im Bioladen und achtete sehr auf seine Gesundheit. Und nun das, Krebs? Leider schaffte ich es nur ein einziges Mal, übers Handy mit ihm Kontakt aufzunehmen. Nach einer quälenden Zeit unter vielen Medikamenten schlief er schließlich für immer ein. Zu seiner Beerdigung kamen viele Berühmtheiten aus der Szene. Die anschließende Trauerfeier nutzte ich, um mit dem Pastor des Hospizes ein längeres Gespräch zu führen. Er hatte meinen Kollegen in seinem Sterbeprozess begleitet und in seinen letzten Tagen viele Stunden an seinem Bett gesessen. »Wie ist Klaus gestorben?«, wollte ich von ihm wissen. »War es schwer für ihn loszulassen?« »Nein«, antwortete mir der Pastor. »Am Ende hat er mich gefragt, ob ich für ihn beten könne. Er wollte seine Seele Gott in die Hände legen, um Vergebung seiner Sünden bitten und Frieden mit Gott schließen.« Das hat mich damals sehr überrascht. Von jedem hätte ich so einen Schritt erwartet, aber nicht von Klaus. Ich kam zu dem Schluss: Auf dem Sterbebett kommt uns Gott plötzlich entgegen, selbst wenn wir ihn während unseres Lebens nicht gewollt haben. Im Angesicht des Todes wird auch aus dem überzeugtesten Atheisten ein Christ.

Diese drei eigenen Erfahrungen mit dem Thema haben meine Predigt für den Tag in Düren sehr geschärft. Ich konnte in der Vorbereitung meine eigenen Emotionen gut in meinem Vortrag gebrauchen.

> AUF DEM STERBEBETT KOMMT UNS GOTT PLÖTZLICH ENTGEGEN, SELBST WENN WIR IHN WÄHREND UNSERES LEBENS NICHT GEWOLLT HABEN.

Mittlerweile hat der kleine Gottesdienst begonnen. Der Gemeindeleiter begrüßt die Gäste und auch mich als Gastprediger sehr herzlich. Als Nächstes spielt eine kleine Band ein paar Lieder. Vom Stil her ist es das typisch freikirchliche fromme Liedgut, das ich mir privat nicht mehr geben kann. Die Band spielt ihre Lieder und die Gemeinde singt mit oder sitzt einfach schweigend auf ihren Plätzen.

Nach gut zwanzig Minuten bittet mich der Gemeindeleiter, nach vorne zu kommen. Allerdings habe ich diesmal ein anderes Gefühl. Anstatt Angst empfinde ich große Wut. Zorn, Aggression ist meine vorherrschende Stimmung. So bin ich ganz bewusst in diesen Abend reingegangen. Ich bin sauer auf den Tod, sauer auf die dunkle Macht. Ich bin sogar höllisch genervt. Vielleicht ist das auch eine gesunde Reaktion auf die Angst, denke ich. Es könnte ein Weg zur Heilung von meinem krankhaften Lampenfieber sein. Die Angst mit Wut zu besiegen, das wäre ein Konzept. Ich versuche mich auf meine Wut zu konzentrieren und sie verdrängt die Angst in mir tatsächlich. Es scheint zu funktionieren, Wut ist stärker als Furcht. Das finde ich interessant.

DIE ANGST MIT WUT ZU BESIEGEN, DAS WÄRE EIN KONZEPT. ICH KONZENTRIERE MICH AUF MEINE WUT UND SIE VERDRÄNGT DIE ANGST IN MIR TATSÄCHLICH.

»Über dieser Welt ist das Todesurteil gefällt worden!«, rufe ich den Besuchern mit einer gewissen Aggression in der Stimme zu. »Du glaubst mir nicht? Du brauchst nicht allzu weit zu gucken. Du brauchst nicht erst in den Regenwald zu schauen oder den atomaren Overkill zu bedenken. Du brauchst nicht so weit zu schauen, um es zu erkennen, dass über dieser Welt das Todesurteil gefällt wurde. Diese Welt ist am Sterben! Ganz langsam, aber doch unaufhörlich. Neulich las ich einen Artikel in einem serösen Wissenschaftsmagazin. Man hat festgestellt, dass die Energie der Sonne langsam weniger wird. Sie hat ein Ende, die Sonne wird nicht ewig scheinen. Manche meinen, sie leuchtet noch tausend Jahre, andere geben ihr hunderttausend Jahre. Aber in einem sind sich alle einig: Die Sonne wird aufhören zu scheinen und dann wird diese Erde sterben.« Ich blicke in die Runde und stelle fest, dass ich maximale Aufmerksamkeit bekomme. Also rede ich weiter.

»Über der Menschheit ist das Todesurteil gefällt worden. Du glaubst mir nicht? Du brauchst nicht erst nach Somalia zu fahren, um das zu erkennen, und auch nicht nach Syrien. Du brauchst nicht erst die Nachrichten im Fernsehen zu verfolgen, um das zu begreifen. Menschen streben nach immer mehr Macht, sie wollen sich ausbreiten und die Folge ist Krieg. Selbst wenn uns nicht eine große Pandemie hinraffen wird, ausgelöst durch ein neues Virus, gegen das es kein Gegenmittel mehr gibt, dann werden wir vielleicht alle durch den nächsten atomaren Weltkrieg sterben.« Meine Predigt geht weiter.

»Über dein Leben ist das Todesurteil gefällt worden. Du glaubst mir nicht? Vielleicht, weil du erst fünfzehn, zwanzig, fünfundzwanzig oder fünfundvierzig Jahre alt bist. Der Tod scheint weit entfernt. Aber es ist eine Tatsache, dass wir alle einmal sterben werden, die einen früher, die anderen später. Der Tod kommt oft überraschend, wenn keiner damit gerechnet hat. Ich habe mich lange nicht mit dem Tod beschäftigt, warum auch? Ich lebte und ich hatte Freude am Leben. Aber dann kam ein Zeitpunkt in der Schule, als ein Freund, der gerade mal siebzehn Jahre alt war, mit einem Motorrad ums Leben kam. Er hatte einen Kolbenfresser im Motor mitten auf der Autobahn, konnte nicht mehr rechtzeitig die Kupplung ziehen, landete am Pfeiler und war sofort tot. Ich glaube, dass jeder hier das ganz tief in seinem Unterbewusstsein auch weiß, dass wir alle sterben müssen. Aber wir leben nicht so, wir tun so, als würden wir ewig auf dieser Erde verweilen können. Ich glaube, dass der Tod mit einer unhörbaren, sehr leisen Stimme zu uns spricht. Konstant redet der Tod mit uns, er flüstert uns etwas zu. Und er lügt, er erzählt uns nicht die Wahrheit.

Ich behaupte einmal, dass wir in einer Gesellschaft leben, die vor dem Tod wegläuft. Viele Menschen haben Angst vor dem Tod. Der Tod spielt sich auf und macht uns Angst. Wir machen Diäten, wir treiben Sport, wir kaufen Pillen, um unser Leben irgendwie zu verlängern. Ich habe neulich von einem Mann gehört, der jeden Tag zwanzig Kilometer gelaufen ist, weil er so gesund wie nur möglich sein wollte. Im Grunde lief dieser Mann vor dem Tod davon. Seine Ernährung war auf dem aktuellsten Stand der Wissenschaft, er trank am Tag vier Liter Wasser, verspeiste nur vegane Lebensmittel der besten Qualität. Und er rannte und rannte und rannte. Bis er dann mit fünfundvierzig auf seiner Laufstrecke unter einem Herzinfarkt zusammenbrach. Noch auf dem Weg ins Krankenhaus hörte sein Herz auf zu schlagen. Der Tod war schneller als er.«
Ich mache eine kurze Pause. Atme tief durch. Dann rede ich weiter.

»Es gibt Berichte aus der Bibel, die besagen, dass im Tod eine große Ungewissheit auf uns wartet, eine ewige Dunkelheit, eine unstillbare Einsamkeit. Tod ist nicht Leben, Tod ist Tod.

Aber es gibt auch diese zweite Stimme des Todes. Eine verlockende Stimme, die zu uns spricht, wenn es uns sehr schlecht geht. Sie sagt, dass Sterben die Erlösung wäre. Menschen schreiben Bücher über ihre Nahtoderfahrungen. Sie schreiben, dass sie dort in ein Land eingetaucht sind, in dem überall Rosen wachsen und grüne Wiesen, Sonne und Licht, dort ist alles wunderschön und friedlich. Diese Stimme erzeugt eine Sehnsucht nach dem Tod und wir Men-

> ICH GLAUBE, DASS DER TOD KONSTANT MIT EINER UNHÖRBAREN, SEHR LEISEN STIMME ZU UNS SPRICHT.

schen spüren das. Nach einer Untersuchung der Weltgesundheitsorganisation findet alle vierzig Sekunden auf unserem Planeten ein Selbstmord statt. Der Tod als verlockender Sehnsuchtsort, als Lösung all unserer Probleme. Er verspricht uns den ewigen Frieden, die Erlösung von unserer Pein. Es ist ganz einfach. Wir können den Tod heute sogar im Internet kaufen. Es gibt geheime Foren, in denen sich todessehnsüchtige Menschen beraten und ermutigen, wie sie am sichersten aus dem Leben treten können. Sie geben sich gegenseitig Tipps, wie es am besten funktioniert mit dem Tod. Dort können wir den Tod sogar kaufen. Kleine Pillen, bunte Pillen, tödliche Pillen. Und sie schicken einen kleinen Zettel dazu, auf dem genau steht, was wir tun müssen, um zu sterben, um den Tod zu suchen, für immer. Es ist ganz einfach, sie zu bestellen, der Tod kostet nicht viel.«

In dem Augenblick zücke ich eine kleine durchsichtige Plastiktüte aus meiner Hosentasche. In der Tüte sind zwei rote Kapseln. Ich halte die Tüte hoch und zeige sie allen Gottesdienstbesuchern.

»Ich habe im Internet einen Bericht von einem Mädchen gelesen, das dieser Stimme geglaubt hat. Sie nahm dabei ein Video von sich auf, als sie die Pillen einnahm. Du siehst ihre Traurigkeit, ihre Verlorenheit, ihre Einsamkeit in ihren Augen.« Jetzt öffne ich die Tüte, nehme die zwei roten Kapseln heraus, lege sie in meinen Mund und schlucke sie herunter. Die Zuschauer schauen mich ungläubig an, einige wirken geschockt. »Und dann nimmt sie die zwei Kapseln und bricht nach einer Weile vor der Kamera zusammen.« Auch ich breche in der Sekunde zusammen. Ich falle auf dem Boden, stöhne laut, krümme mich vor Schmerzen, die ganze Zeit mit dem Mikrofon in der Hand. Keiner springt auf, um mir zu helfen, die Gesichter sind erstarrt. »Plötzlich hört man ihre Schreie«, rufe ich laut in den Raum. »Sie will doch nicht sterben. Sie kämpft und windet sich. Der Tod lacht sie mit seinem hässlichen Lächeln an. Aber es ist zu spät. Sie stirbt an diesem Tag durch das Gift.« Jetzt liege ich unbeweglich auf dem Boden und schweige. Die Stille ist drückend und kaum auszuhalten, auch für mich.

Nach einer Weile halte ich das Mikro wieder an meinen Mund, beuge mich langsam hoch, schlage die Bibel im Johannesevangelium auf und lese: »Und Jesus spricht in Johannes 11,25: ›Ich bin die Auferstehung und das Leben!‹ Im ersten Brief an die Korinther 15,55 schreibt Paulus: ›Wo ist, Tod, dein Sieg? Wo ist, Tod, dein Stachel?‹ Es gibt tatsächlich nur einen, von dem berichtet wird, dass er den Tod überwunden hat, und das ist Jesus Christus. Er hat die Macht des Todes gebrochen, er ist stärker als der Tod. Die Bibel sagt, dass Jesus die Schlüssel des Todes in der Hand hält.« Ich stehe wieder ganz auf und schaue in die Runde. »Und wenn das stimmt, dann hat er die richtige Antwort auf beide Stimmen, die uns bedrängen. Er ist stärker als die Todessehnsucht, er deckt die Lüge auf und stellt die Wahrheit dagegen. Er kann uns neue Freude am Leben geben und uns von Depressionen heilen. Er kann uns einen Sinn im Leben geben und eine Sehnsucht nach Leben. Und er ist auch stärker als die Angst vor dem Tod, denn wer Frieden mit Gott geschlossen hat, der braucht den Tod nicht mehr zu fürchten! So können wir gelassen auf die Bedrohung des Todes reagieren, weil der Glaube uns davon frei gemacht hat. Amen.«

MANCHMAL GEHT BEI EINER PREDIGT ETWAS MIT MIR DURCH. DANN VERÄNDERT SICH DIE ATMOSPHÄRE IM RAUM SCHLAGARTIG.

Bei manchen Predigten geht es mir so, dass vieles nur im Kopf stattfindet. Ich halte einen intellektuellen Vortrag, der den Verstand der Zuhörer im Blick hat. Aber manchmal spüre ich auch, wie etwas mit mir durchgeht. Nennen wir es Kraft oder Heiliger Geist, das ist mir egal. Wenn es passiert, dass ich diese Kraft spüre, dann verändert sich die Atmosphäre schlagartig im Raum. Die Luft ist zum Schneiden dick und jeder merkt: Hier ist gerade etwas passiert. Gott ist da und hat einen

Punkt gesetzt. So geht es mir auch heute mit dieser Predigt in Düren. Ich bitte am Ende des Gottesdienstes alle aufzustehen, die sich angesprochen fühlen und in irgendeiner Form mit diesen Stimmen zu tun haben, und beinahe jeder Zweite aus der Gemeinde erhebt sich. In dem kleinen Hinterzimmer einer Kneipe in Düren ist gerade Gott am Werk.

Unter zum Teil lauten Schluchzen und Weinen darf ich mit den Menschen ein Gebet sprechen. Im Anschluss an den Gottesdienst gibt es noch viele tiefe Gespräche, die jetzt nicht im Detail erwähnt werden sollen. Noch am selben Abend fahre ich ganz erfüllt und glücklich wieder nach Hause. Trotz aller Aufregung und Nervosität, dem ganzen Stress der Hinfahrt ist dies ein wirklich ein sehr schöner, besonderer Gottesdienst gewesen, an den ich mich lange erinnern werde.

WAS ICH VON DIESER REISE MITGENOMMEN HABE

In der Öffentlichkeit über den Tod zu sprechen ist immer shocking. Und doch ist es ein Thema, welches wirklich jeden etwas angeht. Der christliche Glaube bietet einen großen Schatz an Hoffnung, wenn wir über den Tod nachdenken. Außerdem stelle ich fest, dass Wut meine Angst vertreibt. Wut als Gegengefühl von Angst, damit hätte ich nicht gerechnet. Natürlich kann ich nicht jedes Mal in einer Predigt wütend sein. Wobei ich auf einem Einsatz in Dresden nach einer Veranstaltung schon so eine Art heilige Wut verspürt habe. Ich war so ärgerlich, aber auch verkrampft und enttäuscht. Dazu komme ich im nächsten Kapitel.

9
DRESDEN

Mai 2017

Die Dringlichkeit des Themas verdrängt die Angst –
Fahrt nach Dresden zu einem Zukunftskongress der Kirche

Heute Morgen bin ich mehr oder minder aus meinem Bett gefallen.
Die letzte Nacht war der Horror. Zuerst konnte ich nicht einschlafen,
und als ich dann endlich schlief, wurde ich von fiesen Albträumen
geplagt. So 'ne Mischung aus »Amtyville Horror« und »Zombie III«.
Schon komisch, was die Fantasie an unbearbeiteten Dingen manchmal in der Nacht in mein Hirn spult. Aber: »Hallo? Martin an Unterbewusstsein: ›Zombie III‹? Was war da denn wieder los?«

So etwas passiert mir ausgerechnet vor wichtigen Einsätzen
immer öfter. Ich weiß ja, dass viele charismatische Christen eine
Albtraumnacht meist unter einer dämonischen Anfechtung abbu-
chen. Wie bereits erwähnt: Sie glauben, dass es nicht nur Gott, Jesus
und Engel gibt, sondern auch einen Gegengott, den Satan mit seiner
Gefolgschaft. Und diese Gefolgschaft nennen sie dunkle Geister oder
eben Dämonen. Ich habe viele Jahre so etwas auch geglaubt, es war
fester Bestandteil meiner Alltagstheologie.

Heute fällt mir das immer schwerer. Ich glaubte in der Zeit, dass
sich Dämonen in der Nacht eine Angriffsfläche in den Träumen von
Christen suchen können, um den Glauben eines Christen zu schwächen. Im Schlaf sind wir ungeschützt und können vom Teufel leichter
beeinflusst werden, so die fromme Theorie, die ich recht einseitig

147

glaubte. Ein charismatischer Christ muss sich jede Nacht unter den Schutz Gottes stellen, sonst ist er leichter angreifbar. Wenn ich einen Albtraum hatte, lag es für mich damals immer am mangelnden Gebet. Ich hätte mich vor dem Schlaf mit einer bestimmten Gebetsformulierung unter das »Blut Jesu« stellen sollen, dann wäre es nicht so passiert. Weil ich das aber vergessen hatte, konnte mich die Macht der Finsternis angreifen. So lautete damals die Lehre und viele Christen teilen diesen Glauben.

WAS WÄRE DAS FÜR EINE THEOLOGIE, DASS GOTT DEN MENSCHEN NUR SCHÜTZEN KANN, WENN DIESER EIN BESTIMMTES GEBET FORMULIERT HAT?

Heute empfinde ich das als einen ziemlich verrückten Gedanken. Was wäre das für eine Theologie, dass Gott den Menschen nur schützen kann, wenn dieser ein bestimmtes Gebet formuliert hat? Vergisst der dumme Christenmensch das Ritual, steht Gott daneben und sagt: »Siiiehste wohl! Hättest du kleiner Mensch mal das Gebet gesprochen. Jetzt bist du selbst schuld! Basta. Ich kann dir nicht mehr helfen. Jetzt musst du da durch!«. Und bums! wird man von Dämonen hinterrücks angegriffen. So will ich nicht glauben, das kann nicht meine Theologie sein.

Ein weiteres Problem ist mein Rücken, der sich heute Morgen wieder meldet. Er ist wohl nicht so froh über die neuen Matratzen. Noch ein Grund für den schlechten Schlaf in dieser Nacht. Eigentlich sollte es ja umgekehrt sein: Man geht mit Schmerzen ins Bett und wacht erholt und ohne Schmerzen wieder auf.

Mein freundlicher Orthopäde diagnostiziert das als eine typische Alterserkrankung. Insbesondere meine Generation sitzt zu viel: am Schreibtisch, im Büro, im Besprechungsraum, beim Essen. Und bewegen tun wir uns alle viel zu wenig.

Es könnte aber auch sein, dass ich mich in meiner Jugend etwas zu viel bewegt habe. Laut Aussage des Arztes habe ich dabei das Maß nicht gehalten und mir sowohl meine Knie als auch meinen Rücken kaputt gemacht. Gerade in der Zeit des Wachstums war ich teilweise fünfmal die Woche beim Basketball in der Halle und zum Krafttraining im Keller. An den Gewichten habe ich es übertrieben, weil ich unbedingt einen beidhändigen Dunking schaffen wollte. Dunking bedeutet, der Basketballspieler ist in der Lage, so hoch zu springen, dass er den Ball von oben in den Korb drücken kann. Als bleibende Erinnerung genieße ich jetzt einen beidseitigen Knorpelschaden im linken Knie. Der Arzt sagte letztens zu mir, dass ich mit sechzig einen Rollstuhl brauchen werde. Na super. Mir kommt der Gedanke, dass sich das durchaus auf meine geistlichen Knie übertragen lässt. Ich habe in meiner jungen Zeit als Christ auch versucht, Berge zu versetzen. Teilweise war ich fast durchgehend im Gebet, habe die Bibel mehrfach durchgelesen und sogar zweimal komplett übersetzt. Aber irgendwie habe ich mich auch dabei verausgabt, meine geistlichen Knie überbeansprucht und kaputt gemacht. Und jetzt gehe ich hinkend durch die Welt und auch durch die Kirchen Deutschlands.

Nachdem ich ausgiebig geduscht habe, setze ich mich in unsere Küche und nehme mein kleines Junkiefrühstück ein: Kaffee mit Kaffee und dazu einen Pott Kaffee. Danach bereite ich mich eingehend auf den heutigen Einsatz vor.

Ich wurde eingeladen, auf einem recht großen Kongress der Evangelischen Kirche in Sachsen zu sprechen. Auch für mich eine große Ehre und Herausforderung. Thema der Tage ist die Zukunft Kirche. Die Kirche will sich intensiv mit ihrer eigenen Zukunft auseinandersetzen, super.

Mein Referat ist für den Freitagvormittag in der Haupthalle vorgesehen. Die Zukunft der Kirche ist für viele Redner ein sehr dankbares Thema und ganz besonders für mich. Wenn mein Dienst für irgendetwas bekannt ist, dann dafür: neue Projekte in Bewegung zu bringen, etwas zu erschaffen, das es vorher noch nicht gab, Projekte, die in irgendeiner Form visionären Charakter besitzen, die in die Zukunft denken, die vielleicht sogar der Zeit voraus sind. Das klingt jetzt nach einer großen Portion Selbstverherrlichung, ist es aber nicht. Es gibt tatsächlich viele Bereiche, in denen ich nicht unbedingt als kompetent gelten kann. Dazu gehören zum Beispiel spezielle Themen aus der Theologie oder Seelsorge. Besonders beim letzteren würde ich nie eingeladen werden, einen Vortrag zu halten, denn ich bin vermutlich der schlechteste Seelsorger westlich des Mississippis. Das lange Zuhören, die dramatischen Probleme betrachten, mich von den Abgründen der Seelsorgesuchenden dabei immer gut abzugrenzen, das fällt mir unendlich schwer. Dabei gehört besonders dieses Abgrenzen zu den wesentlichen Kompetenzen eines guten Seelsorgers, da bin ich mir recht sicher.

ICH BIN VERMUTLICH DER SCHLECHTESTE SEELSORGER WESTLICH DES MISSISSIPPIS, ABER ZUM THEMA »ZUKUNFT KIRCHE« FÄLLT MIR EINE MENGE EIN.

Aber zur Zukunft für die Kirche fällt mir tatsächlich eine Menge ein. Ich behaupte, dass ich im Laufe meines Dienstes einen ganz guten Insidereinblick in die evangelische Kirchenlandschaft bekommen habe. Schließlich bin ich schon seit meinem 21. Lebensjahr in unterschiedlichsten Gemeinden und Kirchen im deutschsprachigen Raum unterwegs und konnte beides erleben: gute, lebendige, wachsende, vorbildliche Gemeinden. Aber auch vollkommen düstere, schrumpfende, tote oder sterbende Kirchen, in denen man nicht gerne sein will. Und natürlich habe ich mich immer wieder gefragt, warum es bei den einen gut funktioniert und bei den anderen nicht.

Ich bin nicht das erste Mal nach Dresden eingeladen und bei jedem Besuch denke ich erneut: Was für eine wundervolle Stadt! Viele Straßenzüge sind traumhaft restauriert, antike Hausfassaden kombiniert mit modernen Straßenlampen, so etwas findet man in Deutschland ganz selten. Der Innenstadtbereich mit seinen Fußgängerpassagen und hergerichteten Plätzen ist ein Traum. Ganz zu schweigen von den wunderschönen alten Kirchengebäuden wie die Frauen- oder die Kreuzkirche.

Auch wenn mit Kirche in diesem Kongress nur die lutherische Landeskirche gemeint ist, bin ich mir sicher: Alle Kirchen sollten sich dringend Gedanken über ihre Zukunft machen. Die Statistiken sprechen eine eindeutige Sprache: Die Kirche stirbt! Zumindest wenn sie so weitermacht wie bisher. Das Sterben geht nur so langsam voran, so schleichend, dass es kaum einer bemerkt. Und da die Wirtschaft in Deutschland brummt, fließen auch die Kirchensteuergelder nach wie vor in großen Mengen. Selbst wenn immer weniger Menschen Kirchensteuern zahlen, wird dieser Verlust tatsächlich über die gewachsene Höhe der Beiträge ausgeglichen. Und das nimmt den Kirchen den Druck, sich ernsthaft mit ihrer Zukunft auseinanderzusetzen. Dabei ist das so nötig!

Vielleicht kann man das ganz gut mit der Diskussion um den Klimawandel vergleichen. Über Jahrzehnte hat kaum jemand bemerkt, dass es in einigen Ländern immer ein ganz klein wenig wärmer und in anderen immer ein ganz klein wenig kälter geworden ist. Das Klima veränderte sich, aber die Veränderung ging so langsam und schwankend vonstatten, dass viele dachten: »Ach, im nächsten Winter wird schon wieder mehr Schnee fallen. Ach, im nächsten Sommer wird es schon wieder mehr in der Steppe regnen. Ach, im nächsten Herbst werden die Orkanböen nicht mehr so stark sein.« Erst nachdem man die Statistiken über viele Jahrzehnte verfolgen konnte, wurde deutlich: Hier passiert etwas, sehr langsam, aber doch unaufhörlich, unaufhaltsam, und es hat die Kraft, unsere ganze Erde nachhaltig in zerstörerischer Weise zu verändern.

Als ich die Hallen durch den Eingangsbereich betrete, kommen mir viele junge Erwachsene entgegen. Teilweise im typischen Look, wie man sich lutherische landeskirchliche Mitarbeiter in seiner Fantasie vorstellt. Selbst gestrickter Grönlandpulli, Cordhose, beigefarbene Socken und Birkenstock-Sandalen, bewaffnet mit einer »Jute- statt Plastik-« Tüte. Aber das ist tatsächlich nur die eine Gruppe in der Kirche. Es gibt mittlerweile auch eine Vielzahl junger, moderner Menschen, die eine große Kraft und, ich will mal sagen, einen Veränderungswillen, ausstrahlen. So gar nicht in Jute, sondern eher stylish und schick, am Puls der Zeit lebend, Wandel wollend.

> ES GIBT MITTLERWEILE AUCH EINE VIELZAHL JUNGER, MODERNER MENSCHEN, DIE EINE GROSSE KRAFT UND EINEN VERÄNDERUNGS-WILLEN, AUSSTRAHLEN.

In verschiedenen Räumen und Ecken sehe ich in den Hallen Leute auf dem Fußboden im Kreis sitzen und über Inhalte diskutieren, die vermutlich in einem Workshop oder einem Hauptseminar zuvor angesprochen worden waren. Vor dem Hauptsaal liegt ein verschachtelter Raum, der vollgepfropft mit braunen Stellwänden ist. Das erinnert mich ein wenig an ein Seminar in der Universität. Auf den Stellwänden sind unendlich viele kleine rote, gelbe und blaue Zettel angepinnt. Vermutlich sind dies die Diskussionsergebnisse aus den besagten Workshops. Auf einer weiteren großen Stellwand können die Teilnehmer ihren jeweiligen Gefühlszustand mit einem Pin festlegen. An die dreihundert Nadeln sind dort an einer Stelle in einem großen Kreis angepinnt. Von »voll konzentriert« über »sehr interessiert« bis hin zu »mega gelangweilt« ist alles auf dieser Stellwand vertreten und jeder Teilnehmer kann seinen derzeitigen Gefühlszustand dort positionieren.

In den Räumen ist ein reges Treiben zu spüren. Aber es kommt mir auf der anderen Seite auch tot vor. Es ist wenig Aufbruchsstimmung oder spirituelle Kraft zu spüren. Ist das zu dreist, wenn ich es so beschreibe? Die vielen Zettel auf den Stellwänden wirken auf mich wie ein Zeugnis der toten Kirche. Es sind eben nur schwarze Buchstaben an kalten Stellwänden, mehr nicht. Mir fehlt die Dynamik, das Leben, der Geist, die Spiritualität, die Kraft in der offen geführten Diskussion. Ich kenne doch diese Gesprächsrunden noch und nöcher. Man redet, diskutiert, tauscht Meinungen aus, mal laut und aggressiv, dann leise und übereinstimmend. Und am Ende verändert sich doch nichts. Alles bleibt beim Alten. Frei nach dem Motto »Gut, dass wir drüber geredet haben« gehen die Menschen nach Hause, ohne sich wirklich zu verändern. Und Kirche braucht Veränderung, so sehr.

Mir wird schlagartig klar, dass sich die Einstellung der Konferenzteilnehmer oder, ich will mal ganz fromm sagen, deren Herz verändern muss. Ich glaube, dass wirkliche Veränderung nur selten im Kopf beginnt. Sicher ist es gut, eine Überzeugung zu haben und durch intellektuelle Übungen diese Überzeugung weiter zu schulen, zu verfeinern, zu korrigieren. Aber nach meiner Erfahrung passiert es nicht, dass jemand in einer Diskussion von einer anderen Meinung überzeugt wird und daraufhin sein Handeln und Denken verändert. Meist ist es doch so, dass wir bereits mit einer konkreten Meinung in ein Gespräch gehen. Und dann versuchen wir, im Rahmen der Diskussion unsere Meinung zu verfestigen, Argumente vorzubringen, um als Sieger aus dem Gespräch hervorzuge-

KIRCHE BRAUCHT VERÄNDERUNG, SO SEHR.

hen. Oftmals findet man sich auf verlorenen Posten wieder, wenn man merkt, dass die eigenen Argumente zu schwach sind. Dann hilft nur noch, eine Position aus der Erfahrungsebene zu kreieren. »Ich habe das aber so erlebt.« Oder: »Nach meiner Erfahrung sieht das aber so aus.« Wer so argumentiert, entzieht sich der Diskussion. Für mich ist klar, dass eine Veränderung durch eine Betroffenheit im Herzen beginnt, ja, beginnen muss, zumindest bei meinem Vortrag heute. Das Ruder muss ganz grundsätzlich erst einmal umgelegt werden und das hat auch sehr oft mit Emotionen zu tun. Diese Emotionen will ich mit meiner Predigt hervorrufen.

Das muss also mein Ziel sein. Wenn die Weichenstellung nicht im Verstand, sondern im Herz beginnt, dann muss auch meine Predigt genau darauf abzielen. Wir hören genug Vorträge, lesen genug Artikel oder Bücher, die nur unser Hirn erreichen. Am Ende sagt man: »Gut, wenn du das so siehst. Ich sehe es aber anders.« Und damit bleibt alles beim Alten. Um heute etwas zu bewegen, muss ich provokativ sein. Ich muss emotional sein, um die Herzen der Menschen zu treffen. Damit ist mein Ziel für heute klar gesteckt.

Mein Vorredner hält einen wirklich guten Vortrag. Und doch ist es auch nicht mehr als genau das eben Beschriebene. Es ist der gleiche Effekt, welchen ich schon so oft auf christlichen Veranstaltungen erlebt hatte. Der Intellekt wird bedient, der Sprecher bringt einige interessante Argumente, welche mit gut gemachten Flipcharts dargestellt werden. Ich sehe, wie sich einige Teilnehmer Notizen machen, mehr aber auch nicht. Niemand ist gerührt, niemand ist erfreut, niemand ist verärgert, niemand lacht, niemand beginnt zu weinen, kein Herz wird getroffen.

Nach einer kurzen Pause soll ich an die Reihe kommen. Ich stelle mich schon vorher hinter die Bühne und warte auf ein Zeichen des Ansagers. Vorne steht ein junger Mann, der mich mit sehr freundlichen Worten vorstellt. »Also, als Nächstes werdet ihr einen Vortrag von Martin Dreyer hören. Ich weiß nicht, wer den von euch schon kennt? Hat hier jemand schon mal von der Volxbibel gehört?« Einige Leute wedeln mit ihrer Hand. Sehr gut, denke ich, das macht es für mich etwas leichter.

»Martin will uns erklären, was er zu unserem Konferenzthema ›Zukunft Kirche‹ zu sagen hat. Wir freuen uns auf deinen Vortrag. Bitte, Martin, komm nach vorne!« Mit schnellen Schritten betrete ich von hinten die Bühne.

Wie fast immer laufe ich anfangs knallrot an. Es ärgert mich, aber ich bin dagegen machtlos. Es zeigt, wie schwach ich bin, ich will aber nicht schwach sein. Es ist mir gerade auf diesem Kongress so wichtig, meine Botschaft kraftvoll rüberzubringen. Ich habe schon so viel versucht, meine Angst auf der Bühne zu überwinden, bis jetzt waren alle Übungen und auch alle Medikamente erfolglos. Mein gestresster Körper überflutet meinen Kopf mit einer viel zu großen Menge des Angsthormons. Es ist zu viel, es ist nicht angenehm. Ich bin nervös. Ich stehe voll im Scheinwerferlicht. Ich sterbe.

Doch die jungen Menschen warten auf mich, sie wollen eine Botschaft von mir hören. Dieser Druck, diese Erwartung, sie kommt vielleicht auch nur von mir? Der Gedanke, dass ich unersetzlich bin, dass alles von mir abhängt. Dieses Gefühl, eine Berufung auf meinem Leben zu haben, lastet auf mir, ich nehme es mir schwer zu Herzen. Dadurch setze ich mich selbst enorm unter Druck. Ich fühle mich wie ein Chirurg, der gar nicht weiß, wie man mit einem Skalpell umgehen soll. Oder wie ein Mechatroniker, den man unter einen Porsche gelegt hat, obwohl er noch nie einen Schraubenzieher in der Hand hatte. Obwohl diese Gedanken natürlich überhaupt nicht der Realität entsprechen. Über die Jahre konnte ich im Sprechen vor Menschen sehr viel Erfahrung sammeln. Aber in so einer Situation stehe ich gefühlt immer wieder am Anfang. So als würde ich zum ersten Mal eine Predigt halten, muss ich durch die Panikattacke gehen. Mit einem verkrampften Lächeln begrüße ich die Zuhörer, stelle mich in die Mitte der Bühne hinter das Rednerpult und lege los.

»Die Kirche stirbt!«, rufe ich mit aller Kraft in den Saal. Ich schaue in Hunderte erstaunte Augenpaare. »Hey, versteht ihr das? Die Kirche stirbt! Sie stirbt ganz langsam, aber sie wird nicht ewig leben, wenn es so weitergeht wie bisher. Wir reden auf dieser Konferenz über die Zukunft der Kirche, aber hat die Kirche so wirklich eine Zukunft? Ich glaube, sie steht vor dem Exitus, früher oder später.

ICH FÜHLE MICH WIE EIN CHIRURG, DER GAR NICHT WEISS, WIE MAN MIT EINEM SKALPELL UMGEHEN SOLL.

Schaut euch nur die Statistiken in Ruhe an. Es ist wirklich wahr! Ich muss euch das so hart sagen, damit ihr mir wirklich zuhört. Jedes Jahr wandern Zehntausende in das Standesamt ihres Vertrauens und melden ihre Kirchenmitgliedschaft ab. Mit dreißig Euro bist du dabei, so viel kostet der Kirchenaustritt. In den letzten zehn Jahren sind über vier Millionen Menschen in Deutschland aus der evangelischen Kirche ausgetreten! Das sind ungefähr so viele Menschen, wie zurzeit in Berlin leben. Eine ganze Großstadt! Seit 1990, sagt uns die Statistik, sind ungefähr fünfundzwanzig Prozent aller Mitglieder, ein ganzes Viertel, ausgetreten. Das ist eine gigantisch große Zahl! Warum merken wir das nicht? Warum geht kein Aufschrei durch die Kirche? Warum entwickeln wir keine Notfallpläne? So wie man bei einem sinkenden Schiff Notfallpläne entwickelt, wäre das doch eine logische Maßnahme.« Ich atme tief durch und suche den nächsten Punkt auf meinem Stichwortzettel. Die Angst ist immer noch da, aber sie ist kontrollierbar.

»Ihr kennt doch alle das berühmte Lied ›Ein Schiff, das sich Gemeinde nennt‹?« Einige der Zuhörer nicken. »Es wurde in den 60er-Jahren von einem deutschen Kirchenmusiker geschrieben, er heißt Martin Gotthard Schneider. Schneider stellt unsere Kirche in einem Bild dar. Die Kirche, die Gemeinde, ist wie ein großes Schiff. Und er fragt in dem Text des Liedes, ob dieses Schiff sein großes Ziel erreichen wird. Oder ob es vielleicht untergeht. ›Das Schiff, es fährt vom Sturm bedroht‹, sagt uns der Text. ›Und immer wieder fragt man sich: Wird denn das Schiff bestehen? Erreicht es wohl das große Ziel? Wird es nicht untergehen?‹ Um dann im Refrain in den Chorus einzustimmen: ›… bleibe bei uns Herr, bleibe bei uns Herr‹.«[3]

Plötzlich höre ich, wie einige im Saal anfangen, das Lied mitzusingen und sich dabei zu belustigen. Typische Reaktion auf derlei Großveranstaltungen. Aber genau das wollte ich damit eigentlich nicht erreichen. Ich wollte Ernsthaftigkeit, ich wollte Betroffenheit, jetzt singen die Leute. So ein Mist.

»Dieses Lied ist eigentlich ein ängstliches Lied«, setze ich gegen die aufkommende Fröhlichkeit an. »Wenn ich mir den Text anhöre, wirklich anhöre, spüre ich eine Bedrohung. Die ersten vier Strophen sprechen von Schicksal, Angst, Not, Gefahr, Verzweiflung. Wird das Schiff bestehen oder wird es untergehen? Überlegt mal, wie sich Flüchtlinge fühlen, wenn wir ihnen sagen: Euer Schiff ist dabei unterzugehen! Sie würden in Panik ausbrechen. Aber in der Kirche ist keine Panik, weit und breit. Wir diskutieren freundlich miteinander, und wenn wir ehrlich sind, geht es uns am Arsch vorbei, dass unser Schiff gerade untergeht. Wir merken es noch nicht einmal.« Langsam bin ich drin. Ich schaue die jungen Menschen unten herausfordernd an, verlasse mein Rednerpult und frage in den Saal: »Wisst ihr, was die Leute sagen, warum sie unsere Kirche verlassen? Sie sagen, die Kirche wäre unglaubwürdig! Sie nehmen uns unseren Glauben nicht mehr ab! Unser Glaube hat keine Würde, er ist unwürdig, er kommt nicht an. In Umfragen antworten die Menschen, und da ganz beson-

> DIE KIRCHE STIRBT! SIE STIRBT GANZ LANGSAM, ABER SIE WIRD NICHT EWIG LEBEN, WENN ES SO WEITERGEHT WIE BISHER.

ders die jungen Menschen, dass sie keine Religion mehr brauchen, um ihr Leben zu meistern. Hören wir das? Hören wir das wirklich?«

Dann komme ich wieder zu meiner anfänglichen These zurück. »Die Kirche stirbt, unsere Kirche stirbt und die Frage ist doch: Was gedenken wir dagegen zu tun?« Jetzt bin ich voll drin. Ich muss kaum noch auf meine Zettel schauen, weil ich selbst von einem Drive übernommen werde. Die Angst ist verschwunden, ich spüre sie nicht mehr. Ist es der Heilige Geist, ist es innere Ergriffenheit, das ist mir egal. Mich hat das Thema gepackt und ich möchte nur noch eins: Die jungen Menschen da unten bewegen, ich möchte, dass meine Worte in ihr Bewusstsein kommen und etwas zum Positiven verändern. Ein kostbares Gefühl, das habe ich selten. Also fange ich an, noch lauter zu werden und etwas eindringlicher zu reden. »Versteht ihr das? Hallo? Woran kann es liegen, dass die Gemeinden immer kleiner werden? Dass von Generation zu Generation Menschen die Kirche verlassen? Wie kann es sein, dass Gläubige ihren Glauben verlieren oder zumindest die Vorstellung, dass ihr Glaube in der Kirche gut aufgehoben ist? Warum stirbt die Kirche?«

Ich hatte mir für meine Predigt einige Punkte auf einem Zettel notiert. Die will ich jetzt anbringen. »Der erste Punkt ist, dass ich glaube, unsere Kirche hat sich zu weit von der Welt entfernt. Wir hören nur noch unsere christliche Musik, treffen uns in unseren christlichen Gebäuden, reden unsere christliche Sprache. Die Kirche ist zu einem christlichen Getto geworden, umgeben von hohen Mauern. Jesus hat in einem Gleichnis von den verlorenen Schafen gesprochen. Das kennt ihr alle bestimmt.« Einige junge Menschen aus der ersten Reihe scheinen zu nicken. Es kommt mir auf jeden Fall so vor. Darum rede ich weiter. »Christus meinte mit den verlorenen Schafen Menschen, die ohne Schutz und ohne Glauben in der Welt vor sich hin leben. Sie brauchen einen Hirten, sie brauchen den Hirten Jesus. Sie haben sich verirrt, sie sind verletzt, sie brauchen Heilung und ein neues Zuhause. Ich denke, wenn wir die Kirche wieder voller Menschen haben wollen, wäre es elementar, diese verlorenen Schafe zu erreichen. Sie müssten wieder in unsere Kirchen kommen wollen. Das, was in der Kirche passiert, muss relevant, muss interessant für sie sein. Es ist doch unsere Aufgabe, die verlorenen Schafe mit dem guten Hirten bekannt zu machen, von dem die Bibel spricht.

Das können wir aber nur, wenn wir auch die Sprache der verlorenen Schafe sprechen, sonst verstehen sie uns nicht. Und diese Sprache haben viele Christen verlernt. Hört mal in einen Gottesdienst mit den Ohren eines verlorenen Schafs. Hört die Predigten, die Liedtexte, die Ansagen. Hört genau hin. Da fallen Worte wie Sünde, Beichte, Glockenspiel, Jünger, Abendmahl, Segen, Heiliger Geist. Ein verlorenes Schaf versteht da nur Bahnhof. Verlorene Schafe waren nicht im Konfirmandenunterricht. Die hatten keine Eltern, die mit ihnen vor dem Schlafengehen das Vaterunser gebetet haben. Ich habe die Kids in einem Jugendzentrum mal gefragt, was ihrer Meinung nach der Heilige Geist ist. Ein Junge fragte zurück: ›Ist das ein Schnaps?‹

Darum habe ich auch die Volxbibel geschrieben, ich wollte eine Bibel auf den Markt bringen, die die verlorenen Schafe verstehen. Das gilt aber nicht nur für die Sprache. Sollten wir nicht auch in unseren Kirchen verlorene Schafsmusik spielen, wenn wir die verlorenen Schafe erreichen wollen? Die finden Orgeln nämlich meistens doof. Und unsere Gottesdienste sollten zu einer verlorenen Schafszeit veranstaltet werden, in der verlorene Schafe wach sind. Verlorene Schafe schlafen nämlich normalerweise noch am Sonntagmorgen um 10:00 Uhr, weil sie in der Nacht auf einer verlorenen Schafsparty waren. Vielleicht haben sie auch verlorene Schafsgetränke getrunken und verlorene Schafsdrogen genommen.« Ich höre einige Lacher, diesmal an der richtigen Stelle. Puh. Das nimmt mir den letzten Rest meiner Angst. Ich bin voll im Thema drin und kann in die Vollen gehen.

»Ich glaube wirklich, dass wir unsere Sprache, die in den Gottesdiensten gesprochen wird, überprüfen könnten. Viele Pastoren predigen nur noch in einem Insider-Kirchen-Slang, die Ungläubige gar nicht verstehen. Erkläre mal einem Jugendlichen, der noch nie in der Kirche war, dass er im Blute des Lammes gewaschen werden muss, um in den Himmel zu kommen. Der denkt sofort an Vampirfilme, aber nicht an das Evangelium.«

Ich führe den Gedanken noch weiter aus und komme dann zum Ende. »Das Wichtigste will ich euch zum Schluss sagen. Ich glaube, dass Gott uns ein weiches Herz, oder wie es im Buch von Hesekiel steht, ein fleischernes Herz geben muss. Wenn die Kirche eine Zukunft haben soll, brauchen wir in der Kirche Christen mit einem fleischernen Herzen. Ich glaube, dass viele gläubige Menschen an einem steinernen Herzen erkrankt sind. Wir haben ein hartes Herz bekommen, wodurch auch immer. Durch Verletzungen, durch Vernarbungen vielleicht, ich weiß es nicht. Man erkennt es an der mangelnden Leidenschaft für Gott und für die innere Mission. Wir Christen brauchen aber ein weiches Herz für die Verlorenen. Wenn wir ganz ehrlich sind, ist es uns eigentlich scheißegal, ob jemand an Gott glaubt oder nicht. Es geht uns am Arsch vorbei.

Woran erkennt man denn, ob eure Gemeinde ein Herz für die Verlorenen hat?«, frage ich in die Runde. Um dann meine Frage gleich selbst zu beantworten. »Man erkennt es daran, was in der Gemeindeversammlung besprochen wird, worüber man redet. Und natürlich wofür das Geld ausgegeben wird. Geht es um die Kirchenrenovierung, um die Beschaffung von neuen Stühlen, um die Organisation vom nächsten Weihnachtsbasar? Oder drehen sich die Gespräche um die Verlorenen, die Menschen, die Gott nicht kennen, auch um die Obdachlosen in der Stadt, die Junkies, die Kaputten, die Leute auf

ICH GLAUBE, DASS VIELE CHRISTEN AN EINEM STEINERNEN HERZEN ERKRANKT SIND.

der Straße, die Gottes Liebe spüren sollten?! Und was sind die Inhalte unserer Gebete? Geht es um unser Glück, unseren Wohlstand, unser Wohlergehen, unsere Probleme? Oder drehen sich die Gebete um die Menschen außerhalb der Kirche? Um die Menschen, denen es dreckig geht und denen wir durch unseren Glauben eine himmlische Hoffnung geben könnten?« Anschließend bringe ich noch mehrere Argumente, warum es wichtig ist, dass sich eine Gemeinde auf die Menschen ausrichten sollte, die von außen kommen. Ich ende mit einem langen und für mich gefühlt sehr emotionalen Gebet. Danach verlasse ich die Bühne, vollkommen durchgeschwitzt, erfüllt, aber auch kaputt. Ich habe alles gegeben, mehr ging einfach nicht. Rhetorisch, geistlich, emotional war das eine volle Packung. Meine Veranstaltung wird noch mit ein paar Ansagen zu Ende gebracht, es gibt ein Schlusslied und das war es.

Nachdem ich mich etwas frisch gemacht habe, durchschreite ich wieder die Räume, in der Hoffnung auf ein gutes Gespräch. Ich schaue in die Gesichter und möchte Menschen begegnen. Ich frage mich vor allen Dingen, was meine Predigt bewirkt hat. Hat es die jungen Menschen erreicht? Hat sich etwas in ihnen durch meine Worte verändert? Ich hatte große Erwartungen, ich wollte unbedingt, dass die Zuhörer auf meine Botschaft reagieren. Mein Ziel war, eine Betroffenheit auszulösen oder richtiger gesagt: dass Gott durch meine Worte eine große Betroffenheit auslöst. Ich wollte die jungen evangelischen Christen schockieren, aufrütteln, provozieren, dass im Anschluss auf meine Rede ganz viel passiert. Ich wollte Emotionen hervorrufen, Betroffenheit, um daraus Kraft und Veränderungswillen zu generieren.

Aber je länger ich durch die Gänge schlendere, desto mehr muss ich mir eingestehen: Meine Predigt hat nichts verändert! Nullkommanichts. Es gibt keinerlei Ausschlag in irgendeine Richtung. Kein Effekt, keine Reaktion, nada. Ich habe niemanden wirklich mit meinen Worten berühren können. Mein Vortrag war bestenfalls nur einer unter vielen. Mir kommt es sogar so vor, als ob die Besucher jetzt meinen Blickkontakt meiden. Keiner will mir wirklich in die Augen schauen, geschweige denn mit mir reden oder beten. War es denn so peinlich? Hatte ich mich derart im Ton vergriffen? Fühlten sich die Menschen zu sehr in die Ecke gedrängt?

Stillschweigend laufe ich noch eine ganze Zeit in den Gängen umher. Dutzende Jutebeutel passieren meinen Weg, hier und da höre ich die Besucher reden, aber es geht nie um meinen Vortrag. Wenn dem so wäre, hätte ich vielleicht quereinsteigen können, um Fragen zu beantworten oder Aussagen zu vertiefen. Aber der Ausschlag des Predigtpegels ist gleich null. Keine spürbare Auswirkung, nur ein lang anhaltendes Fiepen, weiter nichts.

JE LÄNGER ICH DURCH DIE GÄNGE SCHLENDERE, DESTO MEHR MUSS ICH MIR EINGESTEHEN: MEINE PREDIGT HAT NICHTS VERÄNDERT! NULLKOMMANICHTS.

Schließlich verlasse ich das Gebäude und ziehe mich ins Hotel zurück. Auf dem Rückweg martert mich die bohrende Frage: Woran hat es nur gelegen, dass mein Vortrag derart gefloppt ist? Habe ich die falsche Wortwahl getroffen? Waren meine Bilder vielleicht doch zu provokant? Hätte ich mit etwas weniger Dampf vielleicht viel mehr erreicht? War ich durch mein Lampenfieber anfangs so unter Strom, dass ich gar nicht gemerkt habe, wo die Zuhörer wirklich stehen?

Oder lag es vielleicht an spirituellen Gründen? Habe ich zu wenig geglaubt, zu wenig bekannt, zu wenig gebetet, zu wenig Vollmacht? Charismatische Christen reden in diesem Zusammenhang gerne von Vollmacht. Was meinen sie damit? Göttliche Vollmacht meint eine Kraft, die Gott in übernatürlicher Weise auf die Worte eines Christen legt und die dafür sorgt, dass Menschen nur durch einen Satz tief getroffen und vollkommen verändert werden. Davon wird immer wieder berichtet. Die Gemeindemitglieder fallen nach einer Predigt zu Boden, werden tief berührt, nur durch die Worte des Pastors. Nun, wenn das tatsächlich so passiert ist, dann mangelt es mir definitiv an dieser Vollmacht. Zumindest heute ist das der Fall gewesen. Ich hätte auch einen Vortrag über den Vitamingehalt von Dosenobst halten können, er hätte genauso viel bewirkt. Das ist wirklich sehr frustrierend. Ich wollte alles geben, was in meiner Macht stand. Ich war gut vorbereitet, hatte treffende Vergleiche und messerscharfe Argumente in meine Predigt eingebaut. Aber der Effekt ist gleich null. Warum auch immer.

Vielleicht wollte Gott nicht, dass ich dort spreche? Das kann man natürlich immer schön vorschieben. Dann arbeitet man sich den Hempel ab, und am Ende war doch alles für die Katz, weil Gott eben keine Lust darauf hatte, mich zu segnen. Ich habe keine Antwort darauf, ich muss damit leben. Hoffentlich kann ich heute Nacht besser schlafen. Das Hotelzimmer ist ganz angenehm und die Betten sogar lang genug. Ich kann meine Beine ausstrecken, was mir meine Knie am nächsten Morgen garantiert danken werden. Und mein Rücken auch.

WAS ICH VON DIESER REISE MITGENOMMEN HABE

Zusammenfassend stelle ich fest, dass es am Ende nicht in meiner Hand liegt. Es kann noch so richtig und wichtig sein, was ich sagen will, am Ende liegt es doch nicht immer nur an der Qualität und Vollmacht des Predigers, ob seine Botschaft etwas bewirkt. Ich hatte sowohl rhetorisch als auch theologisch einen guten Vortrag gehalten, der aber augenscheinlich überhaupt keine Auswirkung auf die Zuhörer aufweisen konnte.

Generell empfinde ich mich immer noch als ein Lernender, der Fehler macht und nicht sicher weiß, was im geistlichen Dienst funktioniert und was nicht. Diese Unsicherheit fühlt sich nicht gut an. Es gab mal eine Zeit, in der diese Unsicherheit noch nicht so stark war wie in Dresden. Relativ am Anfang meines Dienstes durfte ich einmal in einer Gemeinde in den USA eine Predigt halten. Davon möchte ich im nächsten Kapitel in einem weiteren Rückblick berichten.

10
DENVER, USA

Oktober 1985

Rückblende aus einer Zeit vor der Angst:
Predigt in einer Megachurch, was Applaus mit mir macht
und wie sich mein Glaube in den Jahren im Dienst
für Gott verändert hat

Wir schreiben die Mitte der 80er-Jahre, als ich für acht Wochen eine
Fahrt durch die Gemeinden der USA erlebe. Es ist eine Zeit, in der
ich noch sehr unbeschwert durchs Leben gehe. Ich bin jung, brauche
kein Geld und habe nur Verantwortung für mich selbst. Angstattacken vor dem Predigen habe ich kaum und wenn, dann nur recht
unbedeutend und wenig bedrohlich.

Mit meiner Partnerin zu der Zeit fliege ich im Sommer von Hamburg direkt nach New York. Wir kaufen uns einen kleinen Peugeot
und fahren von dort über Chicago einmal durch die ganzen USA
bis runter nach Kalifornien. Die Gründung der »Jesus Freaks« liegt
noch Jahre in der Zukunft. Meine Partnerin und ich haben gerade
ein gemeinsames Jahr in der Mission verbracht und sind voller neuer
Ideen und Energie. Durch die Kontakte aus der Zeit in der Missionsgesellschaft haben wir diverse Einladungen in die USA erhalten und
wollen die einzelnen Stationen der neuen Bekanntschaften in dem
Zweimonatstrip abklappern. Mein Lebensgefühl ist voller Kraft und
Energie. Ich habe das Gefühl, ich könnte die ganze Welt an einem
Tag erobern.

Im Staat Colorado angekommen, besuchen wir umgehend eine sogenannte Vineyard-Gemeinde in Denver. Den Pastor haben wir zuvor in Amsterdam in der Mission kennengelernt. Sehr zu meiner Überraschung hat er mich dort gefragt, ob ich am Sonntag nicht in seiner Gemeinde ein Wort weitergeben will. Und natürlich will ich das.

Das moderne Kirchengebäude ist riesig. Als wir die Halle betreten, bin ich von der Größe vollkommen überrascht. Der Raum fasst bis zu dreitausend Gottesdienstbesucher, und die Gemeinde muss drei Veranstaltungen an einem Wochenende abhalten, um alle Mitglieder zu erreichen. Schließlich geht der Gottesdienst los, und wir genießen die lockere Atmosphäre, wie sie in dieser Gemeindeform üblich ist. Als ich schließlich auf die Bühne gerufen werde, ertönt ein lauter Applaus. Sozusagen geschenkt, ohne dass ich bereits etwas geleistet hätte. Das gefällt mir sehr und nimmt mir auch die Aufregung ein Stück weit. »This is the man of God I got to know in Amsterdam«, kündigt mich der Pastor vollmundig als Mann Gottes, den er in Amsterdam kennengelernt hat, an. »Let's hear his message!« (»Lasst uns seine Botschaft hören.«)

Das ist mein Stichwort. Schnell springe ich nach oben auf die Bühne und gehe an das Rednerpult. Helle Bühnenstrahler schießen mir ins Gesicht. Sofort fange ich an, auf Englisch meine Botschaft zu predigen. Es läuft recht gut und der Applaus hinterher macht etwas mit mir. Es ist ein gutes Gefühl und ich bin kein bisschen aufgeregt, ich habe keine Angst.

In den folgenden Jahren und Jahrzehnten bekomme ich immer wieder Applaus für meinen Dienst. Von der massiven Kritik konnte ich schon zuvor ausführlich berichten, aber es gibt auch eine Menge positiver Resonanzen auf meinen Dienst. Neben der Wahl 1994 zum

Christen des Jahres habe ich sogar einen Preis für »Initiative und Vision« auf der größten christlichen Künstlermesse, der Promikon, erhalten. Meine Bücher waren regelmäßig in den Bestsellerlisten auf den oberen Plätzen. So hielt meine Volxbibel über viele Wochen den ersten Platz auf der Liste der christlichen Bücher, welche von dem evangelischen Nachrichtenmagazin Idea einmal im Monat veröffentlicht wird. Ich bekam einen Preis der Evangelischen Kirche Deutschlands für eins meiner Projekte. Und für eine missionarische Idee erhielt ich ebenfalls von der evangelischen Kirche den so genannten »Webfisch in Silber«.

Ich frage mich: Hat mir der Applaus gutgetan oder eher geschadet? Viele Stars werden krank durch den Applaus. Der so gelobte Mensch denkt plötzlich: »Hey, vielleicht bin ich ja doch etwas besser als all die anderen?« Jeder kennt den berühmten Vers aus den Sprüchen Salomos, Kapitel 16 Vers 18: »Hochmut kommt vor dem Fall.« Ich denke, er beinhaltet eine Menge Wahrheit. Einer meiner geistlichen Väter, David Pierce, sagte immer zu mir, dass Lob und Kritik die gleiche Auswirkung auf unser Selbstwertgefühl haben sollten. Nämlich gar keins.

In der Zeit meiner USA-Reise habe ich überhaupt keine Probleme mit übertriebenem Lampenfieber. Ich bin noch so jung und noch so voller Visionskraft, dass ich mich von Ängsten nicht aufhalten lassen will. Ein mögliches Scheitern ist nur rudimentär in meiner Vorstellung abgespeichert. Gedanken an Versagen oder Peinlichkeiten kommen nicht vor. Es ist ein sehr schöner Zustand. Lust, etwas Neues zu wagen, sich aufs Eis zu begeben, neues Land einzunehmen, das bestimmt mein Lebensgefühl.

LOB UND KRITIK SOLLTEN DIE GLEICHE AUSWIRKUNG AUF UNSER SELBSTWERTGEFÜHL HABEN. NÄMLICH GAR KEINS.

Ich muss gestehen, dass ich mich mit zunehmendem Alter nach der Unverbrauchtheit der ersten Jahre zurücksehne. Mit fünfundzwanzig hat man keine Schlafprobleme, keinen Rückenschmerz und keinen Haarausfall. Und keine Angst. Der sinnlose Kampf gegen die Fettpolster wird auch noch nicht geführt. Ich kann in diesen jungen Jahren nach Herzenslust Sport machen, ohne es über viele Tage zu bereuen, weil mir anschließend alles wehtut. Auch nach nur einer halben Stunde Joggen auf dem Asphalt spüre ich jeden Knochen. Bis vor einiger Zeit habe ich noch regelmäßig Basketball in einem Verein gespielt. Aber auch hier musste ich feststellen, dass sich die Selbstwahrnehmung von der Fremdwahrnehmung eklatant unterscheidet. Hatte ich immer noch die Wahrnehmung, geschmeidig über den Platz zu gleiten und mit einer geschickten Finte am Gegner vorbeizuziehen, sah es von außen wie ein humpelnder alter Mann aus, der sich am Sonntag noch mal etwas bewegen will. Nachdem ich mir ein Video von meinem letzten Punktspiel auf dem Computer angesehen habe, bin ich sofort aus dem Verein ausgetreten. Ich konnte den peinlichen Anblick nicht ertragen.

Wenn ich vor Jahren noch mit meinen Freunden über aufregende neue Projekte philosophiert habe, geht es heute in unserer Konversation vor allem um die Vergangenheit und um unsere Krankheiten. Rücken, Fuß und das Gewicht werden zu zentralen Themen. Der Zahnarzt hat mein ganzes Erspartes innerhalb eines Jahres aufgefressen. Die letzten Tantiemen der ersten Volxbibel gingen tatsächlich komplett für allergiefreien Zahnersatz drauf. Ich trage das Sparbuch im Mund.

Mein Körper ist älter geworden, aber auch mein Geist. Das eine fühlt sich nicht gut an, an das andere könnte ich mich gewöhnen. Im Dienst habe ich mir die übergeistlichen Hörner abgestoßen, Gebet, Bibel, Geisterfahrung, ich finde das alles gut, aber es ist nicht mein Lebensfundament.

Es gibt Zeiten, da überwiegt die Enttäuschung über den Zustand der Kirche und auch dem wenigen, was ein Mensch durch seinen Dienst daran verändern kann. Der Glaube an etwas Göttliches scheint nicht nur in der Welt immer schwerer zu werden, auch in der Kirche wird viel gemacht und wenig übernatürliches Handeln von Gott erwartet. Der Wissenschaftsglaube dagegen boomt.

MEIN KÖRPER IST ÄLTER GEWORDEN, ABER AUCH MEIN GEIST. DAS EINE FÜHLT SICH NICHT GUT AN, AN DAS ANDERE KÖNNTE ICH MICH GEWÖHNEN.

Und meine Werte als Christ haben sich im Laufe der Zeit verändert. Früher habe ich eine klare moralische harte Linie vertreten. Sex vor der Ehe geht nicht, schwul zu sein ist Sünde, genauso wie klauen oder morden. Wenn einem meiner Freunde versehentlich ein »Oh Gott« über die Lippen kam, habe ich das sofort korrigiert: »Das darf man nicht sagen! Du sollst den Namen des Herrn nicht versehentlich anrufen! Das ist Sünde!« Heute kann ich einen moralischen Kodex vieler Christen aus der Bibel kaum noch klar herauslesen. Sicher gibt es Anhaltspunkte, z. B. »Liebe deinen Nächsten, liebe Gott.« Aber am Ende zählt für mich doch immer mehr die eigene Gottesbeziehung. Aus dieser Beziehung heraus erwächst die Moral, nicht aus dem Lesen eines Buches. Auch wenn es ein besonderes, ein heiliges Buch ist wie die Bibel.

Im Alten Testament gibt es eine Vorhersage vom Propheten Jeremia. Er schreibt im 31. Kapitel im Vers 33, dass Gott sagt, er will sein »Gesetz in ihr Inneres legen und werde es auf ihr Herz schreiben. Und ich werde ihr Gott sein, und sie werden mein Volk sein.« Das ist die Perspektive, mit der ich gerne leben möchte. Nicht irgendwelche Prediger, nicht ein noch so geistliches Buch, nicht die Gesellschaft und auch nicht die Kirche soll Gottes Gesetz in mein Herz schreiben. Denn dann entsteht immer nur stumpfe Moral. Sondern Gott selbst soll es tun. Für mich bedeutet das, Gott selbst wird uns von seinem

Gesetz überzeugen. Er muss das tun, er kann das auch. Und dann ist es auch nicht schwer, so zu leben. So etwas passiert in einem Beziehungsgeschehen. Ich muss mich mit aller Kraft um meine Beziehung zu Gott kümmern, ich muss mich ihm immer wieder nähern. Wenn Gott seinen Willen dann wie ein Programm in mein Herz schreibt, werde ich seinen Willen auch tun können. Werte verändern sich, auch christliche Werte.

Ich glaube tatsächlich, dass sich Gottes Willen, und damit meine ich seine Richtschnur fürs Leben, im Laufe der Geschichte verändert hat. Es war für ihn in Ordnung, im Alten Testament ganze Völker auszurotten, Kinder und Babys zu töten. Wenn das Volk Israel dies in Kriegssituationen nicht getan hat, war Gott richtiggehend sauer. Doch mit Jesus kam ein neues Gebot und eine neue Zeit in der Beziehung zwischen Gott und Mensch. Plötzlich heißt es »Liebe deine Feinde«. Im Alten Bund war es für Gott richtig, Menschen mit dem Tod sofort zu bestrafen, nur weil sie versehentlich die Bundeslade berührten, in dem seine Gesetze lagen. Durch Jesus wurde dieser harte, strafende Gott neu definiert.

ICH MUSS MICH MIT ALLER KRAFT UM MEINE BEZIEHUNG ZU GOTT KÜMMERN, ICH MUSS MICH IHM IMMER WIEDER NÄHERN.

So denke ich auch, dass Gott seinen konkreten Willen bis heute an die Entwicklung der Menschheit weiter angeglichen hat. Wichtig ist doch nur, was dahintersteht, nämlich die Liebe. Gott meint es gut mit uns, er will uns weiterbringen. Er liebt uns und will uns das auch zeigen, wenn wir es nur zulassen.

Und doch sind wir uns auch selbst überlassen in dieser Welt. Jeder muss seine Lektionen lernen und von sich selbst und der Bewertung anderer befreit werden. Ob ich vor dreitausend Menschen in den USA predige oder nur vor fünf in Bielefeld ist letztendlich egal. Es macht meinen Wert nicht aus. Vielleicht war es für so einen jungen

Kerl wie mich zu früh, vor so einer großen Gemeinde predigen zu dürfen. Es hat meinem Ego geschadet, wie so manch anderes auch. Aber ich bin drangeblieben und habe mich weiter vom Glauben an Gott verändern lassen. Und das ist es, was zählt.

WAS ICH VON DIESER REISE MITGENOMMEN HABE

Es ist gut, immer wieder neue christliche Werke kennenzulernen, die durch viele Jahre hindurch an Wirkung und Dynamik kaum etwas eingebüßt haben. Diese Werke gibt es auch in Deutschland, nicht nur in den USA, England oder anderswo. Alte Werte zu behalten und trotzdem noch auf der Höhe der Zeit Jugendveranstaltungen zu absolvieren, dafür ist das Lebenszentrum Adelshofen ein gutes Beispiel. Davon erzählt mein nächster Reisebericht.

11
ADELSHOFEN

Oktober 2017

Predigt in einer evangelischen Kommunität
auf einem Jugendevent

Heute geht es in das Lebenszentrum Adelshofen. Ich habe den Namen auch noch nie zuvor gehört, bis er plötzlich in meinem Kalender aufgetaucht ist. Mein Manager hat ihn dort eingetragen und wie immer die komplette vorherige Kommunikation übernommen. Ich bin schon sehr gespannt, was mich dort erwarten wird. Der Ort liegt zwischen Stuttgart und Frankfurt, nahe der Stadt Eppingen. Ich habe mich aufgrund einer Stresswoche mit Kindern leider nur inhaltlich auf die Predigt vorbereiten können. Wer oder was mich dort erwartet, ich weiß es nicht.

Umso überraschter bin ich, als ich im Lebenszentrum Adelshofen ankomme. Vor mir liegt ein riesengroßer Komplex mit mehreren Gebäuden, die alle hochmodern eingerichtet sind. Ich bin von der Größe, dem modernen Stil der Einrichtung, den technischen Möglichkeiten, wie schnelles und kostenloses WLAN, sehr überrascht. So ein Überraschungseffekt passiert mir in meinem Dienst immer wieder. Ich komme in Einrichtungen, die kaum jemand kennt, weil sie in der christlichen Presse keinen Widerhall finden. Es wird nie im großen Stil über sie berichtet, obwohl sie schon Jahrzehnte ihre Arbeit in Deutschland verrichten. Dabei hätten sie es nach meiner Einschätzung oftmals verdient. Viele dieser Einrichtungen sind groß und schön gebaut, liegen in einer interessanten Lage, und die Arbeit vor Ort ist derart hervorragend, dass ich mich wundere, davon in den einschlägigen frommen Gazetten noch nie etwas gelesen oder gehört zu haben. Adelshofen ist nur eine davon, sie macht von der ersten Sekunde an auf mich einen wunderbaren Eindruck.

Ich werde von einer Schwester empfangen, die mich freundlich durch die Räumlichkeiten führt und mir auch das umfangreiche Außengelände zeigt. Sie erzählt, dass das Lebenszentrum 1950 von einem Pfarrer mit Namen Dr. Otto Riecker gegründet worden ist. Otto Riecker war mit 55 Jahren zu seiner letzten Pfarrstelle von der Kirchenleitung nach Adelshofen gesandt worden. Letzte Pfarrstelle bedeutet, dass er danach in den Ruhestand gehen sollte. Die Mär erzählt, dass er beim ersten Eintritt ins alte Pfarrhaus auf die Knie ging und betete: »Herr, schenke uns hier doch noch einmal eine große Erweckung.« Mit Erweckung meinen Christen einen spirituellen Aufbruch, der in kürzester Zeit zu einem großen Wachstum an Gemeindegliedern führt.

Fünf Jahre später lud er den damals sehr bekannten Prediger und Evangelisten Heinrich Kemner ein, der für seinen missionarischen Dienst in den 50er-Jahren weltbekannt war. Kemner blieb eine Woche und hielt diverse Gottesdienste im Dorf ab. Die Auswirkungen waren eklatant. Fast die ganze Dorfgemeinschaft kam zum Glauben an Jesus Christus und trat in die Kirche ein. Mit diesem Wachstum hatte keiner gerechnet. Sogar Pfarrer Riecker glaubte an ein ganz großes Wunder. Drei Jahre später startete die neue Gemeinschaft eine Bibelschule, um Missionare auszubilden und später nach Afrika, Indien und andere Länder auszusenden, die man damals als Dritte Welt bezeichnet hat. Die Mitglieder der Kirche zogen in eine extra für diesen Zweck gegründete Lebensgemeinschaft und starteten damit die Kommunität Adelshofen. Mehrere Häuser für soziale und christliche Zwecke entstanden in der Folgezeit. Und in einem davon findet heute meine Jugendveranstaltung statt.

Mich bewegt diese Geschichte. Es ist immer wieder faszinierend, wie durch einzelne Menschen ganze Werke entstehen und Orte nachhaltig verändert werden. Nach der Evangelisation von Pastor Kemner war nichts mehr so, wie es vorher war. Noch interessanter ist aber für mich, dass es hier zwei Leute brauchte, um eine Veränderung zu bewirken und auch zu verfestigen. Kemner war der Mann, der den Boden aufriss. Durch seinen Dienst wurden Hunderte in Adelshofen zu Christen. Aber ohne Otto Rieker wären die neuen Christen vermutlich alle wieder geistlich gestorben. Der zweite Mann war mindestens genauso wichtig wie der erste. Demzufolge muss es zum einen immer Menschen geben, die eine Saat aussäen, aber auch Menschen, die die Ernte einholen und in die Scheune bringen, um mal in einem Bild aus der Landwirtschaft zu sprechen.

ES MUSS IMMER MENSCHEN GEBEN, DIE EINE SAAT AUSSÄEN, ABER AUCH MENSCHEN, DIE DIE ERNTE EINHOLEN UND IN DIE SCHEUNE BRINGEN.

In meiner Zeit als Missionar in Holland gab es einmal eine einschneidende Erfahrung in einem Gottesdienst. Dort kam ein Prediger auf die Bühne und erklärte unter Tränen, dass die Mission verantwortlich für den Tod von vielen Babys sei. Zuerst verstand keiner, was er damit meinte. Er fuhr fort, dass durch die Straßenmission viele junge Menschen durch die Gespräche berührt wurden. Sie trafen die Entscheidung, für Gott leben zu wollen. Aber dann kümmerte sich niemand mehr um sie. So verstand der Prediger seine Aussage, dass diese neuen Christen als geistliche Babys gerade auf der Straße geboren worden waren, um dann sogleich wieder zu sterben, geistlich zu sterben. Ein neuer Christ braucht eine Gemeinde, eine Gemeinschaft, gesunde geistliche Lehre, Gottesdienste, sonst geht sein Glaube früher oder später ein. Es war versäumt worden, diese neuen Christen in so eine Gemeinde zu vermitteln, damit sie dort weiterwachsen konnten. Westliche Theologen behaupten, wir leben in einer Welt, die eher als glaubensfeindlich wahrgenommen wird. Der Wissenschaftsglaube hat den Gottglauben verdrängt. Der Glaube an das Sichtbare hat den Glauben an das Unsichtbare vertrieben.

Hier in Adelshofen scheint man aber alles richtig gemacht zu haben. Das neue spirituelle Leben, welches in den 50er-Jahren für alle überraschend ausgebrochen war, wurde sofort geerntet, bearbeitet und in eine sichere Scheune gebracht. Durch die angeschlossene Bibelschule konnten die neuen Christen sich sofort weiterbilden und ihren Glauben stärken. Über die neu entstandene soziale Arbeit im Rahmen der Gemeinde wurde wiederum ermöglicht, jedem frisch gewonnenen neuen Christen eine Aufgabe zu geben. Hilfsbedürftige Menschen konnten vor Ort begleitet und so die neu gewonnene christliche Einstellung gleich praktisch umgesetzt werden. Und auch durch den Bau mehrerer Gebäude wurde dieser missionarische Aufbruch buchstäblich gefestigt. Die Gebäude konnten für die wachsende Arbeit sofort im sozialen und missionarischen Bereich genutzt werden.

Was mich wirklich sehr freut, ist außerdem, dass die Entwicklung dieses Werkes nicht mit der Zeit stehen geblieben ist. Das Haus wurde sehr modern renoviert, es gibt, wie gesagt, ein freies und überaus schnelles WLAN, unzählige moderne Sportangebote, eine große Kletterwand, Computerräume und so weiter und so weiter. Und das, obwohl die Lebensgemeinschaft von Anfang an Teil der evangelischen Landeskirche in Baden war. Nicht unbedingt normal, dass sich in bestehenden evangelisch-kirchlichen Strukturen so eine lebendige und zugleich sich immer wieder modernisierende Arbeit etablieren konnte.

Die Schwester führt mich in einen extra Raum, der mir als Backstage dienen soll. Auch dies ist eine Besonderheit, die ich festhalten muss. Dass bei so einer Veranstaltung auch an einen Rückzugsort für den Prediger gedacht wird, ist die absolute Ausnahme. So etwas erlebe ich in anderen Kirchen kaum. In dem kleinen Zimmer stehen kostenlose Getränke, Süßigkeiten und belegte Brote für mich parat. Ich will die Zeit nutzen, um mich noch einmal auf die Predigt vorzubereiten.

Angefragt wurde vom Veranstalter, dass ich eine Predigt über Martin Luther und seine Entdeckung der Gnade halten soll. Da dies zurzeit mein Lieblingsthema ist, freue ich mich sehr darüber. Was meint das Wort überhaupt, was ist Gnade im christlichen Kontext? Der Begriff stammt von dem germanischen Wort »(ga)næpon« ab, das so viel wie »Gunst« oder auch »Milde gegenüber einem Urteil« bedeutet. Martin Luther hat nur aus diesem einen Wort eine ganze Theologie gestrickt. Ihm ist klar geworden, dass Gott kein Interesse daran hat, die gesamte Menschheit für ihre bösen Taten zu verurteilen. Selbst wenn wir es verdient hätten, das kann nicht sein Ziel sein. Luther entdeckte in der Bibel, dass Gott, juristisch ausgedrückt, »Milde mit uns walten« lässt. Er verzeiht und vergibt, obwohl eine Bestrafung per Gesetz verdient gewesen wäre. Und genau das ist Gnade.

Die gesamte evangelische Kirche feierte über zehn Jahre deutschlandweit die sogenannte Lutherdekade. Von 2008 bis 2018 wurde überall der Anschlag von 95 Thesen Luthers zelebriert, welches angeblich vor 500 Jahren in Wittenberg an der Tür der Schlosskirche passiert sein soll. Luther wollte mit diesem Papier schriftlich festhalten, was an der Glaubenspraxis der Kirchen geändert werden musste. Dieser Thesenanschlag gilt als Auslöser der Reformation, welche die ganze Welt nachhaltig verändern sollte. Reformation heißt Veränderung und das hatte die Kirche damals bitter nötig. Und heute übrigens auch.

Die Lutherdekade war auch für mich deshalb gut, weil sie zu vielen Buchungen als Redner geführt hat. Zum einen ist da der gleiche Vorname. Martin Dreyer und Martin Luther. Zum anderen konnte ich, ähnlich wie Luther, auch die ganze Bibel in eine einfache deutsche Sprache verschriftlichen. Meine Volxbibel verfolgt ja ein durchaus vergleichbares Anliegen, wie es bei ihm der Fall war. Das Wort Gottes soll allen verständlich gemacht werden, die noch nie etwas vom Evangelium gehört haben. Wir beide haben »dem Volk aufs Maul geschaut« und uns vom aktuellen Sprachgebrauch inspirieren lassen. Vielerorts hat man mich sogar als den Luther des 20. Jahrhunderts tituliert, was natürlich vollkommen übertrieben ist. Der Vergleich hinkt an allen Ecken. Was er getan hat, war einmalig.

Dazu kommt: Er hatte mit viel mehr Gegenwind zu rechnen, als ich es jemals hatte. Schließlich wurde er sogar verfolgt und musste sich vor seinen Peinigern verstecken, weil sein Leben bedroht war. Und Luther war der Erste, welcher die ganze Bibel übersetzt hat. Trotzdem finde ich mich in seinen Anliegen an mancher Stelle wieder. Meine Volxbibel sollte auch eine einfache Sprache sprechen, die Menschen ohne große Schulbildung verstehen. Wenn Luther sagte, er wollte dem »Volk aufs Maul schauen«, dann meinte er ja die Frau vom Markt, den einfachen Bauern oder Arbeiter. Heute würde er vermutlich die unterste Bildungsschicht erreichen wollen, also den ungelernten Verkäufer im Supermarkt. Genau das wollte ich mit meiner Bibelübertragung ja auch.

MARTIN LUTHER UND ICH HABEN »DEM VOLK AUFS MAUL GESCHAUT« UND UNS VOM AKTUELLEN SPRACHGEBRAUCH INSPIRIEREN LASSEN.

Theologen streiten sich, was Luthers größte Errungenschaft war. Ist es wirklich die Übersetzung der Bibel? Oder war es doch eher seine Kritik an der Praxis, dass durch Spenden die tote Seele eines Verwandten vom Fegefeuer in das Paradies kommen kann? Für mich ist klar, dass dieses Thema zwar wichtig, aber nicht elementar ist. Seine wichtigste Errungenschaft war die Entdeckung der Gnade.

Überall auf dem Gelände der Missionsgesellschaft werden Angebote für die jugendlichen Besucher aufgebaut. An einer Stelle gibt es verschiedene Essensstände, an denen von Currywurst über Pommes und Hamburger alles angeboten wird, was das junge Herz begehrt. Es gibt einen Outdoorkletterpark für Sportbegeisterte, weiter unten wurde auf einer kleinen Wiese für die späten Stunden ein großer Lagerfeuerplatz präpariert. In einer Bar kann man sich unterschiedlichste nicht alkoholische Cocktails mixen lassen. Von »Virgin Colada« über »saurer Bulle« ist alles dabei. An einer anderen Stelle wurde so eine Art Messepark eingerichtet, in dem andere christliche Werke aus der Umgebung oder auch christliche Zeitschriftenverlage ihre Arbeit vorstellen können.

Schließlich geht der Gottesdienst bald los, und ich suche den Veranstaltungsraum, der mir auf der Einladung angepriesen wurde. Er liegt etwas versteckt weiter unten am Berg. Mir wurde berichtet, dass in dem Gottesdienst eine kleine Theatergruppe anfangs ein Stück spielen wird. In der Vorführung geht es um einen Jugendlichen, der sich als Versager fühlt. Er wird in der Schule gehänselt, weil er ständig müde ist und nicht so richtig weiß, wo er hingehört. Auf das Stück soll ich dann mit meiner Predigt Bezug nehmen, das ist der Plan.

Ich suche den Eingang und entdecke hinter einem kleinen Vorraum zwei große Türen. Dort hört man bereits laute Musik. Man hat mir vorher gesagt, dass heute eine neue Lobpreisband mit dem Namen »Lito« spielen würde. Der Name ist mir überhaupt kein Begriff. Darum lasse ich mir etwas Zeit, bis ich schließlich am Raum ankomme. Das entpuppt sich aber als großer Fehler. »Lito« ist bereits im letzten Viertel ihrer Show angekommen. Der große Raum wurde vor dem Gottesdienst komplett abgedunkelt. Durch eine gut installierte Lichtshow mit überwiegend blauen Lampen wird eine richtig professionelle Konzertatmosphäre erzeugt. Aber das, was ich dann erlebe, berührt mich ganz tief.

Die Sängerin hat eine wundervolle Stimme. Mit ihrer tiefen Stimme und unheimlich viel Druck singt sie die Gebete der Band leidenschaftlich und überaus authentisch. Aber was ich sofort bemerke: Es ist keine Show, das ist vollkommen echt, was hier vermittelt wird! Die ganze Musikgruppe, einschließlich des Schlagzeugers, scheint völlig losgelöst vom Geschehen vor der Bühne zu sein. Vertieft und leidenschaftlich beten die Musiker mit ihren Liedern Gott an. Jeder Song, jedes Wort, ja, sogar jede Geste kommt bei mir als ein Gebet rüber. Keiner hat das Bedürfnis, besonders cool zu wirken. Niemand auf der Bühne macht den Eindruck, als würde er für den Applaus von Menschen spielen. Es geht einzig und allein um Gott.

So eine Präsenz hab ich schon lange nicht mehr erlebt. Ich schließe die Augen und tauche in Sekundenschnelle in eine andere Welt ein. In dieser Atmosphäre möchte ich mich

FÜR EINEN MOMENT VERGESSE ICH DIE ANGST. VON EINER SEKUNDE AUF DIE ANDERE BIN ICH VOLLKOMMEN IM HIER UND JETZT, OHNE DASS MICH ETWAS BELASTET.

auf spirituelle Art und Weise Gott nähern. Ich bete, und es fällt mir sehr leicht, alles um mich herum zu vergessen. Die Inhalte der Lieder verbinden sich mit meinem Herzen. Jedes Wort singe ich aus der Tiefe meines Bewusstseins hinaus ins Universum. Für einen Moment vergesse ich alle Probleme, die Aufregung vor der Predigt, die Angst und meine eigenen Sorgen. Von einer Sekunde auf die andere bin ich vollkommen in der Gegenwart, im Hier und Jetzt, ohne dass mich etwas belastet. Da bin nur ich. Und da ist Gott. Er steht vor mir, oder ist über mir, oder in mir, das weiß ich nicht genau. Aber ich spüre seine Gegenwart, und in meiner Seele ist ein großes Verlangen, mich nur ihm hinzugeben.

Ich kann nicht genau wahrnehmen, wie lange diese Zeit geht. Aber plötzlich höre ich, wie die Sängerin in das Mikrofon sagt: »Und jetzt kommt Martin Dreyer mit seiner Predigt!« Mist, ich bin ja dran, durchfährt es mich. Jetzt gilt es nur schnell wieder zurück in den Raum zu kommen. Ich greife nach meiner Bibel und dränge mich durch die Masse der Menschen langsam nach vorn zur Bühne.

Von oben kann ich erkennen, wie voll der Raum tatsächlich ist. Sogar oben, auf einer Art Empore, sitzen Dutzende Jugendliche. Ich schätze, dass es achthundert bis tausend junge Menschen sein müssen, die sich in diesem Augenblick hier versammelt haben, um mir zuzuhören. Normalerweise müsste ich jetzt vor Aufregung sterben. Ich rechne jeden Augenblick mit dem großen Adrenalinflash. Eigentlich hätte ich noch auf die Toilette gehen müssen, aber das schaffe ich zeitlich jetzt nicht mehr. Ich war so in die Atomsphäre der Lobpreisungen der Band vertieft, dass ich es vollkommen vergessen habe. Meine Angst wurde aufgelöst in der Musik und der Anbetung von »Lito«. Ich habe überhaupt kein Lampenfieber. An diesem Abend geht es, ich bin ganz ruhig und bei mir. Die Lobpreisungen haben meine Angst gedämpft. Sie ist nicht weg, aber ich kann sie so sehr gut aushalten.

»Hallo Leute! Ich freue mich sehr, dass ich jetzt euch die Predigt halten darf«, sage ich laut. »Im Anspiel wurde von diesem Jungen erzählt, der sich als Verlierer fühlt. Ich kann mir vorstellen, dass es vielen von euch auch so geht. Ihr kennt das. Wer heute lebt, steht ständig unter Druck. Du musst immer besser sein als die anderen. Du musst besser aussehen, besser im Sport sein, besser in der Schule, dass bessere Handy haben, die schöneren Klamotten.« Ich sehe, dass einige der Jugendlichen, die ganz vorne stehen, nicken. Also rede ich weiter. »Wisst ihr, diesen Druck kennt jeder. Wir reden nur nicht darüber. Auch Martin Luther kannte diesen Druck, der damals von der Kirchenleitung auf das ganze Volk ausgeübt wurde.

In den Predigten von den Kanzeln wurde den Gläubigen mit der Hölle gedroht, wenn sie nicht anständig lebten. Es gab ganz konkrete Regeln, die jeder befolgen musste. Wer das nicht tat oder einfach nicht schaffte, landete garantiert in der ewigen Verdammnis. Das war die Ansage, mit der die Prediger rumliefen. Und die Hölle ist ein grausamer Ort. Viele Leute denken noch heute, die Hölle wäre so eine Art Grill in der Unterwelt, in der jeder Mensch für seine Taten bestraft wird. Damals hatten alle Angst vor der Hölle, und das zu Recht. Es ist ein furchtbarer Ort. Diese Angst haben die Mächtigen ausgenutzt, um den einfachen Mann zu kontrollieren und ihn dazu zu bringen, ordentlich Geld zu spenden. Je nachdem wie groß die Sünde war, stieg der Betrag, der gezahlt werden musste, um einen Verwandten vom Fegefeuer in den Himmel zu erlösen. – Und dann kam Martin Luther!«

Jetzt gehe ich einen Schritt zurück und hole aus einem Koffer ein Kostüm. Ich habe mir einige Wochen vorher in einem Berliner Karnevalsshop ein Lutherkostüm gekauft. Dazu gehört ein Hut mit Feder und ein brauner Umhang. In der Hand halte ich eine ganz alte Bibel, die ich von meiner Großmutter geerbt habe.

So als Luther verkleidet sage ich: »Luther hatte auch große Angst vor der Hölle. Es gibt eine Geschichte, in der erzählt wird, wie er bei einem Spaziergang von einem heftigen Gewitter überrascht wird. Luther flieht vor den Blitzen und hat Angst, dass Gott ihn durch einen Blitzschlag töten will. Jeder Donner kommt ihm wie ein Hammer Gottes auf sein Herz vor. Panisch läuft er durch den Regen, wirft sich immer wieder in den Schlamm und bittet Gott um Vergebung seiner Sünden.« Ich gehe einen Schritt zurück und hole meine Bibel hervor. »Doch dann machte er eine gigantische Entdeckung. Eine Entdeckung, die alles verändern sollte. Bis heute hat sie das Denken aller Menschen auf der Welt beeinflusst, ob man das weiß oder nicht. Luther entdeckte beim Bibelstudium die Gnade! Die wahnsinnige Kraft der Gnade!« Jetzt ziehe ich mein Lutherkostüm langsam aus, rede aber weiter.

»Gnade, was bedeutet das? Als ich die Volxbibel übersetzt habe, musste ich mir diese Frage immer wieder stellen. Gnade zeichnet sich durch bestimmte Eigenschaften aus. Zum einen: Sie ist immer umsonst. Man kann nichts für sie tun. Man kann sie nicht kaufen und auch nicht erarbeiten. Gnade ist garantiert ein Geschenk, sonst verdient sie den Namen Gnade nicht. Die Frage, die ich dir stellen will, ist: Woher nimmst du deine Bewertungen über dich selbst? Wer darf darüber bestimmen, was du wert bist? Ich bin ein Verlierer, sagst du vielleicht. Aber wer hat das bestimmt, wer hat das festgelegt? Wer hat dieses Urteil gefällt? Bist du ein Verlierer, weil das irgendwelche Leute in der Schule sagen? Fühlst du dich als Verlierer, weil du deinen eigenen Ansprüchen nicht genügst? Wie bist du zu deinen Ansprüchen gekommen?« Ich schaue kurz von der Bühne nach unten und bin sehr überrascht. Trotz Partyatmosphäre, trotz dunklem Klubraum und schlechter Luft ist es sehr ruhig und konzentriert. Also rede ich weiter.

»Luther hatte in der Bibel entdeckt, dass Gott überhaupt keine Ansprüche an uns hat. Sicher möchte er, dass wir so leben, wie er es sich vorgestellt hat. Aber es geht ihm nicht darum, dass wir irgendwelche Regeln stur befolgen. Er will unser Glück. Er will, dass es uns gut geht. Alle Regeln Gottes haben nur das eine Ziel: dass du glücklich wirst. Eine Regel, die dich unglücklich macht, die dich verletzt und zerstört, kann nicht von Gott kommen. Und selbst wenn du diese Regel brichst, dann ist Gottes Liebe für dich immer noch da. Selbst wenn du sie hundertmal hundert brichst. Das ist Gnade. Gnade kann man nicht verdienen. Wenn du eine Woche lang lebst wie die heilige Mutter Teresa, Gott liebt dich genauso, als hättest du eine Woche lang nur gelogen und betrogen, deine Mutter beklaut und 24 Stunden Pornos geschaut. Das ist so verrückt, weil es so anders ist als alles, was du in der Welt um dich herum erfährst. Hier wird nur der geliebt, der cool ist, wer sich gut verhält, wer das teuerste Handy hat, wer gute Noten schreibt, wer Leistung bringt, wer gut aussieht. Bei Gott ist das aber anders.«

Ich spüre in dem Moment, dass mir immer noch fast alle im Raum sehr genau zu hören. Das merke ich an den aufmerksamen Blicken und auch an so einer Art leises Grundrauschen, das aus dem Raum zu vernehmen ist. Ist die Aufmerksamkeit nicht da, raschelt es überall, jemand unterhält sich im Hintergrund, Leute stehen auf und verlassen den Saal. Aber heute ist die Aufmerksamkeit voll da, man kann förmlich die berüchtigte Stecknadel fallen hören. Alle Zuhörer sind gespannt und aufmerksam.

»Weißt du, dein Gottesbild entscheidet nicht nur über deinen Glauben, es entscheidet über dein Lebensglück! Hast du ein Bild von einem fiesen, strafenden Gott in deinem Herzen, wird dich das auf Dauer immer unglücklich machen. Dieses Bild hast du vielleicht von deinem Pastor aufgedrückt bekommen oder von deinen Eltern. Aber du kannst es nicht bei Jesus in der Bibel finden.«

> HAST DU EIN BILD VON EINEM FIESEN, STRAFENDEN GOTT IN DEINEM HERZEN, WIRD DICH DAS AUF DAUER IMMER UNGLÜCKLICH MACHEN.

Jetzt zeige ich den Jugendlichen die alte Bibel von meiner Großmutter, welche ich mitgebrachte hatte. Sie ist aus dem 17. Jahrhundert und daher richtig alt. »Wisst ihr, für Luther war das wie eine Explosion. Er hatte das noch nie kapiert. Gott liebt dich ohne Bedingungen? Das konnte er kaum fassen. Ich rede immer wieder mit jungen Leuten, denen es genauso geht wie

Luther damals, die das auch nicht fassen können. Vielleicht haben sie es mal von jemandem gehört, aber es ist nicht in ihrem Leben, es ist nicht tief in ihr Herz gefallen. Wir kämpfen den ganzen Tag um die Liebe. Um die Liebe unserer Eltern, um die Liebe unserer Freunde, um die Liebe unserer Klassenkameraden, um die Liebe unser Nachbarn. Aber keine dieser Lieben wird dich jemals satt machen. Denn sie ist nie bedingungslos und das spürst du. Gott ist da anders. Die Liebe, welche er für uns hat, ist ohne Bedingung. Du musst sie nur für dich annehmen, du musst ihm glauben, dass er dich liebt.«

Plötzlich schaue ich mich um und merke erst jetzt, dass meine Botschaft tatsächlich angenommen wird. Viele betroffene Gesichter blicken mir in die Augen. Einige Jugendlichen halten sich an den Händen. Andere haben Tränen in den Augen.

»Lass uns gemeinsam beten und Gott bitten, dass er uns seine bedingungslose Liebe zeigt! Nimm seine Liebe jetzt an, er liebt dich über alles. Das wird dich befreien vom ständigen Kampf, in dem du dich befindest. Von Kampf um Anerkennung, um Beliebtheit, um Liebe!« Ich spreche noch ein längeres Gebet, in dem es um Annahme, Vergebung, Gnade und Selbstliebe geht. Dann gehe ich von der Bühne.

Den Rest des Abends schlendere ich durch die Anlage und unterhalte mich mit einigen Jugendlichen. Da mein Büchertisch so gut wie nicht besucht wird, kann ich alles so stehen und liegen lassen und freue mich auf die Begegnungen mit den jungen Menschen. Es gibt viele Gespräche, teilweise intensiv und persönlich, teilweise oberflächlich und im Small Talk.

Als ich dann, viele Stunden später, nachts im Schwesternheim in meinem Bett liege, muss ich noch lange den Tag Revue passieren lassen. Ich denke: Die in Adelshofen, die machen alles richtig. Eine Arbeit, die aus einem über fünfzig Jahre alten geistlichen Aufbruch entstanden ist, hat es geschafft, am Puls der Zeit zu bleiben, ohne seine alten Traditionen und Werte zu verraten. Angefangen bei den Freizeitangeboten, den Sport-, aber auch Computer- und Internetmöglichkeiten liegen sie auf dem Level des Entwicklungsstandes der heutigen Gesellschaft. Die Botschaften, die dabei ausgegeben werden, sind relevant, modern und doch durchdrungen von einem lebendigen Glauben an Gott. Die Kunst, bei diesem Drahtseilakt auch an spiritueller Kraft nicht zu verlieren, scheinen die Macher oder Macherinnen in Adelshofen perfekt zu beherrschen.

Tief berührt fahre ich am nächsten Morgen wieder nach Hause. Wenn die evangelische Kirche doch in der Breite so aufgestellt wäre, wie ich es hier erlebt habe, müsste man sich um ihre Zukunft keine Sorgen machen. Manchmal wünschte ich, dass solche gut funktionierenden Werke von jedem Pastor, jeder Pastorin oder jedem Jugenddiakon einmal besucht werden könnten. So als Pflichtprogramm, alle paar Jahre, um sich davon inspirieren zu lassen. Man könnte so viel voneinander lernen.

Und die Angst? Sie war kaum zu spüren. Ich hatte keine Zeit für sie. Ich war so in der Musik, im Lobpreis ergriffen, dass ich die Möglichkeit einer Angstattacke vollkommen vergessen hatte. Und dann stand ich schon auf der Bühne, ganz ohne Magenkrämpfe. Vielleicht ist die Lösung für mein Problem doch eine spirituelle? Wenn ich nur intensiv genug bete und mich mit dem Himmel verbinden kann, verfliegt die Angst wie von selbst?

Das Problem ist nur, dass es diesen Knopf in meiner Bibel nicht gibt. Ich kenne keinen Automatismus, der im Spirituellen verlässlich funktioniert. Ein Prediger sagte mal, der Heilige Geist als dritte

ICH KENNE KEINEN AUTOMATISMUS, DER IM SPIRITUELLEN VERLÄSSLICH FUNKTIONIERT.

Erscheinungsform Gottes sei ein Gentleman. Er wolle höflich gebeten werden und lasse sich nicht unter Zwang bringen. Wir können ihn nicht kontrollieren, er ist kein Automat. So ist es ein Geschenk Gottes, dass ich in Adelshofen von den Panikattacken gänzlich verschont war. Es ist Gnade, ein unverdientes Geschenk, genau das, worüber ich auch gepredigt habe. Aber in der Lösung meines Problems bin ich so nicht viel weitergekommen.

WAS ICH VON DIESER REISE MITGENOMMEN HABE

Auf dem Nachhauseweg wird mir eins noch einmal klar. Es gibt doch einige gesunde, pulsierende, gute Werke im Rahmen der Kirche. Es wissen nur zu wenige davon. Diese, ich nenne sie einmal Kraftzentren, sind für junge Gläubige immens wichtig.

Aber es gibt nicht nur Werke, sondern auch Gemeinden, in denen für die jüngere Generation funktionierende Angebote gemacht werden, mit großem Erfolg und Zulauf. Ob ich auch bereit bin, vor ganz wenigen Menschen zu sprechen, wird sich in der nächsten Geschichte zeigen. Ob der Raum dicht gedrängt ist oder sich doch nur ganz wenige eingefunden haben und wie sich die Anzahl der Besucher auf mein Lampenfieber auswirkt, das hat sich in Hamburg gezeigt.

12

HAMBURG

Mai 2016

Wenig Leute, wenig Angst. Zeltevangelisation auf einer Wiese in Hamburg mit der Band »Warum Lila«

Es ist schön, mal wieder in Hamburg zu sein. Auch wenn das Jahr als Missionar in Amsterdam nach der Schulzeit zu meinen aufregendsten gehörte und ich die Stadt lieben und schätzen gelernt habe. Auch wenn die Studienzeit in Köln ganz wunderbar war und mir ewig in Erinnerung bleiben wird. Auch wenn Berlin jetzt mein neues Zuhause geworden ist, mit all seinem Reiz und seiner Größe. Hamburg ist und bleibt meine Heimat. Hier bin ich geboren, hier bin ich aufgewachsen, hier habe ich meine Kindheit und Jugend verlebt. In Hamburg steht mein Elternhaus, dort habe ich meine Mutter und meinen Vater beerdigt. In der Hansestadt wohnen immer noch meine besten Freunde und viele Verwandte.

In einigen Ecken der Stadt stecken unvergessliche Erinnerungen, die ich nicht missen möchte. Hamburg wird immer meine erste Liebe sein, zumindest wenn es um eine Stadt geht.

Ich mag es, mit dem Auto über die A1 die Hansestadt langsam zu »entern«. So muss es Klaus Störtebeker ja auch gegangen sein, dem berühmten Piraten, wenn er in den Hamburger Hafen eingefahren ist. Du erkennst von der Straße aus die Silhouette, die Kirchen, die Brücken und weißt: »Mein Hamburg, ich bin zu Hause!« Der Blick von der Autobahn aus auf den Hafen und die Containerterminals ist einfach umwerfend. Unzählige bunte Schiffe, die im Abendlicht schillernde Wasseroberfläche der Elbe, all das ist mir sehr vertraut. Wer das Wasser liebt, der liebt Hamburg. Allein die Elbe trägt so viele Geschichten mit sich, die ich mit meiner Kindheit bis ins Tiefste verbinde. An der Alster, einem Nebenarm der Elbe, bin ich quasi aufgewachsen. Wenn ich als kleiner Junge die abschüssige Straße mit dem Rad ganz runtergefahren bin, musste ich nur eine vierspurige Landstraße überqueren, dann war ich schon direkt an dem kleinen Nebenarm der Elbe. Jedes Mal wenn wir meine Oma besuchten, gingen wir als ganze Familie durch den Alster-Wanderweg. Dort gibt es eine kleine Brücke, die ich gefühlt Tausende Male in meiner Kindheit überquert habe.

Eingeladen hat mich diesmal eine missionarische Gesellschaft aus Norddeutschland. Dieser Verein wurde bereits Mitte des 18. Jahrhunderts von einem Evangelisten gegründet. Evangelisten sind Menschen, die das Evangelium vertreten und verbreiten. Evangelium heißt übersetzt »die gute Botschaft«. Die letzten Worte Jesu aus der Bibel beinhalten den sogenannten Missionsbefehl. In den biblischen Büchern von Matthäus Kapitel 28 und Markus Kapitel 16 werden den Christen zwei Versionen dieses Befehls übermittelt. Vermutlich sind diese beiden Abschnitte dafür verantwortlich, dass die Kirche sich so massiv im Laufe der frühen Geschichte ausbreiten konnte. Der Aufruf, Nichtgläubige zu missionieren, war der Schlüssel zum Erfolg. Christus selbst hatte diesen Befehl rausgegeben, den Auftrag ausgesprochen, seine Ansichten vom Leben unter die Menschen zu bringen. Nur wegen dieser unbedingten Anliegen der ersten Kirche konnte sich das Christentum so rasant ausbreiten, darin sind sich die meisten Theologen ausnahmsweise einig. Hätte Jesus seinen Jüngern gesagt, sie sollten das von ihm Gelernte nur für sich behalten, es gäbe heute keine christliche Kirche, keine Glockentürme, kein Weihnachten und Ostern und vermutlich auch keinen Papst.

Nun hat sich die Situation der Kirche aber massiv verändert. Zumindest in der westlichen Welt und da ganz besonders in Deutschland. Mission ist nicht mehr »en vogue«. Kaum einer will sich gerne missionieren lassen. Wer an Mission denkt, vermutet eine große Keule in der Hand des Missionars. Es wird gemutmaßt, dass der Mensch gezwungen wird zu glauben. Mission steht im Verdacht zu manipulieren, jemanden zu etwas zu bringen, das er eigentlich gar nicht will. Und dieser Verdacht kommt nicht von ungefähr. In der zum Teil unrühmlichen Geschichte der christlichen Kirche wurden gegen Ende des 6. Jahrhunderts Eroberungskriege gegen heidnische Völker legitimiert. Bis hin zu Karl dem Großen, der noch im 8. und 9. Jahrhundert die christliche Mission militärisch unterstützte. Urwaldvölker wurden dazu gezwungen, den christlichen Glauben des Eroberers anzunehmen. Wer das nicht tat, wurde gefoltert oder gleich einen Kopf kürzer gemacht.

Trotz dieser unrühmlichen Geschichte raffen sich zumindest viele Freikirchen, aber auch bestimmte lutherische Gemeinden, immer wieder dazu auf, »Missionswochen« durchzuführen. Das alleinige Ziel dieser Woche ist klar: Man wünscht sich Neubekehrte, letztendlich neue Mitglieder, also Gemeindewachstum.

Nun ist es so, dass von den Gemeindemitgliedern und auch der Gemeindeleitung an und für sich oftmals keine missionarischen Impulse mehr auf die Nichtgläubigen ausgehen. Vielleicht ist man zu sehr mit sich selbst beschäftigt, dass der Blick über den Tellerrand hinaus nicht mehr möglich erscheint. Die eigenen Probleme, schwere Seelsorgefälle oder aufwendige Kirchenrenovierungen, Instandsetzung der Orgel, all das frisst so viel Energie, da bleibt für die innere Mission im Ort nicht mehr viel Kraft übrig.

Also wird der Missionsbefehl outgesourced. »Geht nun hin und macht alle Nationen zu Jüngern«, so das Jesuswort aus Matthäus 28,19, das sollen andere machen, aber nicht wir. Entweder ein regionaler Verein, wie der Ende der 70er-Jahre von den »Village People« besungene weltberühmte YMCA, auf Deutsch besser als CVJM bekannt. Oder irgendeine andere missionarisch-christliche Gruppierung, die das Anliegen für die Ortsgemeinde übernimmt. Sie, die evangelistisch ausgerichtete Organisation, wird von der Gemeindeleitung dazu beauftragt. Manchmal sind das sogar deutschlandweit agierende Vereine und Gesellschaften, die diesen Job erledigen. Ab und zu, wenn das nötige Geld da ist, engagiert sich die Kirche einen der missionarischen Stars aus der evangelikalen Szene. Man nennt diese Stars auch Evangelisten. Einer davon ist beispielsweise Torsten Hebel aus Berlin. Viele Jahre war er so eine Art »Alibimissionar«. Wenn es in der Gemeinde nicht weiterging mit der Evangelisation, dann wurde Hebel gebucht. Und mit ihm sollten sich dann die Heiden in Scharen zum Glauben bekehren. Oder auch Gofi Müller, ein weiterer recht bekannter junger Deutschlandmissionar aus der evangelikalen Welt, der als Jugendevangelist durch die Lande zog. Und manchmal, ja manchmal eben auch mich, Martin Dreyer.

Der »Miet-einen-Evangelist« wird eingeladen, macht seine Show, bringt Menschen dazu, am richtigen Ort zum richtigen Zeitpunkt zur Bekehrung zum christlichen Glauben die Hand zu heben oder bei einem sogenannten Altarruf nach vorne zu kommen, und die Sache läuft. Der Auftrag ist erfüllt, dem Missionsbefehl ist Genüge getan.

Tatsächlich handhaben das meines Wissens nahezu neunzig Prozent aller Kirchen so, die sich darum bemühen, Ungläubige in die Gemeinde zu holen. Interessanterweise haben die beiden oben

DIE EIGENEN PROBLEME DER KIRCHE LASSEN KEINE KRAFT ÜBRIG FÜR DIE INNERE MISSION IM ORT.

genannten Evangelisten Gofi Müller und Thorsten Hebel sich von dieser Methode mittlerweile abgekehrt, ja, sogar distanziert. Hebel schrieb vor einiger Zeit ein Buch, in dem er sich zur großen Überraschung aller outete, an Bekehrungen in diesem Sinne nicht mehr zu glauben. Der Titel heißt »Freischwimmer« und Hebel schwimmt sich darin auf 200 Seiten von seinen evangelikalen Grundwerten frei. Kurz darauf folgte Gofi Müller, der sich schon lange vorher aus der Evangelistenszene klammheimlich verabschiedet hatte. Auch er schrieb ein Buch und äußerste in diversen Interviews seine Zweifel an der Praxis des »Handhebens« im Gottesdienst als Zeichen für eine wirkliche Hinwendung zum christlichen Glauben. Aber ich bin noch nicht so weit. Ich will mich noch nicht öffentlich distanzieren, ich will tun, wozu mich der Veranstalter gebucht hat.

Ich erinnere mich an ein christliches Event mit einem ähnlichen Ziel. Es muss Mitte der 90er-Jahre gewesen sein, als es für alle charismatischen Christen in Hamburg etwas Großes zu feiern gab. Der Evangelist Reinhard Bonnke hatte zum Heiligengeistfeld geladen, um dort die Massen zu missionieren, das direkt neben dem Rotlichtviertel der berüchtigten Reeperbahn liegt. Allein der Name dieses Ortes und das Umfeld haben diesen Mann Gottes mit Sicherheit extrem motiviert. Bonnke war ein frommer Mann. Mit zehn Jahren hatte er nachts eine Erscheinung. Jesus erschien ihm im Traum und sagte, er solle mit »Tausenden von schwarzen Menschen das Brot brechen«. »Brot brechen« ist Christendeutsch. Es meint so viel wie: Das Abendmahl feiern, welches Jesus als Ritual eingeführt hatte. Bonnke hat diesen Traum nie vergessen. 1967 brach er deshalb seine Zelte in Deutschland ab und zog nach Südafrika, um dort sein eigenes Missionswerk zu eröffnen. 1978 entwarf er auf einem Blatt

Papier ein Zelt, das Platz für zehntausend Menschen haben sollte. Ein Jahr später stockte er diese Zahl auf dreißigtausend auf. Das Zelt wurde zum Schauplatz für das bis dato größte Bekehrungsevent in der afrikanischen Geschichte. Es fand im November 2000 in Lagos, Nigeria, statt und lockte im Laufe von fünf Abenden 6 Millionen Besucher an. Wahnsinn! Wie er das allein logistisch gelöst hat, bleibt mir bis heute ein Rätsel.

Nun sollte dieser Pionier mit einem Zelt auch nach Hamburg kommen. Im Vorfeld wurden seine Gottesdienste in allen Gemeinden fulminant angekündigt. Jeder Hamburger Christ wusste davon. Die Messlatte hing hoch: »Diese Veranstaltung wird in Hamburg alles verändern! Nichts wird mehr so sein wie vorher.« Die Werbung klang nach einem Aufbruch, auf den die Kirchen in Hamburg schon so lange gewartet hatten. Weit über siebzigtausend Besucher sollten auf das Heiligengeistfeld kommen. So jedenfalls hatten es unverbesserliche Optimisten prophezeit. Die Frage war nur, was da eigentlich passieren sollte. Würden tatsächlich Flammen vom Himmel fallen, so wie es die Werbung versprochen hatte? Sollten Blinde wieder sehen können und Aidskranke wieder gesund werden? Und wohin mit den vielen Rollstühlen? Denn die würde ja keiner mehr brauchen, glaubte man den Broschüren, die überall in Hamburg verteilt worden waren. Tausende Gelähmte sollten nach der Veranstaltung wieder laufen können.

Die Realität sah dann leider etwas anders aus. Es regnete in Strömen und nur vielleicht hundert Besucher fanden den Weg auf das Heiligengeistfeld. Ich kann mich an keinen Menschen erinnern, der im Gottesdienst wirklich geheilt wurde. Und auch an niemanden, der tatsächlich Christ geworden und geblieben ist. Feuerflammen über Hamburg wurden auch nicht gesehen. Stattdessen störten einige Bewohner der alternativen Hafenstraße die Veranstaltung lautstark, mit teils aggressiven, teils humorigen Einlagen. Ein großer Erfolg

war es definitiv nicht. Seitdem ist mein Glaube an große missionarische Veranstaltungen eher marginal. Trotzdem möchte ich mich
auf diesen Versuch in Hamburg einlassen. Die Kommunikation im
Vorfeld verlief sehr freundlich und nett. Wenn ich den Menschen
von dieser Zeltevangelisation irgendwie helfen kann, will ich das
gerne tun.

Als ich an der Wiese ankomme, kann man schon von Weitem das
große Missionszelt erkennen. Es steht genau in der Mitte der Grün-
fläche, hoch gebaut, in hellen orangen Farben. Eigentlich kaum zu
übersehen.

Mit mir hat der Veranstalter eine junge christliche Band namens
»Warum Lila« angeworben. Als ich in den Backstagebereich komme, sehen wir uns zum ersten Mal. Zu meiner Schande muss ich
gestehen, dass die Gruppe mir gar nichts sagt. Sowohl ihre Lieder
als auch ihren Namen habe ich zuvor noch nie gehört. Dabei sind
sie vermutlich in der christlichen Szene sehr bekannt, zumindest
unter Jugendlichen. Wir setzen uns an einen langen Klapptisch in
der Ecke des Zeltes und lernen uns etwas kennen. Ich erfahre, dass
die Band gerade auf Tour ist und an ihrer ersten Platte arbeitet. Die
Bandmitglieder kommen aus der Stadt Minden und haben Großes
vor. »Wir wollen mit unseren Liedern unbedingt in die Charts«, sagt
mir der Bandleader Anton. »Musik ist einfach unser Ding, für die
Band haben wir fast alles aufgegeben«. Diese Hingabe und Leidenschaft für eine Sache begeistern mich. Und die jungen Männer sind
überaus nett, angenehm, freundlich, herzlich. Keiner wirkt arrogant
oder abgehoben. Obwohl sie schon kleine Stars sind, hat sich ihr
Charakter nicht verändert. Von Abgehobensein oder irgendwelchen
Starallüren sehe ich keine Spur. Das imponiert mir. Sie erzählen mir

von großen Konzerten, auf denen die junge Band vor Tausenden Besuchern gespielt hat. Von vollen Hallen und auch einigen Preisen, die »Warum Lila« abräumen konnten. Wirklich total nette Kerle. Im Gespräch kommt raus: Sie kennen auch meine Volxbibel, was mich natürlich sehr freut und mir schmeichelt.

Der Plan des Veranstalters ist: »Warum Lila« zieht die Leute, macht die Stimmung, bringt das Zelt zum Kochen. Und dann komme ich auf die Bühne, predige das Evangelium und Tausende bekehren sich. So weit, so gut.

Nach dem Soundcheck gehen wir noch in einer Kneipe etwas essen. Ich spüre, dass die Band aufgeregt ist, wie vor jedem Konzert. Und ich bin es auch. Von meinem Angstproblem erzähle ich keinem.

DER PLAN DES VERANSTALTERS IST: »WARUM LILA« ZIEHT DIE LEUTE, MACHT DIE STIMMUNG. UND DANN KOMME ICH, PREDIGE UND TAUSENDE BEKEHREN SICH.

Als wir wieder zurückkommen, hat es etwas angefangen zu nieseln. Es ist kalt und das Zelt muss mit einem Gebläse geheizt werden. Erst jetzt nehme ich die Größe des Raumes wirklich wahr. Unter den langen weißen Bahnen würden gut und gerne zwei- bis dreihundert Leute Platz finden. Oben am Gestänge wurden mehrere große Halogenlampen angebracht. In einer Ecke steht eine Bull-riding-Arena, in der jeder Besucher kostenlos auf einem elektrischen »Bullen« reiten darf, bis er runterfällt. An der anderen Längsseite wurde so eine Art Bar aufgebaut, mit zahlreichen alkoholfreien Getränken. Auch Cocktails sind im Angebot.

Wir treffen uns mit dem Veranstalter hinterm Zelt zum Vorgebet. Nach einer Begrüßung beginnt der Leiter, den Abend noch mal mit uns durchzusprechen. »An der Seite der Bühne stehen einige Seelsorger, die sich mit den jungen Leuten unterhalten und beten können. Dort liegen auch Flyer und Bibeln aus, die kostenlos verteilt werden können. Jetzt lasst uns dafür beten, dass Gott den Abend segnet!«, lädt er uns ein. Wir beten, laut, leise, aber mit voller Kraft. In meinem Magen rumort es, aber in diesem Zelt ist ein Toilettengang nicht möglich. Das nächste Dixi ist zu weit entfernt, den Weg schaffe ich nicht mehr. Jetzt heißt es also schon wieder »Arschbacken zusammen und durch«.

Auf dem Platz vor der Bühne läuft Hintergrundmusik. Jetzt kommt »Warum Lila« auf die Bühne. Ich sehe nur von der Seite ihr kleines Konzert von vier Liedern und bin begeistert. Sie geben wirklich alles. Die vier Jungs rocken, als würden es um den höchsten deutschen Musikpreis gehen. Anton läuft auf der Bühne auf und ab, fordert zum Klatschen auf, springt und singt, ich bin schwer beeindruckt. Dann gelingt es mir endlich, einen Blick auf den Platz vor der Bühne zu erhaschen. Und ich sehe: nichts. Nicht einen Menschen, keinen Jugendlichen, niemanden. Ich kann es kaum glauben und reibe mir die Augen. Wie kann das sein? Die hatten doch große Werbung gemacht, Anzeigen geschaltet. Die Gemeinden in der Umgebung waren alle informiert. »Warum Lila« spielen weiter ihre Songs. So als stünden Tausende vor der Bühne, spielen sie mit Volldampf ihre Stücke runter. Absolute Profis, das begeistert mich.

ICH SEHE NICHT EINEN MENSCHEN. ICH REIBE MIR DIE AUGEN. WIE KANN DAS SEIN?

Die Tatsache, dass so gut wie niemand da ist, macht mich wütend, aber gleichzeitig beruhigt sie mich auch ungemein. Ich brauche keine Angst zu haben. Wo niemand ist, gibt es auch nichts, was ich befürchten muss. Keine Panik, es ist niemand da, für den du peinlich sein könntest. Niemand wird dich auslachen, niemand würde es mitbekommen, wenn du versagen würdest. In mir schlagen in diesem Moment zwei Herzen. Das eine Herz denkt an den Veranstalter. Jugendliche, die sich mit viel Mühe in die Organisation ein-gebracht haben. Mütter und Väter, die sich hinter den Tresen stellen, die beim Auf- und Abbau mit anpacken. Wie enttäuscht müssen sie sein, dass so gut wie niemand aus der Zielgruppe im Zelt ist. Das andere Herz freut sich. Es ist, als würde jemand aus einem viel zu prall aufgepumpten Ball die Luft rauslassen. Der Druck geht gegen null, ich habe nichts zu verlieren.

Schließlich ist das letzte Lied zu Ende und ich springe von hinten auf die Bühne. In der rechten Hand halte ich meine große schwarze Bibel, Elberfelderübersetzung, schwarzes Leder, Goldschnitt. So als würde mir diese gewichtige Bibel mehr Vollmacht verleihen, die ich zurzeit einfach nicht habe.

Ob Gott das wusste? Oder ob der Gegengott hier seine Finger mit im Spiel hat? Ich weiß es nicht. Aber ich weiß, dass ich vor einem leeren Zelt eine evangelistische Predigt halten soll. Dafür wurde ich gebucht, dafür werde ich bezahlt. Von oben sehe ich, dass sich doch drei bis vier Leute im Zelt verloren haben. Wer davon zum Mitarbei-terteam gehört oder nur der Enkel von der Oma vom Besitzer ist, keine Ahnung. Also fange ich an zu predigen.

»Es gibt da eine Geschichte in der Bibel. Sie steht bei Matthäus im 14. Kapitel. Jesus ist mit einigen seiner Schüler den ganzen Tag unterwegs. Er hat gepredigt, und sie haben mitgeholfen, dass alles glattläuft. Abends, so steht es dort, fahren die Schüler mit einem Boot auf einen großen See. Plötzlich kommt ein heftiger Sturm auf. Orkan-artige Wellen wie bei einem Tsunami. Der Sturm dauert sehr lange. Auf einmal sehen seine Schüler, wie Jesus auf dem Wasser in ihre Richtung kommt. Sie haben totale Panik. Dort steht, sie schreien: ›Ein Gespenst!!!‹ Aber Jesus sagt sofort: ›Habt keine Angst, ich bin es!‹ Petrus antwortet: ›Herr, wenn du es bist, dann sag mir, dass ich auf dem Wasser zu dir kommen soll!‹. Jesus antwortet nur knapp ›Komm!‹

Petrus steigt aus dem Boot und betritt das Wasser. Es funktioniert tatsächlich. Er sieht Jesus an und geht auf ihn zu. Doch auf einmal sieht er auf die hohen Wellen, er spürt den starken Wind und es spukt in seinem Kopf: ›Was mach ich hier eigentlich? Ich begebe mich hier in Lebensgefahr! Das geht doch gar nicht!‹ Und plötzlich geht er unter, das Wasser trägt ihn nicht mehr. In Panik ruft er: ›Jesus! Hilf mir!‹ Und Jesus kommt sofort zu ihm, packt ihn an der Schulter und bringt den jungen Mann sicher auf das Boot. Als sie beide im Trocknen sind, legt sich der Sturm sofort.« Damit ist die Erzählung der biblischen Geschichte durch, jetzt folgt meine Auslegung.

»Du und Millionen Menschen vor dir haben sich vermutlich die Frage gestellt: Ist das wirklich so passiert? Kann man als Christ auf dem Wasser gehen? Kann Jesus das? Das ist aber nicht die Frage, die Gott dir mit diesem Text in der Bibel stellen will. Was er wissen möchte, ist: Bist du noch in deinem Boot? Oder gehst du im Glauben mit Gott auf dem Wasser? Wisst ihr, es gibt viele Bilder und Vergleiche für das Leben. So ein Bild hilft uns, abstrakte Dinge besser zu verstehen. Jesus hat oft in Bildern gesprochen. Kennst du den Vergleich vom Leben und die Fahrt in einem Boot?«, frage ich in die kleine Runde.

»Unser Leben ist im Grunde wie eine Bootsfahrt. Das Meer ist die Welt. Jeder steuert sein Boot so vor sich hin. Alles läuft gut, du kennst dich aus in deinem Boot. Du weißt, wo das Steuer ist, wo der Anker liegt, wo das Essen steht. Wir würden für immer in unserem Boot bleiben, bis wir irgendwann darin sterben. Aber dann passiert etwas. Ja, der Sturm kommt. Wenn ein Sturm dein Leben erfasst hat, du in Not bist. Wenn die Wellen hochschlagen und du drohst zu ertrinken. Vielleicht ist es eine schlimme Krankheit. Oder der Tod eines guten Freundes oder sogar deiner Eltern. Irgendeine Krise. Vielleicht auch finanzielle Probleme oder psychische, Einsamkeit, Depression. Immer dann wenn unser Boot zu kentern droht, fangen wir an, Ausschau nach Gott zu halten! Wir rufen um Hilfe. Wir fangen an zu beten.«

Ich blicke mich in dem Zelt um. Mittlerweile ist es draußen dunkel geworden. Die Anzahl der Zuhörer ist nicht mehr geworden, eher weniger. Das schummrige Licht der Tresenbeleuchtung in Verbindung mit den Strahlern der Bühne machen eine gute Atmosphäre.

»Das Problem mit dem Glauben ist, dass dir das niemand abnehmen kann. Deine Oma kann nicht für dich glauben und auch nicht deine Eltern. Es gibt nur einen, der aus dem Boot aussteigen kann, und das bist du!« Ich zeige mit dem Finger auf die wenigen Leute im Zelt. »Wie auch immer du hier im Zelt gelandet bist, es ist egal. Auch deine Einstellung zur Kirche ist nicht wichtig, ob du getauft oder konfirmiert bist. Keiner fragt nach deiner moralischen Einstellung oder deinem Bibelwissen. Entscheidend ist nur die Frage: Willst du dein Boot verlassen, willst du mit Jesus gehen oder nicht? So wie Jesus Petrus gerufen hat, so ruft er auch dich. Viele Menschen trauen sich nicht. So wie Petrus auch, sonst hätte Jesus ihm ja nicht gesagt: ›Fürchte dich nicht!‹

Auf dem Wasser gehen ist nicht normal. Es ist manchmal angsteinflößend, weil es anders ist als das Leben im Boot. Und es wird auch immer Situationen geben, in denen die Wellen dich auffordern, sie anzuschauen und nicht Jesus. Die Wellen reden auch mit dir, sie fordern deine Aufmerksamkeit. Sie sagen: ›Das schaffst du nie! Das funktioniert nicht! Niemand kann auf dem Wasser gehen, glauben geht nicht. Du wirst untergehen!‹ Darum ist es wichtig, die Person Jesus nicht aus dem Blick zu verlieren. Wenn wir ihn betrachten, uns von ihm inspirieren lassen, dann bekommen wir Mut und Glauben. Und dann können dir noch so hohe Wellen nichts mehr anhaben.«

In dem Augenblick merke ich, dass die wenigen Gesichter mir sehr aufmerksam zu hören. Es sind vielleicht noch sechs Leute im Zelt. Darum rede ich weiter. »Wie ist deine Situation? Bist du schon mal aus dem Boot ausgestiegen? Warst du einmal mit Jesus unterwegs, aber dann waren die Wellen lauter als dein Glaube? Hast du Gott aus dem Blick verloren, die Wellen mehr angeschaut als Gott und bist untergegangen? Dann fordert Jesus dich jetzt vielleicht auf, nicht mehr die Wellen zu betrachten, sondern ihn. Aber vielleicht hast du dein Boot auch noch nie verlassen. Wenn dein Leben gerade mehr oder minder am Untergehen ist, dann wäre heute eine gute Chance, all das hinter dir zu lassen. Jesus ist jetzt in diesem Zelt. Und er ruft dir zu: Verlasse dein Boot! Komm, ich will mit dir leben! Amen!«

Wenn ich den letzten Satz einer Predigt ausgesprochen habe, ist es fast so, als würde ich die Luft aus einem Ballon lassen. So geht es mir jedes Mal. Die Anspannung ist weg, der Adrenalinpegel sinkt sofort. Und die bange Frage kommt auf: War es gut? Habe ich Stuss erzählt oder kam die Botschaft an? Reagieren die Leute? Eine Art, das rauszukriegen, ist der schon erwähnte Aufruf oder Altarruf.

Ich habe keine Ahnung, wer diesen Altarruf erfunden hat. Soweit ich weiß, gab es diese missionarische Methode schon lange vor dem berühmtesten TV-Evangelisten Billy Graham. Auch wenn sie durch ihn vermutlich erst so berühmt geworden ist. Beim Altarruf fordert der Prediger eine Entscheidung von der Zuhörerschaft. Die Gemeinde, oder wer auch immer im Raum sitzt, soll auf die Predigt nicht nur innerlich, sondern auch äußerlich, mit dem Körper antworten,

WENN ICH DEN LETZTEN SATZ EINER PREDIGT AUSGESPROCHEN HABE, IST ES FAST SO, ALS WÜRDE ICH DIE LUFT AUS EINEM BALLON LASSEN.

reagieren. Dafür gibt es verschiedene Steigerungsformen. Die geringste Form, weil relativ leicht, anonym und bequem, ist das Handheben. Der Zuhörer bekommt die Gelegenheit, nach der Predigt die Hand zu heben und damit Gott – und auch dem Prediger – zu zeigen, dass er oder sie auf das Gehörte reagieren will. Dabei gibt es noch Schwierigkeitsstufe eins: Alle im Raum haben die Augen geschlossen. Und Schwierigkeitsstufe zwei: Alle im Raum haben die Augen geöffnet.

Die nächste, etwas radikalere Stufe ist, dass der Angesprochene von seinem Platz aufstehen soll. Wer das tut, kann davon ausgehen, dass die Nebenleute es mitkriegen. Er ist damit also bloßgestellt. Die Idee dahinter ist, dass sich der Neubekehrte von Anfang an zu seinem Schritt in der Öffentlichkeit bekennt. Das gibt dem Ganzen mehr Gewicht.

Die dritte und vermutlich radikalste Form ist, dass der oder die Angesprochene aufsteht und eben ganz nach vorne zum Altar der Kirche kommt, um sich dort zum Gebet hinzuknien. Darum nennt man diese Praxis den Altarruf. Radikal deswegen, weil es jeder im Raum sehen kann, es also noch mehr öffentlich ist als das Handheben. Diese letzte Form wählen heute kaum noch Prediger. Die einen, weil es ihnen zu umständlich ist. Die anderen, weil sie einfach Angst haben, dass keiner kommt. Denn wenn keiner kommt, bedeutet es, dass der Prediger vermutlich keine gute, vollmächtige Predigt gehalten hat. Dabei wird nicht nur an seiner Rhetorik gezweifelt, sondern auch an seiner spirituellen Autorität. Und damit auch gleichzeitig an seiner moralischen Wertigkeit, denn viele Christen gehen davon aus, dass Vollmacht aus einem moralisch einwandfreien, heiligen Leben herrührt.

Ich bin ein Feigling und entscheide mich für Schwierigkeitsstufe eins. »Wer jetzt sein Boot verlassen will, wer jetzt ein neues Leben beginnen und mit Jesus gehen will, der soll die Hand heben. Ich bitte alle, weiterhin die Augen geschlossen zu halten, um den Menschen, die das wollen, den Schritt zu erleichtern. Also: Wer will sein Boot verlassen? Wer hört heute den Ruf Jesu an sein Leben? Wer will heute Christ werden? Der soll bitte kurz seine Hand heben! Nicht zu mir, sondern zu Gott.« Ich schaue mich vorsichtig im Zelt um. Keiner rührt sich. Hinten in der Ecke sitzt ein junges Mädchen. Sie hebt die Hand, und ich kann nicht erkennen, ob sie sich nur am

Kopf kratzen will oder tatsächlich Gebet möchte. Gutmütig nehme ich es als Zeichen der Bekehrung und sage laut: »Die ersten haben bereits ihre Hand oben. Gibt es noch jemanden?« Man bemerke die Mehrzahl. Es ist, um es klar zu sagen, eigentlich gelogen. Aber Evangelisten dürfen lügen. Zumindest übertreiben dürfen sie. Ich schau mich noch einmal um und glaube zu erkennen, dass ein weiterer Junge vorsichtig die Hand hebt. Sicher kann ich es wegen der Bühnenstrahler nicht sehen, aber ich glaube es einfach und sage laut: »Ja! Okay. Ja. Hm. Okay.«

Dann fange ich mit einem Gebet an. Es ist das in der evangelikalen Szene berühmte Lebensübergabegebet. »Bete mir einfach nach. Sag es mit deinen eigenen Worten oder so wie ich. Jesus Christus.« Ich mache eine Pause. »Ich habe heute von dir gehört.« Pause. »Heute will ich mein Boot verlassen.« Pause. »Ich gebe dir mein ganzes Leben.« Pause. »Vergib mir alle meine Sünden.« Pause. »Danke, dass ich mit dir auf dem Wasser gehen kann.« Pause. »Danke für ein neues Leben. Amen.« Ich schaue auf und versuche zu erkennen, was unten passiert ist, kann aber leider kaum jemanden wirklich gut sehen, weil mich das Licht immer noch blendet.

ICH VERMUTE, DASS SICH KEINER AN DEM ABEND WIRKLICH »BEKEHRT« HAT. ABER DAS SAGE ICH NATÜRLICH KEINEM.

Ich vermute, dass sich keiner an dem Abend wirklich »bekehrt« hat. Aber das sage ich natürlich keinem. In meinem Rundbrief in diesem Monat steht, dass wir eine »große Ernte eingefahren haben«. Dass es viele Gespräche gab und viele Bekehrungen. Zahlen nenne ich nicht. Aber der Rest ist schöngeredet oder schöngeschrieben. Das machen übrigens alle so. Zumindest viele Werke, christliche Musiker, Freikirchen, die ich kenne.

Besonders die charismatisch-pfingstlichen Gemeinden und Einrichtungen übertreiben oft in der Außendarstellung. Kaum einer macht sich die Mühe, bei den großen missionarischen Events wirklich nachzufragen und statistisch ehrlich auszuwerten. Warum auch, denn dann würden ja die Spender wegbleiben. Und ohne die geht es nicht. Da wird dann im anschließenden Beitrag auf Bibel TV von »Tausenden« gesprochen, die dem Aufruf gefolgt sind. Doch wenn man dabei war, fragt man sich, ob überhaupt so viele da waren.

Abends liege ich noch lange in meinem Hotel wach. Ob es überhaupt richtig ist, so etwas zu machen? Gehören diese »Bekehrungsaufrufe« nicht in eine andere Zeit? Ist das überhaupt eine echte Bekehrung, so wie man sie in der Bibel finden kann? Ich muss gestehen, dass in der Bewertung dieser Dinge sich in den letzten Jahren bei mir ein Wandel vollzogen hat. Anfang der 90er-Jahre, in der erfolgreichsten Phase meines Dienstes im Rahmen der »Jesus-Freaks«-Bewegung, war ich voll auf Linie der großen Evangelisten. In jeder Veranstaltung rief ich zur Bekehrung auf. Und in der ersten Zeit kann ich mich an keinen Gottesdienst meiner Freaks erinnern, wo sich nicht mindestens einer in diesem Sinne zu Gott bekehrt hat. Es war eine sehr gute, fruchtbare, wundersame Zeit. Die überwiegende Zahl der Menschen, die auf diese Art einen Schritt auf Gott zumachten, blieben erstaunlicherweise auch dabei. Nicht wenige kamen schnell in die Mitarbeit der Gemeinde und sind bis heute noch im Glauben fest verankert.

Ich höre immer wieder von »Jesus Freaks« der ersten Generation, die heute in irgendeiner Arbeit in der Kirche angestellt sind und dort einen guten Dienst leisten. Doch je länger unser geistlicher Aufbruch damals ging, desto weniger kam es zu diesen öffentlichen Entscheidungen. Irgendwann hörten wir auf, einen Altarruf zu machen, weil einfach kaum einer mehr darauf antwortete. Wir hatten auch genug mit den neuen Christen in der Seelsorge und der Nacharbeit zu tun, dass wir einen weiteren Zuwachs an jungen Gläubigen gar nicht hätten angemessen betreuen können. Erst viele Jahre später wurde mir bewusst, was für eine besondere Zeit das damals war. Gott hatte den Hebel umgelegt und wir erlebten viele Entscheidungen für ein Leben mit Christus. Dieser große Erfolg meiner Arbeit sorgte auch dafür, dass der Dienst immer bekannter wurde. Im Jahr 1994 wählte mich sogar ein bedeutendes evangelikales Magazin zum »Christ des Jahres«. In jeder Hinsicht ein peinlicher Titel, das denke ich bis heute. Bei Jesus hätte es nie einen »Christ des Jahres« gegeben. Jesus war immer mit den Versagern unterwegs und nicht mit den Preisträgern und Gewinnern. Dennoch zeigt es mir, dass der Erfolg meiner Arbeit in der Öffentlichkeit wahrgenommen wurde. Und das tat gut.

Was ich mich aber immer wieder frage, ist, ob ich wirklich diese Gabe habe oder ob der Leib Christi mir diese Gabe nicht eher andichten wollte. Sicher, es gab eine Zeit, in der sich viele Menschen durch meinen Dienst zum Glauben bekehrt haben. Aber bin ich das wirklich, bin ich ein Evangelist, ein Missionar, ist das meine Identität?

Natürlich, es schmeichelt mir und meinem Ego. Man kann sich schlechtere göttliche Begabungen vorstellen als diese. Der Ruf des begnadeten Evangelisten, er würde mir wohl gefallen. Doch wenn ich ehrlich bin, ist es nicht meins. Ich glaube, wenn jemand wirklich diese Gabe hat, dann kann er gar nicht anders. Er spricht ständig und überall von seinem Glauben an Gott und will jeden dafür begeistern. Bei einem Evangelisten vergeht keine Woche, wenn es schlimm kommt, kein Monat, in dem sich nicht mindestens einer zu Jesus bekehrt. Bei mir ist es lange her, und es passiert auch nur, wenn ich in irgendwelchen Zelten dazu angefragt werde, einen Aufruf zum Glauben zu vollziehen. Ob das jetzt nun echte Bekehrungen sind oder nicht, überlasse ich anderen. Ob so ein Gebet wirklich bis in die

BIN ICH DAS WIRKLICH, BIN ICH EIN EVANGELIST, EIN MISSIONAR, IST DAS MEINE IDENTITÄT?

Tiefe das Leben eines Menschen erfasst und ihn verändert, das kann keiner garantieren. So schön das auch wäre in einem Zelt oder in einer Kirche oder in einer Kneipe am Tresen.

WAS ICH VON DIESER REISE MITGENOMMEN HABE

Die Kirche, egal, ob Freikirche oder Landeskirche, muss sich fragen, ob Bekehrungsaufrufe noch zeitgemäß sind. Wichtiger ist aber, was an ihre Stelle treten könnte. Denn es ist immer noch wichtig, Menschen die Gelegenheit zu geben, einen Anfang im Glauben zu machen. Es ist eine zentrale Aufgabe aller Kirchen, sich Gedanken über die Jugend zu machen. Wenn diese Herausforderung nicht gelöst wird, muss das Christentum in seiner organisierten Form früher oder später sterben. Wie Jugendarbeit gelingen kann, habe ich in einigen Gemeinden sehen können. Es hängt auch vieles von den Personen ab, die die Jugendarbeit in den Gemeinden verkörpern. Damit meine ich besonders die Jugendleiter, Jugendpastoren und solche Wanderprediger wie mich.

13
KÖLN UND MÜNCHEN

November 2014

Einsatz in der TV-Show »Hochzeit auf den ersten Blick« und die Angst vor der Kamera

Als das Telefon um 12 Uhr mittags klingelt und ich eine Kölner Nummer auf dem Display sehe, denke ich, ein alter Studienkollege ruft an oder jemand aus unserer alten Kölner Kirchengemeinde. »Guten Tag, Herr Dreyer, mein Name ist Dana von der Sat.1-Produktionsfirma ›Straight to eight‹«, begrüßt mich eine freundliche Dame am Telefon. »Wir machen gerade ein Casting für unsere neue Realityshow, und wir fragen uns, ob Sie vielleicht Interesse daran hätten, bei uns als Paarexperte mitzuwirken?« Ich bin erst mal überrascht. Man kriegt nicht alle Tage einen Anruf vom Fernsehen und Sat.1 gehört auch tatsächlich viele Jahre zu einem meiner Lieblingssender. Ich weiß noch wie heute, als es im Januar 1984 plötzlich neben den drei Standardprogrammen ARD, ZDF und NDR ein neues, viertes Programm auf dem Bildschirm zu sehen gab, den Sender Sat.1. Spätestens 1992, als mit »ran« auf einmal Fußball nur noch auf dem Privatsender lief, hatte in Deutschland fast jeder seinen Fernseher auf die neue Sendefrequenz eingestellt. Und dann kam 1995 Harald Schmidt mit seiner Late-Night-Show, die ich fast täglich einschaltete. Er mischte die Meinungsmache in Deutschland extrem unterhaltend auf und Sat.1 war im ganzen Land auch durch seine Sendung zu einem bedeutenden TV-Sender mutiert.

Nun ist es schon eine Weile her, dass Schmidt seine Show im Programm hatte, und ich kann über die Qualität der neueren Sendungen auf dem Kanal auch nicht viel sagen. Grundsätzlich war ich allerdings nie sehr medienscheu, hatte ich, wie erwähnt, schon ein paar kleine und größere Auftritte in Talkshows. Daher bin ich grundsätzlich offen für alles, was mich auf der Mattscheibe haben will.

Mein zurückliegendes Jahr lief vom Dienst her gesehen nicht so gut. Ich hatte viel zu wenige Buchungen, um meine Miete bezahlen zu können. So stehe ich auch finanziell gerade unter einem erheblichen Druck und könnte eine Honorarzahlung gut gebrauchen.

Die Dame erklärt mir am Telefon ausführlich, worum es in der Sendung gehen soll. »Herr Dreyer, wir brauchen einen Theologen, der sich auf ein spannendes Sozialexperiment einlassen kann. Das Konzept unserer Sendung sieht so aus: Wir wollen herausfinden, ob Paare sich ineinander verlieben, wenn die Voraussetzungen dafür gegeben sind. Es gibt wissenschaftliche Untersuchungen, die belegen, dass es bestimmte Faktoren gibt, welche dafür sorgen können, dass Frauen sich zu Männern hingezogen fühlen und Männer sich zu Frauen. Zu diesen Faktoren gehören natürlich Vorlieben, Hobbys, Werte, aber auch Dinge wie Hormone, Gene, ja, sogar der Schweißgeruch. Können Sie mir folgen?« Bis zu diesem Zeitpunkt kann ich das natürlich. «Damit unser Experiment funktioniert, braucht es einen gewissen festen Rahmen, eine Verlässlichkeit. Daher müssen unsere Paare erst heiraten, um sich dann kennenzulernen.« Ich stutze und frage nach: »Das bedeutet, die Paare sehen sich das erste Mal auf dem Standesamt?« »Ja!«, sagt die Stimme am anderen Ende lachend. »Und die ersten Wörter, welche sie miteinander sprechen, sind ›Ja, ich will‹.«

In mir schießen tausend Gedanken gleichzeitig durch den Kopf. Im Fernsehen heiraten? Blind Date im Standesamt? Ich mit meiner Angst wieder vor der Kamera? »Und wofür brauchen Sie da mich?«, frage ich unverblümt. Dana antwortet: »Wir rechnen mit einer Menge

Kritik, besonders von der kirchlichen Seite. Da Sie ein recht bekannter Theologe sind, der sogar eine Bibel übersetzt hat, hoffen wir, die Kritiker etwas besänftigen zu können und dem Experiment eine gewisse Seriosität zu verleihen. Wir haben noch weitere Experten im Team, eine Psychologin, eine Psychiaterin, einen Wohnpsychologen und das ganze TV-Team unserer Redaktion. Wir wollen mit allen Mitteln versuchen, dass unser Experiment gelingt. Ihre Rolle soll sein, bei der Auswahl der Paare mitzuwirken und die verheirateten Paare schließlich auch seelsorgerlich zu begleiten.«

Dana erzählt mir im weiteren Verlauf des Gesprächs den geplanten Ablauf der Sendung. Die Paare sollen von den Experten die ganze Zeit sehr eng begleitet werden. Die Psychotherapeutin und die Psychiaterin stehen den Teilnehmern die ganze Zeit nonstop zur Verfügung. Nach drei Monaten kommt dann der große Showdown. Das Paar trifft sich mit einem der Experten an einem schönen Ort und es wird die alles entscheidende Frage gestellt: »Wollt ihr zusammenbleiben? Oder wollt ihr die Scheidung?« »Wenn Sie Interesse haben, melden Sie sich doch bis Ende der Woche bei mir«, sagt Dana am Schluss des Telefonats. Nachdem ich noch ein paar Detailfragen stellen konnte, legen wir auf. Ich bin nicht wirklich geschockt, aber auch nicht ruhig und gelassen. Die Anfrage regt etwas in mir positiv an, sie stimuliert mich, und ich frage mich, ob »der da oben« vielleicht dahinterstecken könnte. Meine Mutter hatte schon vor vielen Jahren einmal davon erzählt, sie würde regelmäßig dafür beten, dass ich im TV vor einem breiten Publikum meinen Glauben bezeugen könne. Vom Beginn der ersten Jahre in meinem Dienst wusste ich, dass in unserer Gesellschaft die Medien eine sehr laute Stimme haben. Die lauteste Stimme überhaupt und hier besonders die bewegten Bilder im Fernsehen und im Internet.

Wie ich schon gesagt habe, bin ich davon überzeugt, dass Jesus von seiner Kirche möchte, dass sie die Medien für seine Sache nutzt. Denn Christus hat das auch getan. Seine berühmteste Predigt kam von einem Berg. Warum Berg? Die Antwort ist doch klar: Wer auf einem Berg sitzt und von dort spricht, kann sehr viel mehr Menschen gleichzeitig erreichen. Seine Stimme ist hörbarer, und die Zahl der möglichen Zuhörer steigt mit der Größe des Hügels, auf dem er seine Rede hält. Wir wissen nicht genau, wie viele Menschen die berühmte Bergpredigt genau verfolgen konnten, aber es müssen Tausende gewesen sein. Das ist zurzeit der größte »Berg« in unserer Gesellschaft, von dem man viele Menschen gleichzeitig erreichen, eine große Bewegung in Gang setzen kann. Wer heute etwas zu sagen hat, der kommt um die Medien nicht mehr herum. Sie sind das größte Sprachrohr der Zeit. Schon lange habe ich dafür gebetet, dass Gott mir eine Tür in die Medien auftut. Ob dies meine große Chance sein könnte, ich weiß es nicht.

Trotzdem kommen mir auch moralische Bedenken. Darf man mit der Ehe wirklich experimentieren? Ist Ehe nicht etwas, das Gott geschenkt hat? Ist die Ehe nicht heilig? Also nutze ich die nächsten Tage für eine intensive – auch theologische – Recherche. Ich lese Bibelstellen, forsche über die historische Entwicklung der Ehe, höre mich in anderen kirchlichen Gruppen um. Und was ich herausfinde, überrascht mich. Als Erstes finde ich heraus, dass noch viele Jahre nach Christi Tod und Auferstehung die Vielehe in der christlichen Gemeinde zur Normalität gehörte. Männer durften, wenn sie es sich finanziell leisten konnten, so viele Frauen heiraten, wie sie wollten. Für die erste Kirche sprach moralisch nichts dagegen. Würde man das als biblischen Wert neh-

SCHON LANGE HABE ICH DAFÜR GEBETET, DASS GOTT MIR EINE TÜR IN DIE MEDIEN AUFTUT. OB DIES MEINE GROSSE CHANCE SEIN KÖNNTE, ICH WEISS ES NICHT.

men, der heute noch gilt, es wäre ein absolutes No-Go. Jede christliche Kirche, egal, wie biblisch oder weltoffen sie ist, würde diesen Wert nicht leben wollen. Es ist nicht nur moralisch verwerflich, es ist sogar gesetzlich verboten. Das sagt mir: Biblische Prinzipien zur Ehe passen sich an die veränderbaren Entwicklungen der Gesellschaft an. Selbst in der konservativsten Pfingstgemeinde wird die Ehe mit mehreren Frauen nicht mehr propagiert.

Ebenso finde ich keine konkrete Bibelstelle, die besagt, dass Ehe als etwas Unberührbares, Gottähnliches gelten soll, mit dem man nicht experimentieren darf. Die Ehe ist nicht heilig. Zumindest in den Ausführungen der Bibel ist davon nie die Rede. Gott ist heilig, aber nicht die Institution Ehe. Ganz im Gegenteil nennt Paulus im Korintherbrief menschliche und vollkommen praktische Gründe, warum ein Mann heiraten soll.

BIBLISCHE PRINZIPIEN ZUR EHE PASSEN SICH AN DIE VERÄNDERBAREN ENTWICKLUNGEN DER GESELLSCHAFT AN.

Er sieht es als ein notwendiges Übel an, da die Sexualität eines Mannes sonst nicht kontrollierbar wäre. Jeder unverheiratete Mann soll »wegen der Unzüchtigkeit« eine Frau haben (1. Korinther 7,2). Von Liebe, Vertrautheit oder auch eigener Entscheidung zum Partner ist bei Paulus in dieser Stelle der Bibel gar keine Rede. In einem Telefonat, welches ich im Rahmen meiner Recherche mit einem ranghohen Offizier der Heilsarmee führe, wird mir berichtet, dass noch bis Mitte des letzten Jahrhunderts arrangierte Ehen in der Mission ganz normal waren. Die Gemeinde suchte eine Frau für den Missionar in Afrika aus. Die Frau wurde nach Übersee geschickt, und man heiratete in der ersten Woche, egal, ob das Paar sich liebte oder nicht. Und genau darum geht es ja in der TV-Sendung: um arrangierte Ehen.

Als weiteres Argument kommen mir Dutzende Gespräche mit Singlefreunden in den Sinn. Was für ein Leid steckt dahinter, keinen Partner fürs Leben gefunden zu haben? So viele meiner engeren Freunde suchen schon viele Jahre nach der passenden Frau, finden sie aber nicht. Je länger du Single bist, desto schmerzhafter und verzweifelter kann die Situation werden. Wenn durch unsere Sendung auch nur ein Mensch einen Partner findet, sich die beiden ineinander verlieben und glücklich werden, dann hätte sich das ganze Projekt schon gelohnt.

Und das Honorar kann ich gerade auch ganz gut gebrauchen, denn mein aktuelles Buch hat sich nicht so gut verkauft. Der Sender bietet mir ein Tageshonorar, welches um ein Vielfaches über dem liegt, was ich sonst für eine Veranstaltung bekomme. Mit dem Geld wäre ich in der Lage, einige Monate meine Miete bezahlen zu können, das wäre gut.

Trotzdem bete ich natürlich, bitte Gott um seine Führung und überlege, ob dies sein Weg für mich sein könnte. Schließlich höre ich mich zum Himmel sagen: »Also, ich werde drei Menschen um Rat bitten, wenn alle drei zustimmen, dann bin ich dabei, das soll mir ein himmlisches Zeichen von dir sein.« In der folgenden Woche spreche ich mit drei Ratgebern und Freunden, die mir wichtig sind, und bin doch etwas überrascht. Sogar die konservativsten unter ihnen raten mir zur Teilnahme! Die einhellige Meinung ist, dass dies eine gute Gelegenheit ist und ich unbedingt mitmachen sollte. Also nehme ich das als eine Antwort auf mein Gebet und sage der Produktionsfirma von Sat.1 zu.

In den Monaten vor dem Casting der Teilnehmer bekomme ich von der Produktionsfirma kiloweise Ordner zugeschickt. Inhalt sind die Testergebnisse der Bewerber inklusive Bildmaterial und ein Eigenvideo. Meine Vermutung bestätigt sich: Fast alle jungen Menschen, die an dem Projekt teilnehmen wollen, haben eine Leidensgeschichte hinter sich, auch wenn sie das in den Bewerbervideos natürlich verbergen wollen. Immer wieder kommt der Satz, dass man hofft »… auf diesem Weg endlich den passenden Partner fürs Leben…« zu finden. Mir scheint es, dass alle Bewerber für unsere Sendung eine schmerzhafte Phase hinter sich haben, bevor sie sich auf unser TV-Experiment einlassen wollen. Die Menschen, welche in ihrer Bewerbung sich so darstellen, als würden sie sich durch die Teilnahme eine große Fernsehkarriere erhoffen, sind natürlich auch vielfach dabei. Diese werden aber alle schon im ersten Verfahren vom Team ausgesiebt.

Im Juni treffen wir uns dann in der Redaktion in München, und jeder der Experten darf seine Traumpaare preisgeben, die er als zueinander passend herausgefunden hat. Es dürfen aber auch die Kandidaten genannt werden, welche man auf keinen Fall dabeihaben will. Ich mache mir die Mühe, alle Bewerber, die in meinem engsten Kreis gelandet sind, über Google im Internet zu finden. Von dieser Recherche erhoffe ich mir Informationen zu bekommen, die in den psychologischen Tests nicht dargestellt werden. Tatsächlich finde ich einen Namen auf einer Seite wieder, in der es um sehr extreme Onlinekriegsspiele geht. Ich erfahre, dass dieser Kandidat eine sehr schwere Kindheit hatte. Er wuchs im Heim auf und hat bis heute keinen Kontakt zu seiner richtigen Familie. Damit scheidet er für mich schon mal aus, denn die psychische Belastung, die unser Experiment beinhaltet, könnte nach meiner Einschätzung zu schwer für ihn sein. Die Kandidaten werden schließlich durch die Hochzeit, das Zusammenleben mit einem erst mal fremden Menschen und die ständige Begleitung durch ein Kamerateam einer extrem belastenden Situation ausgesetzt. Von einem Tag auf den anderen könnten sie in der U-Bahn erkannt werden, beim Bäcker oder beim Frisör. Mir ist es wichtig, dass die Teilnehmer dieser plötzlichen Berühmtheit auch gewachsen sind. Bei jenem Kandidaten ist für mich die Gefahr zu groß, dass er an seiner Seele durch die Teilnahme Schaden nehmen könnte. Ich würde ihn nicht in einer öffentlichen TV-Sendung verheiraten wollen.

Also bringe ich bei der Sitzung in der Redaktion meine Einwände vor. Aber mir wird indirekt vermittelt, dass meine Meinung nicht zählt oder ernst genommen wird. Ja, noch viel mehr, mir wird deutlich gemacht, dass ich als Theologe und Seelsorger nicht explizit für die Auswahl der Teilnehmer zuständig bin. Ich soll im Notfall als Seelsorger tätig werden, aber meine Kompetenz als Beziehungsexperte wird nicht abgerufen. Ich darf meine Meinung sagen, ich darf mich äußern, aber ich habe keinerlei Entscheidungsbefugnis, keinen Gestaltungsspielraum, kein Vetorecht. Das wurmt mich.

Schließlich beginnt der erste Drehtag. Die Teilnehmer machen alle gut mit und das Kamerateam und die Regie leisten hervorragende Arbeit. Ich werde zweimal eingesetzt, Berliner Teilnehmern die freudige Mitteilung zu machen: »Wir haben einen Partner für dich gefunden, du wirst in einer Woche heiraten!«

Aber was mich vollkommen überrascht ist, dass ich vor der Kamera mit Angst und sehr starkem Lampenfieber zu kämpfen habe. In Livesituationen kenne ich das nun viele Jahre, aber nicht vor einer Kamera.

BEREITS BEI DER VORSTELLUNGSRUNDE, DIE NATÜRLICH AUCH GEFILMT WIRD, LAUFE ICH MITTEN IN MEINEM BEITRAG GANZ PLÖTZLICH KNALLROT AN.

Bereits bei der Vorstellungsrunde, die natürlich auch gefilmt wird, laufe ich mitten in meinem Beitrag ganz plötzlich knallrot an. Die Maske kommt in der Pause fluchtartig zu mir, um die hektischen Flecken an meinem Hals und den Wangen abzudecken. Dass die Angstzustände auch bei einer Aufzeichnung so stark sein würden, ohne die Livesituation wie damals bei der Sat.1-Sendung mit Jürgen von der Lippe, das war mir nicht bewusst.

Während der Drehtage habe ich mit heftigen Adrenalinschüben zu kämpfen und entwickle in manchen Situationen vor der Kamera ein kaum überwindbares Lampenfieber. Das hatte ich so nicht erwartet. Nicht auch das noch. Ich hatte gehofft, dass meine Attacken nur dann kommen, wenn ich vor vielen Leuten reden muss, aber nicht vor einer toten Kamera.

Das TV-Team spürt meine Ängste und im Laufe der Drehtage werde ich mehr und mehr aus dem abgedrehten Material herausgeschnitten. Ich ärgere mich, mache einen Termin bei einer Psychiaterin, weil ich im Internet von Betablockern gelesen habe, die eine Ausschüttung des Angsthormons Adrenalin blockieren. Die Ärztin hört mir zu, verweigert aber die Medikation, weil die Tabletten mich süchtig machen könnten. Damit befinde ich mich in einer ausweglosen Situation. Ich bin mitten in den Drehtagen, kann nichts gegen meine Angst unternehmen, was mir kurzfristig hilft, und Medikamente bekomme ich auch nicht. Also muss ich da jetzt durch und die Angst irgendwie aushalten, egal, wie schlimm sie sein mag. Erzählen tue ich niemanden davon, keiner im Team weiß es, es ist mir zu peinlich.

Im Verlauf der Dreharbeiten bekomme ich mit, wie das TV-Team arbeitet. Es scheint besonders wichtig zu sein, Emotionen mit der Kamera einzufangen. Ein freudestrahlendes Gesicht, aber auch Furcht, Trauer, Schmerz, Tränen, das ist es, was die TV-Bilder einfangen wollen. Auf Rückfrage erzählt mir einer aus dem Team, dass diese Bilder besonders für die Sponsoren wichtig wären. »Eine Träne bringt unheimlich viel Geld, echte Gefühle, das wollen die Menschen sehen! Denn dann bleiben die Zuschauer sitzen und wir können ordentlich Werbung verkaufen.«

Diese Jagd nach dargestellten Gefühlen gefällt mir nicht. Je länger der Dreh geht, desto mehr fühle ich mich ausgenutzt und instrumentalisiert. Meine Kompetenz als Theologe oder Seelsorger wird überhaupt nicht abgefragt. Die Regie sagt mir, was ich tun soll, und ich handle dementsprechend, wie eine Marionette.

Leider funktionieren beide Ehen nicht, in denen ich involviert bin. Die Paare streiten sich offen vor der Kamera, sie sind einfach zu verschieden. Beide Paare waren aber auch nicht meine Wahl, ich hätte ihnen meinen Segen nicht gegeben. Mir war klar, dass es zwischen ihnen nur schwer zusammen geht.

DIESE JAGD NACH DARGESTELLTEN GEFÜHLEN GEFÄLLT MIR NICHT.

Von den Auswertungen der psychologischen Bögen her scheint es vielleicht zu passen, aber als ich den Menschen gegenüberstehe und ihre Persönlichkeit in einem Gespräch spüre, wird mir schnell klar: Das wird nicht klappen, sie sind zu verschieden.

Das eine Paar besteht aus einer blonden deutschen Frau mit polnischen Wurzeln, die im Gespräch immer wieder erwähnt, wie wichtig ihr das Äußere des Partners ist. Sie mag große Männer, die muskulös sind. Das Matchingteam hat ihr aber einen jungen Mann ausgesucht, der etwas kleiner ist als sie und dazu noch ein kleines Bäuchlein hat. Von Muskeln und Waschbrettbauch ist der Kandidat augenscheinlich weit entfernt. Nun sind Äußerlichkeiten nicht alles, trotzdem kann ich es mir bei diesem Paar nicht im Entferntesten vorstellen, dass sie sich in einander verlieben könnten. Der junge Mann hat einen weichen, guten Charakter, ein feiner Kerl. Und er verliebt sich auch sehr schnell in seine Ehefrau, sie lehnt ihn aber ab. Beim großen Showdown am letzten Drehtag treffen wir uns in einer Kapelle. Mir wird die Rolle zugeteilt, die alles entscheidende Frage zu stellen: »Wie ist eure Ehe in den Wochen gelaufen? Wollt ihr zusammenbleiben? Oder wollt ihr die Scheidung?« Und die Antwort ist eindeutig: Beide wollen die Scheidung.

Die Sendungen werden abgedreht und alle meine Vorhersagen treffen ein. Die Paare, welche ich nicht zusammengestellt hätte, scheitern. Nur das eine Paar, bei denen auch ich eine gute Prognose abgegeben habe, bleibt zusammen. Sie haben sich tatsächlich während der Dreharbeiten ineinander verliebt und sind bis heute ein Ehepaar.

An einem Punkt des Eheexperimentes kommt bei mir ganz plötzlich ein schlechtes Gewissen auf. Ich soll mich mit einer der Frauen noch einmal in Berlin treffen, die sich von ihrem Partner sogar noch vor der vertraglich ausgemachten Probezeit getrennt hatte. Die beiden haben sich bereits während der Hochzeitsreise heftig gestritten. Ein entscheidender Moment in der Ehe war, als die Frau im Meer versehentlich ihren goldenen Ehering verloren hatte. Dieser Ring besaß eine besondere Bedeutung für sie, er war mit viel Bedacht von ihr ausgewählt worden.

Der Dreh findet an einer alten Hochzeitskirche in einem Vorort von Berlin statt. Schon als ich ankomme, spüre ich die Anspannung der Regie und Kameraleute. Irgendwas läuft hier schief, ich weiß nur noch nicht, was. Ich werde auf das Zusammentreffen mit der Frau vorbereitet. »Du musst sie an die schönen Zeiten erinnern, die sie mit ihrem Mann hatte«, instruiert mich die Regie. »Versuche ihr klarzumachen, dass auch wir viel Geld in sie investiert haben. Die Kosten für die Hochzeitsreise, den Umzug, die vielen neuen Möbel …«

Unterm Strich lautet mein Auftrag: Mach ihr ein schlechtes Gewissen. Und das gefällt mir überhaupt nicht. Nach einer kurzen Begrüßung setzen wir uns auf eine Bank vor der Kirche und reden. Ich versuche, die laufenden Kameras zu vergessen, und denke wirklich an das Seelenheil meines Gegenübers. Wenn ich ihr irgendetwas sagen kann, was ihr guttut, wäre das wichtig.

Schließlich sitzen wir vor der Kirche und reden. Meine tröstenden Worte kommen einigermaßen an, die Frau macht aber deutlich, dass für sie die Trennung endgültig ist. Mein Gegenüber kommt mir dabei sehr zart und zerbrechlich vor, auch wenn sie es von außen nicht zeigen will. Ich wundere mich zunehmend, warum sie sich überhaupt auf dieses Treffen eingelassen hat.

Plötzlich wird unser Gespräch unterbrochen, die Kameras sind aus. Mir wird von der Regie eine schwarze Schatulle in die Hand gedrückt, die ich ihr geben soll. In der Schatulle befindet sich eine Kopie des verlorenen Eherings! Man hatte mir kurz zuvor gesagt, dass dies vom Drehbuch her möglich wäre. Aber von der Situation, in der ich mich mit der Frau befinde, der Atmosphäre und Gefühlslage, hätte ich es von mir selbst aus nie gemacht. Die Frau ist zu verletzt. Etwas überrumpelt tue ich das, was mir aufgetragen wurde. Wie ferngesteuert reiche ich die Box mit den Ringen an die Frau weiter.

Sie ist überrascht, öffnet den Deckel, sieht die Ringe und es kommt eine Träne aus ihrem linken Auge. Sofort rückt die Kamera näher heran und macht eine Nahaufnahme, auf den Moment hat man anscheinend gewartet.

DER SEELISCHE ZUSTAND DER FRAU IST IHNEN ANSCHEINEND EGAL, NUR DIE TRÄNE, DIE IST WICHTIG. GEFÜHLE IM FERNSEHEN SIND ALLES.

Die Frau ist sichtlich gerührt, aber auch traurig und verletzt. Wir reden noch eine Weile über das Scheitern ihrer Ehe. Dabei zoomt die Kamera immer wieder in den Close-up-Modus, hin und her. Nachdem wir uns voneinander verabschiedet haben, kommt das Team strahlend auf mich zu. Der seelische Zustand der Frau ist ihnen anscheinend egal, nur die Träne, die ist wichtig. Gefühle im Fernsehen sind alles.

Als ich am Abend nach Hause fahre, komme ich mir richtig schäbig vor. Nur wegen einer Emotion, von der Kamera live einfangen, wird eine tief verunsicherte, verletzte Frau für die Werbekundschaft vorgeführt. Und ich Idiot lasse mich darauf ein, lasse mich dazu instrumentalisieren, ohne großen Widerspruch.

Zur Ausstrahlung der ersten Sendung fahre ich nach München. Das Team schaut gebannt auf den Fernseher. Viele haben noch nicht gesehen, was die Regie mit Schnitt und Ton aus den Bildern im Studio gemacht hat. Als wir nach der Ausstrahlung die Einschaltquoten hören, geht ein lauter Jubel durch die Redaktion. 13,3 Prozent Marktanteil in der werberelevanten Gruppe! Das ist ein riesengroßer Erfolg.

Aber natürlich setzt auch die Kritik ein, welche aus unterschiedlichen Ecken kommt. Die Ratsvorsitzende der Evangelischen Kirche Deutschlands wird sogar auf der Titelseite der BILD-Zeitung mit den Worten zitiert: »Die Ehe ist kein Spaß für die Fernsehunterhaltung.« Direkt bei mir kommen auch einige böse E-Mails an. »Wir haben ja schon immer gewusst, dass Sie kein richtiger Christ sind«, schreibt mir ein älterer Herr. In diversen Internetforen kann man noch mehr Beschimpfungen lesen. Die Vorwürfe sind vielfältig. Ich hätte mit meiner Teilnahme die Ehe entwertet. Ich wäre ein Gehilfe des Satans. Ich würde den heiligen Bund der Ehe mit der Sendung in den Schmutz ziehen.

WENN ZWEI PERSONEN IN DIVERSEN PUNKTEN GUT ZUSAMMENPASSEN, KANN LIEBE ZWISCHEN DEN BEIDEN ENTSTEHEN.

Immerhin bleibt das eine Paar bis heute verheiratet. Die beiden passen sehr gut zusammen und haben unsere These bewiesen: Wenn zwei Personen in diversen Punkten gut zusammenpassen, kann Liebe zwischen den beiden entstehen.

Diese Aussage finde ich nach wie vor sehr wichtig, und ich denke, jeder Christ müsste das unterschreiben können. Die anfängliche Verliebtheit zwischen zwei Menschen vergeht nach einer Zeit. Was dann bleibt und tragfähig sein muss, kann nur auf Vorlieben, Charaktereigenschaften, Werten, Glauben und anderen Fakten gebaut sein. Nur die Emotion – wie stark das Liebesgefühl anfangs auch sein mag – ist nicht genug, um eine glückliche, stabile Ehe hervorzubringen, die ein Leben lang hält. Schaut man sich die Scheidungsquoten in Deutschland an, sind wir mit unserem Experiment gar nicht so viel schlechter. Jede dritte Ehe wird in unserem Land nach sechs bis acht Jahren wieder geschieden.

Trotz des großen Erfolges der ersten Staffel gehe ich noch mal in mich. Die Produktionsfirma hat weitere Folgen angekündigt, und ich muss mich entscheiden, ob ich auch dabei sein will oder nicht. Dazu treffe ich mich mit einer Kandidatin, die den Sender wegen einer negativen Darstellung ihrer Person verklagen wollte. Ich werde das Gefühl nicht los, dass man sich nicht genug um die Teilnehmer gekümmert hat, wie ich es mir gewünscht hatte. Leider wurde ich auch zu keiner Hochzeit eingeladen, die Produktionsfirma hielt mich künstlich von den Paaren fern. Mein Ziel und Wunsch, seelsorgerlich, schützend für die Kandidaten da sein zu können, stellte sich als komplette Fehleinschätzung heraus. Es wurde mir noch nicht einmal eine Möglichkeit gegeben, die Teilnehmer vorher persönlich kennenzulernen. Auf Rückfrage an die Produktionsfirma, ob sich das bei einer zweiten Staffel ändern wird, kommt keine befriedigende Antwort.

Also gehe ich ins Gebet und spreche mit Freunden über eine weitere Teilnahme. Als Ergebnis dieser Überlegungen erkläre ich zur zweiten Staffel der Sendung öffentlich, dass ich aus dem Team aussteige. Was ich dabei niemanden erzähle, ist klar: Auch meine Angstzustände vor der Kamera waren nicht auszuhalten. Ich hätte eine weitere Staffel so nicht durchstehen können. Meine Panikattacken gingen weit über das Fassungsvermögen hinaus. Auch wenn ich es mir anders gewünscht hätte, es ging einfach nicht. Die Presse nimmt meine Ankündigung teils mit Verwunderung, teils mit Zustimmung auf.

Was sich für mich leider nicht öffnet, ist die von mir erwartete Tür in die Medien. Nach meinem Auftritt auf Sat.1 kommen keine weiteren Formate auf mich zu. Selbst das »Wort zum Sonntag«, welches ich wirklich gerne einmal sprechen würde, meldet sich nicht. Eher das Gegenteil passiert. Zwei Veranstalter sagen eine bereits fest vereinbarte Buchung aufgrund meiner Teilnahme an der Sendung wieder ab. Generell hält sich die öffentliche Kritik an mir aber in Grenzen.

Viele Wochen später hinterfrage ich mich doch noch einmal, ob der Gedanke, an der Sendung mitzuwirken, wirklich aus dem Himmel kam. Ging es mir nicht vielleicht doch nur um meinen persönlichen Erfolg, um mein geschmeicheltes Ego? Wollte ich nicht nur berühmt werden, einmal zur Primetime im Fernsehen erscheinen? Habe ich nicht vielleicht doch die Idee der christlichen Ehe mit meiner Teilnahme verraten? Eine abschließende, endgültige Antwort habe ich nicht.

Immerhin hat mein Ausstieg einige der Kritiker besänftigen können. Für die Christen, die mich und meinen Dienst sowieso verfluchen, war dies nur ein weiterer Beweis, wie weit ich von der wahren Lehre entfernt bin. Mir ging es aber nicht um die wahre Lehre, die Wahrheit und auch nicht um eine neue christliche Ethik. Ich glaubte, einen Ruf von Gott für die Teilnahme zu haben, vielleicht um Teilnehmer zu schützen, vielleicht auch aus missionarischen Gründen. Theologisch kann ich immer noch nichts Schlechtes an dem Konzept finden, bis heute. Zumal dort nur Menschen geheiratet haben, die sowieso nicht im christlichen Glauben verankert sind. Die Werte der Bibel waren allen Teilnehmern vollkommen egal.

Dass einige Teilnehmer doch in einer einseitigen, ungeschützten Art dargestellt wurden, kritisiere ich nach wie vor. Die Einschaltquote schien einigen Machern des Programmes mehr wert zu sein als die psychische Gesundheit des Einzelnen.

Später höre ich von einer Person, die durch die Sendung auf mich aufmerksam wurde. Sie hat meinen Namen bei Google eingegeben, sich intensiv mit dem Christentum auseinandergesetzt und sich dann einer Gemeinde angeschlossen. Ein Jahr nach Ausstrahlung der Sendung lässt sie sich taufen. Vielleicht war diese eine Person ja der Grund, warum ich in der Sat.1-Sendung »Hochzeit auf den ersten Blick« auftreten sollte. Dennoch ist sicher: Meine Angst vor der Kamera war absolut hinderlich. Ich war überhaupt nicht spontan und innerlich sehr verkrampft. Das sind alles Dinge, welche man im Fernsehen überhaupt nicht gebrauchen kann.

> SPÄTER HÖRE ICH VON EINER PERSON, DIE DURCH DIE SENDUNG AUF MICH AUFMERKSAM WURDE UND SICH EIN JAHR DANACH TAUFEN LÄSST.

WAS ICH VON DIESER REISE MITGENOMMEN HABE

Für große Entscheidungen, wie die Teilnahme an einer Sendung zur Topsendezeit, sollte man sich mehr Zeit nehmen. Darüber bin ich mir heute im Klaren. Ich muss mit der Unsicherheit leben, ob es gut oder schlecht war, bei dem Konzept mitzumachen. Solange meine Ängste vor der Kamera so stark sind, werde ich in Zukunft nicht mehr so schnell in einem TV-Studio erscheinen. Ich empfinde diese Angstzustände so, als hätte Gott mir damit eine Art spirituelle Drosselung verpasst. Es fühlt sich so an, als hätte ich eine offene Wunde in meinem Inneren, die nicht heilen will. Ich habe das Gefühl, meine Aufgabe ist es zu lernen, damit zu leben. Es ist so, als würde ich im Dienst für Gott humpeln, als hätte mir jemand auf die Hüfte geschlagen. Dass wir im Leben so einen Schlag auf die Hüfte bekommen, kennen Christen aus der Bibel. Dort wird im Alten Testament von Jakob berichtet, der mit einem Engel ringt und aus diesem Kampf nur mit einer Art Behinderung rauskommt. Gott schlägt ihm auf die Hüfte und er humpelt damit ein Leben lang. Dieses Humpeln, so deuten es viele Theologen, soll für Jakob ein Zeichen dafür sein, dass er immer ganz von Gott abhängig ist. In der Schwäche brauchen wir unseren Glauben ganz besonders. Manche Menschen erleben große Krisen, die sich auch wie ein Schlag auf ihre Hüften anfühlen. Anschließend werden sie bei jedem Schritt an diese Wunde erinnert.

Es wäre gut gewesen, wenn ich mir vorher noch mehr Zeit für das Gebet genommen hätte. Oft ist es doch so, dass einem im Gebet bestimmte Dinge klar werden. Zu erleben, dass Gott einen führt, ja, dass man seine Stimme hören kann, ist ein großes Abenteuer. Darum soll es in der nächsten Geschichte gehen.

14
OELSNITZ

Juni 2019

Seminartag zu dem sehr spirituellen Thema:
»Kann man Gottes Stimme buchstäblich hören?«

Wenn die Autobahnen frei sind und die Fahrzeit überschaubar, bin ich auch ganz gerne mit dem Auto auf meinen Einsätzen unterwegs. Der Verkehr hält sich heute in Grenzen und ich komme gut mit unserem VW Sharan durch die kleinen Städte und Dörfer in Ostdeutschland. Mit 120 km/h auf der rechten Spur tue ich niemandem weh und kann die Fahrt einigermaßen genießen. Das gleichmäßige Geräusch der Autoreifen auf dem Asphalt mischt sich mit meinen Gedanken und Gefühlen. Ich vergesse den Autoverkehr um mich herum und nehme die Landschaften kaum noch wahr.

Früher war es so, dass ich nirgendwo besser beten konnte als im Auto während der Fahrt auf der Autobahn. In meinem kleinen Stahlkasten auf Rädern fühlte ich mich sicher und Gott nahe. Probleme wurden durchgebetet, Sünden bekannt, Hoffnungen vor Gott ausgesprochen. Und wenn ich Input brauchte, war es immer möglich, eine Predigt-MP3 in die Autoanlage zu schmeißen. Oft hat sich die Fahrzeit als wichtigste Vorbereitung auf einen Dienst herausgestellt. Hier wurden die Worte der Predigt erst scharf geschliffen, existenzielle Aussagen herausgestellt.

Eingeladen bin ich dieses Mal in einen Ort mit Namen Oelsnitz. Die Veranstaltung findet in einer eher kleinen evangelischen

Gemeinde statt, die sich trotz der politischen Wende und dem aufkommenden Kommerz gut halten konnte. Es gibt Wachstum und die Zahl der Gottesdienstbesucher ist im letzten Jahr stark angestiegen. Zum einen liegt das an einem sehr engagierten Pastor und Leitungsteam. Zum anderen an einer, wie kann es auch anders sein, lebendigen, gut geführten, glaubensstarken Jugendarbeit.

Das ist nicht überall im Osten der Fall. Von anderen Gemeinden höre ich immer wieder, dass die Gemeinden nach der Öffnung der Grenze zum Westen langsam leergelaufen sind. Die Jugendlichen wandern in attraktivere Wohngebiete ab und nutzen die Freiheit voll aus, reisen zu können. Das bedeutet, dass auch die Jugendarbeit langsam austrocknet. Oft fängt es an damit an, dass die Leitung sich plötzlich entschließt, zum Studium oder für eine Ausbildung den Ort zu verlassen. Das hat zur Folge, dass nach und nach immer weniger Menschen in die Jugendstunde oder den Jugendgottesdienst kommen. Bis die Arbeit dann mangels Besucher stirbt.

Wobei man im Osten auch ein sehr starkes Glaubensgefälle feststellen muss. In nördlicheren Gebieten wie Rostock, Greifswald und Stralsund gibt es wenig geistliches Leben. Hier hat der Sozialismus ganze Arbeit geleistet, das Land ist weitestgehend säkularisiert. Auch Gemeindeneugründungen haben es sehr schwer zu wachsen. Dagegen sieht es in anderen Gebieten, wie zum Beispiel Sachsen, ganz anders aus. In Leipzig, Chemnitz und auch in dem schon beschriebenen Schneeberg gibt es zum Teil sehr lebendige, feurige Gemeinden mit gesundem Wachstum und geistlichem Leben.

Schon im Vorhinein gab es einige Telefonate mit dem Leiter und ich fühle mich ganz gut vorbereitet. Gebucht wurde ich aber nicht von der evangelischen Gemeinde in Oelsnitz. Innerhalb der Stadt existiert ein überkonfessioneller Verein von jungen Menschen, der sich Freundearbeit nennt. Dieser Kreis veranstaltet regelmäßig besondere Events für die Christen in der Umgebung. Sie sind nie abgegrenzt oder als Alleingang geplant und durchgeführt, sondern immer in Zusammenarbeit mit der örtlichen evangelischen Gemeinde.

Der Leitungskreis dieser überkonfessionellen Arbeit berichtete mir schon im Vorfeld, dass man in dem Ort einen immer schneller werdenden Wandel passieren sieht. Junge Menschen bleiben weg, die Kirche überaltert zusehends. Dieser Wandel stellt die Kirche natürlich vor die große Herausforderung, den christlichen Glauben zeitgemäß umzusetzen, damit junge Menschen kommen und bleiben. Das betrifft die öffentliche Darstellung, aber auch die regelmäßigen Veranstaltungen, wie Gottesdienste und Gebetsstunden. Den Glauben zeitgemäß zu übersetzen ist darum das Gebot der Stunde. Genau mein Ding, dachte ich, als ich von diesem Grundanliegen erfuhr.

Um mich optimal auf das Thema vorzubereiten, höre ich mir noch zwei Predigten aus dem Netz über das angefragte Thema an. Die eine ist von einem katholischen Theologen, der einiges dazu zu sagen hat. Mal wieder stelle ich fest, dass die katholische Kirche, bei aller berechtigter Kritik, hier und da echte Schätze in sich birgt. Die immer wiederkehrenden Missbrauchsfälle von schwulen Priestern in der katholischen Kirche, die sich an kleinen Jungs vergreifen, reißen ja leider nicht ab. Es gab schon Zeiten, da hatte ich das Gefühl, ohne die Katholiken gäbe es mehr Christen in der Welt als mit ihr. Bei dem ganzen Dreck, der immer wieder in der Öffentlichkeit herumgewälzt wird, ist es doch kaum verwunderlich, wenn Menschen nicht nur der Kirche den Rücken kehren (das wäre noch nicht mal so schlimm), sondern leider auch dem christlichen Glauben. Und die meisten, die so einen Schritt gehen, tun das für immer.

Die Missbrauchsskandale haben es jemanden wie mir, der ich mich jahrelang als Evangelist verstanden habe, oft unmöglich gemacht, werbend für den Glauben tätig zu sein. Der normale Mensch auf der Straße kann es nicht auseinanderhalten, für ihn klingt es so, als hätten alle Christen, die es einigermaßen ernst meinen, sexuell einen mittelschweren Schaden. Nahezu jeder professionelle Christ gerät unter Generalverdacht, zumindest in der säkularen Welt, mindestens sexuell verklemmt zu sein, wenn nicht sogar krank, seitdem die Meldungen über sexuellen Missbrauch nicht abreißen. Wer Christ ist und sogar noch Pastor, Prediger oder ein anderes öffentliches Amt bekleidet, muss ein bisschen verrückt sein.

DIE MEISTEN MENSCHEN, DIE DEM CHRISTLICHEN GLAUBEN DEN RÜCKEN KEHREN, TUN DAS LEIDER FÜR IMMER.

Was mich bei der Anfrage aus Oelsnitz gewundert hat, ist das Thema, über welches ich ein ganzes Wochenende referieren soll. Es ist ein zutiefst spirituelles Anliegen, für das man mich angefragt hat. Das Thema lautet: »Kann man Gottes Stimme buchstäblich hören?« Außergewöhnlich, denn diese eher spirituelle Causa ist eigentlich nicht mein Spezialgebiet.

In der Vorbereitung wird mir wieder klar: Dieser Stoff hat es in sich. Er unterscheidet sich in vielerlei Hinsicht von allen anderen Predigtthemen, die landauf, landab von den Kanzeln gesprochen werden. Eigentlich hört man in den großen Hauptkirchen nie etwas dazu im Gottesdienst. Ich habe noch von keinem Seminar oder einer Predigt sowohl auf den katholischen als auch auf den evangelischen Kirchentagen gehört, in dem vor einer breiten Masse darüber gelehrt worden wäre. Vielleicht im kleinen Rahmen, eher versteckt im dunklen Zimmer. Aber nie in den Messehallen oder gar einer großen Kirche. Woran liegt das nur?

Ich vermute, der Grund ist vielschichtig. Obenauf scheint mir zu liegen, dass es ein pathologisches Symptom mit einer eigenen ICD-10-Nummer ist, also einer Nummer in der internationalen Klassifikation der Krankheiten. Wer Stimmen hört, ist aus Sicht der klassischen Medizin mindestens schizophren oder er wird mit einer akuten Psychose in die nächste Psychiatrie eingewiesen. Jeder halbwegs vernünftige Arzt würde schwer die Stirn runzeln, wenn sein christlicher Patient ihm freudestrahlend erzählt, Gott hätte gerade mit ihm gesprochen. Die einschlägigen Psychopharmaka, welche dagegen verschrieben werden, sind allseits bekannt. Ich weiß noch, wie ich als junger Christ das erste Mal im charismatischen Gottesdienst der St.-Petri-Kirche saß und eine Frau an das Mikrofon ging, um der staunenden Besuchermenge zu erzählen, sie hätte gerade Gottes Stimme gehört. Ich war mir sicher, in wenigen Minuten würden zwei Männer in weißen Kitteln durch die Kirchentür kommen und die Dame, in Zwangsjacke verpackt, abtransportieren. Aber genau das Gegenteil war der Fall. Die Frau konnte ihren »Schwachsinn« bis zu Ende erzählen, keiner unterbrach sie. Und am Ende wurde sogar noch laut applaudiert! Damals kam mir das total verrückt vor.

Vielleicht ist das einer der Hauptgründe, warum dieses Thema in der Kirche vollkommen unterrepräsentiert ist. Obwohl es so eine Kraft in sich trägt und unglaublich glaubensstärkend sein kann, wenn jemand einmal das Gefühl hat, Gott redet zu ihr oder zu ihm. Ich würde mich selbst nicht als großartigen Experten für dieses Thema bezeichnen. Es gibt bestimmt Hunderte Christen in Deutschland, die wesentlich kompetenter darüber reden könnten als ich.

Natürlich habe ich selbst eine Menge positiver Erfahrungen damit gemacht und über diese in der Öffentlichkeit gesprochen, sonst hätte man mich nicht eingeladen. Meine bereits beschriebene »Matthäusberufungsgeschichte« ist nur eine davon. Mein Gott, wie hat mich dieses prophetische Wort damals ermutigt und nach vorne gebracht! Kaum zu fassen, was danach alles passiert ist.

Nur schade, dass auch ich so etwas heute selten erleben darf. Manchmal wünsche ich mir, Jesus würde deutlicher und auch öfter mit mir reden. Aber leider gibt es das bei Gott nicht. Automatismen sind Erfindungen der Menschen. Wir wollen den Glauben gerne in eine kleine Box stecken, überschau- und vor allem berechenbar. Gott ist aber nicht so, er ist spontan und wild und oft nicht zu durchschauen. Zumindest im mathematischen oder prognostizierenden Sinne lässt sich Gott nicht in die Karten gucken. Es gab Zeiten, da erlebte ich ganz viel Reden Gottes in meinem Leben. Nahezu täglich hatte ich das Gefühl, er würde zu mir sprechen. Ich fühlte mich an seiner liebenden Hand geführt und beschützt. Und dann gab es Zeiten, da hat Gott einfach geschwiegen. »Pieeeep, kein Anschluss unter dieser Nummer …« Schweigen im Rohr, keine Antwort auf meine Gebete. Vielleicht habe ich ihn auch einfach nicht gehört, vielleicht auch nicht hören wollen. Warum das so ist, ich weiß es nicht.

> WIR WOLLEN DEN GLAUBEN GERNE IN EINE KLEINE BOX STECKEN, ÜBERSCHAU- UND BERECHENBAR. GOTT IST ABER SPONTAN, WILD UND OFT NICHT ZU DURCHSCHAUEN.

~

Pastor Thomas holt mich von der Bahn ab und ist mir sofort sehr sympathisch. Bereits sein erstes Lächeln verrät mir: Der Mann ist locker und entspannt, mit dem werde ich mich gut verstehen können. Auf der Fahrt zum Veranstaltungsort erfahre ich auch, warum. »Martin, weißt du was? Ich habe eine ›Jesus-Freaks‹-Vergangenheit. Vor fünfzehn Jahren war ich einmal in Hamburg bei euch in der

Gemeinde. Der Abend damals hat mein Leben stark verändert. Wir waren in eurer Kneipe auf St. Pauli und anschließend in dem Gottesdienst, welchen ihr damals in diesem Klub gefeiert habt!« »Du meinst das »Marquee«!«, frage ich nach. »Richtig, genau, so hieß der Laden. Damals hast du darüber gesprochen, dass wir uns Jesus ganz zur Verfügung stellen sollen, und am Ende ein Gebet gesprochen. Abends haben wir dann noch länger am Tresen gesessen und geredet. Erinnerst du dich?« Ich sage: »Ja, natürlich erinnere mich.« Aber das ist gelogen, leider.

Allzu oft passiert mir Ähnliches. Menschen, die meinen Dienst an irgendeiner Stelle durchkreuzt haben, sprechen mich Jahre später darauf an. Für sie war dieses Erlebnis vielleicht einschneidend und besonders. Für mich aber nur einer von hundert Gottesdiensten, in denen ich predigen durfte. Hoffentlich klingt das jetzt nicht allzu arrogant. Ich kann ehrlich sagen, dass mir jede Begegnung mit einem Menschen sehr viel bedeutet. Aber mein Gedächtnis ist leider nicht in der Lage, all das im Detail abzuspeichern, was mir dort erzählt wird. Ob das an meinem Drogenmissbrauch liegt, vermag ich nicht sicher zu sagen, aber es hat definitiv dazu beigetragen. Es ist eine regelmäßige Erfahrung, nicht nur im Dienst für Gott. Menschen kommen auf mich zu und sprechen mich auf ein gemeinsames Ereignis an, aber ich kann mich nicht an sie erinnern. Dennoch mag ich das nicht zugeben, zum einen ist es mir peinlich, zum anderen will ich niemandem das Gefühl geben, nur einer von vielen zu sein. Darum lüge ich an dieser Stelle, immer wieder.

Thomas scheint ein richtig feiner Mann zu sein. Er arbeitet in der Computerbranche und verdient dort ehrlich sein Geld. Die überschaubaren und flexiblen Arbeitszeiten ermöglichen es ihm, sehr viel Kraft in die Gemeinde zu investieren.

Er berichtet mir, wie es mit dem »Church Live«-Gottesdienst angefangen hat. »Wie waren mit ein paar Leuten regelmäßig bei euch in Hamburg und auch auf dem großen »Jesus-Freaks«-Festival, dem Freakstock. Dann haben wir beschlossen, dass es so etwas auch bei uns geben muss. Aber nicht so, wie ihr es macht, denn wir sind ganz anders als die Leute bei euch. Wir sind keine Freaks in dem Sinne und bei uns hat noch niemand Drogen genommen. Trotzdem hat uns die Leidenschaft, mit der ihr Christen seid, sehr inspiriert. Und dass ihr dabei so locker und spaßig geblieben seid, das gefiel uns ebenfalls sehr. Darum haben wir beschlossen, in unserer Stadt auch einen lockeren Gottesdienst zu feiern. Für junge Menschen, die sonst nicht in den Morgen-gottesdienst gehen würden. Das ist die Geschichte von unserer Gruppe, bei der du heute predigen wirst.«

THOMAS ERZÄHLT: »UNS HAT DIE LEIDEN-SCHAFT, MIT DER IHR FREAKS CHRISTEN SEID, SEHR INSPIRIERT.«

Solche Geschichten finde ich immer sehr ermutigend. Da wurschtelt man so vor sich hin, versucht irgendwie, in seiner Stadt eine Arbeit aufzubauen, mal erfolgreich, mal versagend. Und dann beschließt eine höhere Macht, Früchte aus der Arbeit an einer anderen Stelle in Deutschland wachsen zu lassen, die anhalten und kontinuierlich wachsen. Und das Beste ist, dass ich davon viele Jahre später sogar profitieren kann.

Schließlich kommen wir an den Gemeinderäumen an und parken am Eingang.

Die Kirche ist ein moderner Bau, ich schätze vom Ende der 90er-Jahre. Vor einem großen roten Backsteingebäude, welches eher wie eine überdimensionierte Lagerhalle denn wie eine Kirche aussieht, befindet sich ein großer Platz. Daneben haben Gemeindemitglieder auf einer Rasenfläche Tische, Stühle und einen großen Grill aufgebaut. So ein Ankommen liegt mir viel mehr. Wenn ich mich erst einmal mit den Besuchern unterhalten kann, wird die Angstattacke vor dem Predigen auch nicht so heftig sein. Das erhoffe ich mir auf jeden Fall.

Beim Grillwürstchen und einer Cola lerne ich einige Gemeindemitglieder kennen. Da ist Gerd, der mir gleich erzählt, er sei Single und auf der Suche nach einer Frau. Und Arend, der zurzeit arbeitslos ist und Probleme mit Depressionen hat. Gefühlt führe ich schon drei dieser für mich so schweren Seelsorgegespräche mit jungen Menschen, bevor der Gottesdienst überhaupt losgeht. Freundlich lächelnd gehe ich auf die Probleme der jungen Menschen ein und versuche so gut ich kann einen Ratschlag zu geben. Es ist nicht so, dass das unprofessionell ist, was ich dort erzähle. Immerhin habe ich auch Psychologie studiert und mehrere Seelsorgeschulungen besucht. Und ich mag generell Menschen sehr, egal, wer mir da gegenübersteht. Seelsorge geht aber nur gut, wenn ich auch zuhören und verstehen kann, was mir mein Gesprächspartner erzählt. Und das schaffe ich nicht, zumindest nicht vor einer Veranstaltung.

SEELSORGE GEHT NUR GUT, WENN ICH AUCH ZUHÖREN UND VERSTEHEN KANN, WAS MIR MEIN GESPRÄCHS- PARTNER ERZÄHLT.

Ich bin nur mit mir und meinem Vortrag beschäftigt, versuche, mein Adrenalin so weit wie möglich unter Kontrolle zu halten. Der Magen schmerzt und will weg von hier. Innerlich sterbe ich gerade, je näher die Veranstaltung rückt. Aber mein Gegenüber geht fließend in das nächste Beichtgespräch über und erzählt mir von seinen sündigen sexuellen Vorlieben mit Gummipuppen und Klobürsten. Hilfe!

Endlich geht der Gottesdienst los. Wir hatten zwei Einheiten geplant, an denen ich predigen oder besser lehren soll. Der Unterschied zwischen diesen beiden Redeformen ist schnell erklärt. Bei einer Predigt zielt der Sprecher auf den Geist des Menschen. Eine Predigt ist dann gut, wenn der Zuhörer dabei erlebt, dass Gott persönlich durch die Worte der Predigt zu ihm spricht. Ein eher spirituelles Ziel. Es geht um ein übernatürliches Reden des Heiligen Geistes in die Situation des Gläubigen hinein. Dabei kann es passieren, dass dieses Reden durch einen Nebensatz, durch ein zufällig gesprochenes Wort oder sogar durch einen Witz geschieht. Der Zuhörer merkt plötzlich, dass genau dieser eine Satz in sein Leben passt, dass etwas Übernatürliches passiert ist. Jeder Prediger wünscht sich nichts sehnlicher als das. Ich bete vor jeder meiner Predigten dafür. Es passiert leider nicht oft, zumindest bekomme ich wenige Rückmeldungen dazu.

Aber beim Lehren ist es ganz anders. Wenn ein Prediger lehrt, hat es eher schulischen Charakter. Die Lehre, welche verkündet wird, versucht, eine allgemeingültige Wahrheit aus der Bibel auszulegen und zu interpretieren. Die Aussage hat nicht den Anspruch, die absolute Wahrheit zu sein. Oft drehen sich diese Lehreinheiten um alltägliche Dinge des Lebens oder des Glaubens. Zum Beispiel um den Umgang mit der Bibel oder um Formen des Gebetes. Sie sind auf jeden Menschen anwendbar. Natürlich vermischt sich dabei auch immer etwas. Gott hat die Möglichkeit, durch gesprochene Lehre ganz konkret in die Situation eines Menschen zu reden. Aber auch umgekehrt kann eine Predigt sehr konkrete theologische Lehre enthalten.

Nachdem die Musikgruppe der Gemeinde ein paar frische Lieder gespielt hat, werde ich vom Pastor kurz vorgestellt. Mein Bauch rumort, aber ich kann jetzt nicht mehr weg. Durch die längere Anwärmphase am Nachmittag ist das Adrenalin aber auch nicht so stark wie sonst. Ich stelle fest, dass meine Angstattacken auch etwas damit zu tun haben, ob ich die Menschen, zu denen ich spreche, ein wenig kennengelernt habe oder nicht. Sobald es nur ein oder zwei Personen gibt, die unten im Veranstaltungsraum sitzen, mit denen ich Kontakt aufnehmen kann, zu denen ich schauen kann, bei denen ich weiß, dass sie mir freundlich gesinnt sind, dann geht es viel besser. Nach der Ankündigung des Pastors komme ich also nach vorne und beginne mit meinem Vortrag.

»Guten Tag, liebe Gemeinde! Das Thema, über das ihr mich gefragt habt zu lehren, ist tatsächlich eins der am meisten unterschätzten Themen in der Kirche überhaupt.« Ich will die Zuhörer zuerst auf das Thema einstimmen und heißmachen. »Wer von euch einmal auf den letzten Kirchentagen bzw. Konferenzen war, egal, ob freikirchlich, evangelisch oder katholisch, wird kaum etwas davon gehört haben. Das Seminar ›Wie kann ich Gottes Stimme hören‹ fehlte in den meisten offiziellen Programmen. Ich habe auch noch nie davon gehört, dass es einmal eine eigene Großveranstaltung in Augsburg oder sonst wo dazu gegeben hat. Selbst der Buchmarkt ist relativ schwach in diesem Thema bestückt und einschlägige Artikel gibt es ebenfalls wenige. Woher kommt das? Immerhin gibt es diesen berühmten Satz von Jesus aus dem Johannesevangelium. In diesem vierten Buch im Neuen Testament im 10. Kapitel, Vers 27 sagt Jesus frei von der Leber weg: Meine ›Schafe hören meine Stimme, und ich kenne sie, und sie folgen mir‹.«

Ich schaue in die Runde und ernte zustimmendes Nicken. »Das ist doch ein ganz erstaunlicher Satz! Christus macht hier keine einzige Ausnahme. Er sagt nicht: Meine besonders charismatischen, spirituellen, geistlichen Schafe hören meine Stimme. Er sagt auch nicht: Meine ohne Sünde lebende Schafe hören meine Stimme. Er stellt es eindeutig so dar: Meine Schafe. Wer ist sein Schaf? Alle, die sich zu Jesus zählen, die Teil seiner Gemeinde sind, alle Christen sind in seiner Herde.«

Ich stocke kurz und schaue mich noch einmal um. Habe ich wirklich den Ton getroffen? Habe ich die Aufmerksamkeit der Zuhörer? Dabei fällt mir auf: keine Panik! Ich habe überhaupt keine Angst, während ich spreche. Ich weiß nicht genau, warum. Aber ich bin dieses Mal überhaupt nicht aufgeregt. Ob es daran liegt, dass ich mich so in das Thema einarbeiten musste? Oder vielleicht doch an der Tatsache, dass ich vorher einige Gemeindemitglieder kennenlernen konnte? Ich weiß es nicht, aber es ist mir auch egal. Hauptsache keine Angst. Hauptsache keine hektischen Flecken und kein Durchfallalarm. Das ist gut.

Nachdem ich alle wichtigen Bibelstellen über das Thema »Gottes Stimme hören« vorgelesen habe, geht es weiter mit meinem Vortrag. »Die Frage ist also nicht, ob Gott redet. Sondern ob wir seine Stimme wahrnehmen, ob wir unsere Ohren offen haben!« Im nächsten Abschnitt erzähle ich einige Geschichten, die ich mit Gott erlebt habe. Immer geht es darum, dass er im Alltag irgendwie zu mir gesprochen hat und was dadurch verändert wurde. Ich bin voll im Fluss, die Worte fliegen nur so aus meinem Mund. Ein schönes Gefühl. Fast wie ferngesteuert, es flutscht.

MIR FÄLLT AUF: KEINE PANIK! ICH HABE ÜBERHAUPT KEINE ANGST, WÄHREND ICH SPRECHE.

»Wisst ihr, es geht Gott immer um unsere Beziehung zu ihm. Jesus hat ganz viel über die Beziehung zu Gott mit den Menschen gesprochen. Er hat die Beziehung zwischen Mensch und Gott revolutioniert. Jesus nannte Gott seinen Vater. Er beschrieb ihn als einen liebenden, gnädigen, zugewandten Vater. In jeder Beziehung ist das A und O, dass man miteinander redet. Eine Beziehung ohne Gespräch ist tot. Wer nicht miteinander redet, hat keine Beziehung. So ist das mit Gott auch. Leider denken wir, dass die Gespräche mit Gott immer nur in eine Richtung gehen. Aber das ist Quatsch. Gott möchte mit uns genauso reden wie wir mit ihm. Er ist ein kommunikativer Gott, das war er schon immer.«

Im nächsten Teil muss ich ein bisschen angeben und einen »auf dicke Hose machen«. Die Motivation ist vermutlich nicht göttlich, und wenn die Pfingstler recht haben, kann ich mit einer falschen Einstellung den Heiligen Geist auch verdrängen. Aber ich mache es trotzdem, ich gebe mit meinen marginalen Hebräischkenntnissen an. »Im Hebräischen gibt es das Wort ›dabar‹. Es ist das Wort, welches aus dem Mund des Propheten kommt, wenn er dem Volk etwas zu sagen hat. Ein Wort, das er direkt von Gott bekommt. Dieses Wort ›dabar‹ hat aber eine spezielle Bedeutung. Wenn Gott ›dabar‹ spricht, dann passiert etwas, es wird eine neue Realität geschaffen. Das bedeutet, wenn Gott spricht, dann verändert sich automatisch etwas, es entsteht eine neue Realität, nur weil er ein Wort ausgesprochen hat. So wie Gott die Welt mit Worten geschaffen hat, mit jedem Wort entstand etwas Neues. Er sprach: ›Es werde Licht!‹ Und nur durch das Sprechen kam das Licht in die Existenz.«

LEIDER DENKEN WIR, DASS DIE GESPRÄCHE MIT GOTT IMMER NUR IN EINE RICHTUNG GEHEN. ABER GOTT MÖCHTE MIT UNS GENAUSO REDEN, WIE WIR MIT IHM.

Ich schaue kurz zum Pastor rüber, ob ich ihn beeindruckt habe, aber er lässt sich nichts anmerken. »Im Grunde kann man daran auch messen, ob das Wort in der Predigt oder das prophetische Wort im Gottesdienst von Gott kam oder aus der Psyche des Menschen. Wenn nichts passiert, wenn sich nichts dadurch verändert, dann war es nicht Gott, der gerade gesprochen hat.«

Dann geht es weiter. »Wenn Jesus von Schafen redet, muss das bedeuten, dass jeder ihn hören kann. Schafe sind nicht besonders schlaue Tiere. Sonst hätte Jesus gesagt, meine arabischen Hengste hören meine Stimme. Oder meine Kamele hören meine Stimme. Er sprach aber von Schafen. Und mit Schaf ist jeder von uns gemeint.«

In meinem letzten Abschnitt versuche ich, noch praktischer zu werden. Nachdem ich aufgezählt habe, durch was Gott alles reden kann, z. B. durch unsere Gedanken, durch andere Menschen, durch die Bibel, aber auch durch einen Esel, kommt der Punkt, was Christen daran hindern kann, seine Stimme zu hören. »Der Haupthinderungsgrund ist, dass wir zu viele andere Stimmen in unserem Kopf haben. Es ist so laut in unserem inneren Ohr, dass Gott kaum noch durchkommt. Denn er spricht mit der leisen Stimme, einer Stimme, auf die man sich einlassen muss. Er schreit uns nicht an, er will, dass wir ihm zuhören. Wir hören im Alltag zu vielen lauten Stimmen zu, dass wir die leise Stimme gar nicht mehr wahrnehmen. Die Werbung zum Beispiel hören wir sehr laut. Die Zeitungen, das Handy, die Facebook-App, alles will unsere Aufmerksamkeit. Wer Gottes Stimme hören will, der muss lernen, still zu werden.«

Nachdem ich noch ein paar kurze Unterpunkte bringe, was uns helfen kann, Gottes Stimme von unserem eigenen Unterbewusstsein und anderen Stimmen zu unterscheiden, will ich abschließend in die Praxis gehen. »So, liebe Leute. Jetzt wollen wir versuchen, auf Gottes Stimme zu hören. Ich bitte euch mit mir, die Schritte einzeln durchzugehen, die ich euch gerade beigebracht habe. Zuerst geht es darum, still zu werden. Gebt Gott alle eure Gedanken und bittet ihn, zu euch zu reden. Dann werde ich den Heiligen Geist einladen, und wir schauen, was dann passiert. Seid ihr einverstanden?« Überall nicken die Teilnehmer. Also bete ich: »Jesus, wir haben gehört, dass du gesagt hast, jeder deiner Nachfolger kann deine Stimme hören. Wir bitten dich, dass du jetzt zu uns redest. Wir sind bereit und offen, deine Stimme zu hören. Heiliger Geist, komm!«

Es ist still. Sehr still. Ich kann Stille eigentlich überhaupt nicht lange aushalten. Um ehrlich zu sein, hasse ich Stille. Mir kommt der Gedanke, dass vermutlich eh nichts passiert, und ich überlege, wie ich das jetzt schnell mit ein paar eloquenten Worten beenden könnte. Ich habe schon ein paar wirklich gute geistliche Formulierungen

> **WER GOTTES STIMME HÖREN WILL, DER MUSS LERNEN, STILL ZU WERDEN.**

parat, z. B. dass Gott ja vielleicht heute in der Nacht im Schlaf zu dem einen oder anderen reden wird. Dass wir der Sache Zeit geben sollten. Ich finde, die Stille ist kaum auszuhalten, weiß aber auch, dass das jetzt sein muss. Also zähle ich leise rückwärts von 100 auf 0, dann danke ich Gott und beende das Gebet mit einem Amen.

Eigentlich wollte ich das Seminar jetzt abschließen, aber dann rutscht es mir doch noch raus: »Und? Wie war das für euch? Hat irgendjemand etwas gehört? Ist was bei dir passiert?« Nach einer gefühlt endlos langen Zeit hebt ein kleines Mädchen ihre Hand. Sie hat lange blonde Haare, ich schätze sie auf 8, vielleicht 10 Jahre. »Jesus hat zu mir geredet. Und er hat gesagt, dass er uns liebt!«, ruft die Kleine in den Raum rein. Ich freue mich, was für ein schönes Wort! Nach und nach stehen andere Gottesdienstteilnehmer auf und berichten, was sie erlebt haben. Ein junger Mann hatte den Eindruck, Jesus ruft ihn in die Mission. Ein älterer Herr sagt, ihm sei klar geworden, dass er sich bei einem Nachbarn entschuldigen muss. Sie seien immer wieder im Streit, und er hätte eigentlich gedacht, der Nachbar wäre immer schuld. Mehr und mehr Worte und Bilder werden geteilt. Ein weiterer Mann sagt, er hätte von Gott gehört, dass eine junge Frau gerade die Gabe von Gott bekommen würde, Worte zur Gemeinde zu reden. Kurze Zeit später steht eine junge Frau auf und sagt, ihr Herz hätte gerade wie verrückt geschlagen, und sie glaubt, Gott meinte damit sie. Wahnsinn.

Nach einer Weile schließe ich den Gottesdienst mit einem klassischen Vaterunser und einem Segensspruch.

Nach dem Gottesdienst reden wir im Vorbereitungsteam noch aufgeregt über das, was gerade passiert ist. Schließlich muss ich meine Bahn erwischen, der Pastor bringt mich noch zum Bahnhof.

Auf dem Rückweg überlege ich immer wieder, wie das passieren konnte. Ich hatte ehrlich nicht damit gerechnet, dass so viele Leute tatsächlich etwas von Gott hören. Wenn es einer oder zwei gewesen wären, das hätte mich schon gefreut. Aber über zwei Dutzend Rückmeldungen, so etwas ist schon außergewöhnlich. Zumal ich, wie gesagt, kein Experte auf dem Gebiet bin und derart charismatische Dinge in meinem Dienst kaum vorkommen.

Bestimmt hat es etwas mit dem biblischen Versprechen zu tun, dass Gott in den Schwachen mächtig ist. So steht es auf jeden Fall im zweiten Korintherbrief, Kapitel zwölf. Vielleicht ist das auch der Grund, warum ich immer wieder diese Angstattacken habe. Ohne sie würde ich vielleicht zu selbstsicher, zu kalt werden. Es könnte passieren, dass ich mir auf meinen Dienst etwas einbilde, dass ich mich mit jedem Erfolg unabhängiger von Gott mache. Vielleicht sogar, dass ich mich etwas heiliger, etwas besser fühle als jeder andere Christ. Und damit würde ich mich über die anderen erheben und das wäre dumm.

Stolz ist etwas, was wirklich eine Gefahr werden kann. Stolze Menschen schotten sich von den anderen ab. Sie halten sich für etwas Besseres und stellen sich über den Rest der Masse. Schließlich verlieren sie den Kontakt. Zu den anderen, zu sich selbst und auch zu Gott. Im Grunde war das auch der Grund, warum Satan aus dem Himmel geschmissen wurde, so steht es im Alten Testament.

VIELLEICHT WÜRDE ICH OHNE ANGSTATTACKEN VIELLEICHT ZU SELBSTSICHER, ZU KALT WERDEN.

Er wollte wie Gott sein, er wollte angebetet werden, er war arrogant. Der Teufel war früher ein wichtiger Engel im Himmel, der vor Gottes Thron kniete, um ihn anzubeten. Und dann wollte er auf einmal, dass die anderen Engel und Geschöpfe auch vor ihm knien und ihn anbeten. Er war stolz und hielt sich für etwas Höheres. Darum wurde er aus dem Himmel geworfen. Wer stolz ist, wird fallen, so sagt uns der Volksmund, und damit hat er recht.

WAS ICH VON DIESER REISE MITGENOMMEN HABE

Es hat mir große Freude gemacht, zu dem wichtigen Thema »Gottes Stimme hören« zu lehren. Selbst wenn man nicht damit rechnet, handelt eine höhere Macht bei solchen Seminaren überraschend. Der Kalenderspruch »Gott ist mächtig, wenn ich schwach bin« trifft auf mich definitiv zu. Wenn ich nicht immer versuchen würde, so stark zu sein, und stattdessen in einer mir bewussten schwachen Haltung predigen würde, die Angst hätte vielleicht viel weniger Zugriff auf meine Psyche. Ich habe das Gefühl, ganz nahe an der Lösung meines Problems zu sein. Ich stehe kurz davor, den Schlüssel dafür zu finden.

15

DEUTSCHLAND-TOUR MIT ARNE KOPFERMANN

März 2017

»Beauty from Ashes«, Konzertlesung mit einem bekannten christlichen Musiker zum Thema Leid und die Erfahrung, dass mit einem zweiten Mann die Angst nicht zu spüren ist

Ich sitze gerade mit meiner Familie am Frühstückstisch, als plötzlich unser Telefon klingelt. »Hallo Martin, hier ist Arne. Wie geht es dir?« Ich bin völlig überrascht, wenn ich mich auch sehr freue, die Stimme von meinem alten Jugendkreisfreund Arne Kopfermann zu hören.

Arne und ich gehen »a long way back«. Das erste Mal haben wir uns in der Petri-Kirche in Hamburg getroffen. Und das ist verdammt lange her, es muss 1983 gewesen sein, als ich ihn dort bewusst wahrgenommen habe. Damals besuchte ich als absoluter Frischling regelmäßig diese charismatischen Gottesdienste in der alten St.-Petri-Kirche in Hamburg, in der sein Vater der Pastor war. Arne leitete mit Gitarre bereits als junger Mann so eine Art Musikgruppe im Gottesdienst, die den Gesang der Gemeinde begleiten sollte.

Ich bin ehrlich: Bei unserer ersten Begegnung war er mir nicht sonderlich sympathisch. Er lief mir auf einem frommen Geburtstag meiner Schwester über den Weg. Unsere Lebenskonzepte und

Historien waren einfach zu verschieden, einen größeren Gegensatz konnte ich mir damals nicht vorstellen. Arne wuchs in einem behüteten Pastorenhaushalt in einer der wohlhabendsten Gegenden Hamburgs auf. Die alte, weiß angestrichene und mit schönem Stuck versehene Villa seiner Eltern lag im schicken Harvestehude direkt an der Außenalster. Sein Kleidungsstil gefiel mir nicht. Arne trug mit Vorliebe bunte Polohemden und ich hasste Polohemden. Hätte er dazu noch einen Seitenscheitel und Cordhose getragen, er wäre für mich der klassische Spießer gewesen.

Bevor ich Christ wurde, hätte mich niemand mit so einem »Popper« zusammenbringen können. Als kleiner Vorstadtpunk und politischer Linker war das zu der Zeit nicht vorstellbar. Mein damaliges und zugegebenermaßen vollkommen arrogantes Bild von Menschen sah das nicht vor. Aber mit der Glaubenswende in meinem Leben wurde auch in diesem Bereich alles anders. Ich hatte als Achtzehnjähriger in einer gottesdienstlichen Segnung Jesus Christus mein Leben geweiht. Und wenn ich ihm mein ganzes Dasein anvertraut hatte, gehörte ich damit jetzt natürlich auch zur großen Familie der Kirche, ob ich nun wollte oder nicht. Und in dieser Familie waren eben auch so sonderbare Gestalten wie Arne Kopfermann. Er war – nur durch meine Entscheidung für Christus – auch zu meinem Bruder geworden.

ARNE WAR DURCH MEINE ENTSCHEIDUNG FÜR CHRISTUS ZU MEINEM BRUDER GEWORDEN.

Regelmäßigen privaten Kontakt hatten wir damals zwar nicht, doch es gab einzelne gemeinsame Erlebnisse, die hier erzählt werden sollen. Einige Male haben wir den charismatischen Gottesdienst seines Vaters geschwänzt, weil James Bond im Fernsehen lief. Nachdem der Musikteil zu Ende war, verschwanden wir klammheimlich durch die Hintertür der St.-Petri-Kirche, um in der Pastorenwohnung seines Vaters den neuen Bond einzuschalten. Ärger gab es dafür nie. Nur einmal, als wir durch das Kellerfenster ins Haus einbrechen mussten, weil Arne den Schlüssel vergessen hatte, gab es Probleme. Leider fielen beim Einsteigen durch die kleine Luke ein paar alte Vasen auf den Boden und gingen dabei zu Bruch.

Auf Freizeiten des Jugendkreises der Gemeinde spielten Arne und ich zusammen Fußball und er war immer besser als ich. Wenn er die Gegenspieler mit Leichtigkeit geschmeidig umdribbeln konnte, wirkte ich auf dem Fußballplatz eher wie der hölzerne Verteidiger ohne Talent. Trotz unserer großen Unterschiede mochte ich Arne sehr, seit ich durch die Gemeinde mehr mit ihm zu tun hatte. Ich kann mich an viele lustige Gespräche erinnern, in denen ein Witz den nächsten toppte, bis wir schallend vor Lachen am Boden lagen. Er hatte eine ganz feine Art, die ihm viele Sympathien in der Gemeinde einbrachten. Ich habe Arne als einen sehr hingebungsvollen jungen Menschen erlebt, der voller Leidenschaften steckt, das gefiel mir an ihm. Sehr oft saßen wir in der Teestube der Gemeinde zusammen oder unterhielten uns nach dem Jugendkreis über Privates und Oberflächliches.

Nachdem ich die Gemeinde seines Vaters viele Jahre später verlassen hatte, verloren wir uns langsam aus den Augen. Nur durch gelegentliche Artikel in der einschlägigen christlichen Presse konnte ich seinen weiteren Werdegang mitverfolgen. Arne machte ganz groß Karriere in der freikirchlichen Musikerszene. Seine Kreativität, die ihm dazu verhalf, neue Gemeindelieder zu schreiben, kannte keine Grenzen. Zeitweise hatte ich das Gefühl, er brachte fast jedes Jahr eine neue CD heraus, so produktiv war er. Alles, was er anfasste, wurde zu Gold. Seine Verkaufszahlen liefen gut an, er wurde deutschlandweit gebucht und konnte bei vielen kirchlichen Produktionen mitwirken. Einmal trafen wir uns auf einer christlichen Künstlermesse und winkten uns aus der Ferne zu. Im gewissen Sinne machten Arne und ich auf ganz unterschiedlichen Gebieten Karriere im Reich Gottes. Ich als Gemeinde- und Bewegungsgründer und später als Bestsellerautor mit meiner Volxbibel. Er als christlicher Musiker, Plattenproduzent, Komponist, Sprecher und deutschlandweit agierender Gottesdienstmusiker.

2014 war ich auf der Hochzeit meiner Nichte eingeladen. Es war ein wirklich schönes Fest und ich führte unendlich viele Gespräche mit den anderen Gästen. Aber eins der Gespräche muss hier erwähnt werden, denn es ist für diesen Teil meiner Reise sehr wichtig. Der Bruder meines Schwagers setzte sich zu uns an den Tisch und wollte unbedingt mit mir reden. Nach einigen Minuten Small Talk platzte es aus ihm heraus: »Martin, ich habe letzte Woche während einer Gebetszeit einen prophetischen Eindruck gehabt. Gott hat zu mir gesprochen. Du wirst bald Veranstaltungen zusammen mit Arne Kopfermann abhalten!« Ich musste etwas lachen, denn das war total absurd. Es lag außerhalb meiner Vorstellungskraft, wie das jemals passieren konnte. Arne und ich hatten uns wirklich in ganz unterschiedliche Bereiche entwickelt und nun schon über viele Jahre überhaupt keinen Kontakt mehr zueinander gehabt.

Doch dann kam die große Katastrophe. Ich hörte über das Internet, dass Arne an einem Wochenende einen schlimmen Autounfall hatte. Mit im Wagen saß auf der Rückbank seine kleine Tochter. Sie kam schwer verletzt ins Krankenhaus. Mehrere Gebetsaufrufe erreichten mich von unterschiedlichen Quellen. Das Mädchen lag auf der Intensivstation und die ganze Welt schien für eine Heilung zu beten. Immer wieder wurde ich über den neusten Stand der Dinge informiert. Aus Amerika, Dänemark, Holland, von überall kamen Nachrichten an, dass für die kleine Tochter gebetet würde. Einige Beter schickten sogar prophetische Eindrücke, Gott hätte zu ihnen gesprochen, dass das Mädchen geheilt werden würde. Auch ich begann für seine Tochter zu beten, nicht täglich, aber doch regelmäßig. Bis dann eines Abends die schreckliche Nachricht reinkam. Das Herz der Kleinen hatte aufgehört zu schlagen, die Ärzte erklärten das Mädchen für tot. Ich konnte das damals überhaupt nicht fassen.

Die Nachricht war natürlich nicht nur für Arne und seine Familie das Schlimmste, was man sich überhaupt vorstellen konnte. Auch die ganze Christenheit in Deutschland stand danach unter einem Schock. Wie konnte so etwas passieren? Warum ließ ein liebender, angeblich allmächtiger Gott diesen schrecklichen Tod eines kleinen, unschuldigen Mädchens überhaupt zu? Wie sollte man Jesus jemals wieder vertrauen können, wenn so etwas Schlimmes bei einem Mann passierte, der sogar in Gottes Dienst stand? Der dafür berühmt war, Gottes große Taten zu loben? Diese bohrenden Fragen bleiben bis heute unbeantwortet. Wenn die Bibel an einer Stelle behauptet, dass uns alles zum Besten dienen soll, fehlte mir ehrlich die Fantasie, wie das aus so einem schrecklichen Geschehen wahr werden könnte. Gott hatte in meinen Augen als Beschützer oder Hirte von Arnes Familie gnadenlos versagt.

GOTT HATTE IN MEINEN AUGEN ALS BESCHÜTZER ODER HIRTE VON ARNES FAMILIE GNADENLOS VERSAGT.

In den nächsten Wochen verfolgte ich Arnes Facebook-Profil, so oft ich nur konnte. Natürlich hatte ich sofort eine Mail geschrieben, aber eine Antwort war in der Situation nicht zu erwarten. Facebook half mir, für ihn zu beten, indem ich etwas davon zu sehen bekam, wie es ihm ging. Aus den Posts konnte ich erkennen, dass Arne mit dem Laufen begonnen hatte, vermutlich auch, um den Schmerz irgendwie zu verarbeiten. Ich glaube, das war eine gute Idee, ich hätte es vermutlich auch so gemacht. Immer wieder sah ich seine neuen Laufzeiten, die er über eine App auf Facebook posten konnte. Aber auch Worte und Bilder von Tränen, von großem

Schmerz, von Verzweiflung, von Fragen, von tiefer Trauer waren immer wieder zu lesen.

~~~~~

Und jetzt habe ich ihn nach all den Jahren urplötzlich selbst wieder live am Telefon?

Ich erzähle Arne in Kurzfassung, wie es mir gerade geht. Mein letztes Jahr gehörte definitiv zu einem der dümmsten und schmerzhaftesten in meinem ganzen Leben. Natürlich nicht vergleichbar mit seiner Krise, wenn man Krisen überhaupt vergleichen sollte. Aber dennoch: Mir ging es ebenfalls nicht gut, ich hatte gerade selbst eine Lebenskrise größeren Ausmaßes zu fassen. Es war nicht die erste, aber in ihrer Heftigkeit doch überraschend für mich, nach vielen guten Jahren. Eigentlich hatte ich gedacht, ab fünfzig ist man mit dem Gröbsten durch und die Krisen haben sich auf ein normales Maß eingependelt. Aber das Gegenteil war bei mir der Fall. Was war bei mir passiert?

Ende des vorangegangenen Jahres kam es dazu, dass ein Arzt auf meine Frau zukam und ihr riet, mich in seine Praxis zu schicken. Er habe den Verdacht, ich könne an ADS erkrankt sein. Tatsächlich hatte ich mich bereits während meines Studiums in Köln mit der Diagnose ADS beschäftigt. Einige der Symptome treffen auf mich zu. Zum Beispiel hatte ich schon als kleines Kind wahnsinnig große Schwierigkeiten, mich zu konzentrieren. In der Schule bin ich durch meine zappeligen Beine immer wieder aufgefallen. Ruhig sitzen kann ich nicht, egal, wie sehr ich mir Mühe gebe. Mit meiner großen Konzentrationsschwäche wurde jede Aufgabe, die nur mit Geduld zu lösen war, zu einer Qual.

EIGENTLICH HATTE ICH GEDACHT, AB FÜNFZIG IST MAN MIT DEM GRÖBSTEN DURCH. ABER DAS GEGENTEIL WAR BEI MIR DER FALL.

Trotzdem hatte ich alle Schulabschlüsse irgendwie geschafft, bis hin zum Abitur. Ich war sogar in der Lage, große Buchprojekte zu stemmen, einen christlichen Jugendverein zu gründen, Projekte zu Ende zu bringen. Diese Fakten sprechen eigentlich gegen die Diagnose.

Der Arzt lud mich also ein, in der nächsten Woche in seine Praxis zu kommen. Dort im Wartezimmer sitzend, bekam ich einen Test von der Sprechstundenhilfe, den ich ausfüllen sollte. Die Fragen in dem Test wurden so offensichtlich gestellt, dass ich relativ leicht rausbekam, was man ankreuzen musste, um die Diagnose zu erhalten. Ich weiß noch wie heute, dass ich heiß auf die Tabletten war. Ritalin ist ein potentes Amphetamin – das war genau meine Droge. Ich war neugierig und wollte wissen, wie das Medikament wirkte.

Nach einer Weile wurde ich ins Arztzimmer gerufen. Ich übergab ihm den Test, den er sich nur flüchtig anschaute. Seine Diagnose stand ja sowieso schon fest. Nach einem kurzen Gespräch griff der Arzt unter seinen Schreibtisch und holte aus einer Schublade zwei kleine blaue Dosen hervor. »Hier, probieren Sie mal aus, wie es Ihnen damit geht!« Auf der Verpackung stand »20 mg Ritalin«. »Nehmen Sie es viermal am Tag, und wenn Sie mehr brauchen, können Sie auch mehr nehmen.« Ich bekam die Tabletten einfach so direkt von ihm ausgehändigt, ohne Rezept, ohne sie über eine Apotheke zu beziehen. Das hat mich damals sehr überrascht.

Sofort begann ich damit, die Tabletten einzunehmen. Zuerst genau nach der vom Arzt verschriebenen Reihenfolge, dann auch mal mehr und schließlich auch immer wieder absichtlich überdosiert. Mit der ersten Pille war meine vermutlich nur schlafende Suchterkrankung wiedererwacht und die Sucht nahm stetig mehr Raum ein. Ein Therapeut sagte einmal zu mir, Sucht wäre eine sich ausbreitende Krankheit, so wie Krebs. Sie wird immer größer und nimmt mit der Zeit immer mehr Platz im Leben eines Menschen ein, sie verdrängt alles. Auf mich traf das definitiv zu. Ich wollte immer mehr, immer schneller, in immer größeren Dosen und Darreichungsformen von den Tabletten. Zusätzlich verschrieb der Arzt mir noch ein Antidepressivum und ein weiteres ADS-Mittel. Damit ich abends besser schlafen konnte, verschrieb mir der Arzt auch noch ein Schlafmittel, und gegen die Angst vor dem Predigen bekam ich von meinem Psychiater noch das Medikament Tavor. Von einem Tag auf den anderen hatte ich Hunderte Tabletten auf dem Nachttisch stehen.

Trotz großer Anstrengung kriegte ich es einfach nicht hin, die Kapseln so zu nehmen, wie es mir der Arzt verordnet hatte. Meine Sucht war in relativ kurzer Zeit wieder voll da.

VON EINEM TAG AUF DEN ANDEREN HATTE ICH HUNDERTE TABLETTEN AUF DEM NACHTTISCH STEHEN.

Absichtlich überdosierte ich die Medikation immer öfter, um einen Rausch zu erzeugen. Einmal nahm ich 100 mg Ritalin auf einmal, weil ich das alte Hochgefühl, den Flash, spüren wollte. Als Flash bezeichnen Süchtige das schnelle Ansteigen eines Rausches.

Sobald die Dosen alle waren, wurde ich nervös und setzte alles daran, möglichst schnell ein neues Rezept zu erhalten. So war ich durch meinen Dealer im weißen Kittel wieder voll abhängig. Es brauchte eine Zeit, bis ich den Übergang immer so regeln konnte, dass die Pillen nie ausgingen. Es fiel komischerweise niemanden auf, dass ich wesentlich mehr Medikamente einnahm, als mir tatsächlich verschrieben wurden. Ich musste nur in der Praxis anrufen und die Sprechstundenhilfe schickte mir bequem per Post ein neues Rezept zu. Mein neuer Dealer hatte eben unendliche Reserven.

Irgendwann setzte meine Frau eine deutliche Grenze. Mich jeden Abend berauscht von den Tabletten im Wohnzimmer sitzen zu sehen war für sie kein Spaß. Es kam zu mehreren Auseinandersetzungen, die sich immer um das gleiche Thema drehten. Einige Male habe ich im Tablettendelirium große Fehler begangen und sogar meine Kinder in Gefahr gebracht. Schlussendlich beschlossen wir gemeinsam, alle Tabletten abzusetzen.

Der Entzug von dem Amphetamin ging über Monate und war schrecklich. Er hat mich zu allerlei Dingen verleitet, für die ich mich heute schäme. Dass ich überhaupt noch einmal so tief fallen konnte, erschüttert mich bis heute. Das Ganze kam so schleichend, unheimlich, hintenrum, im weißen Kittel, dass ich die Tücke der Versuchung gar nicht wahrgenommen habe. Bis ich schließlich wieder drinsaß im großen Suchtkarussell.

Als ich damals Christ wurde, hatte ich überhaupt keine Probleme, mit den Drogen aufzuhören. Bei meinem ersten Rückfall 1999 war der Entzug schon extrem. Aber diesmal war es, vom psychischen Suchtdruck her, die Hölle. Nach einem Krankenhausaufenthalt begann ich schließlich eine ambulante Therapie, die beim Verhalten ansetzte. Die vielen Stunden in der Einrichtung ein- bis zweimal die Woche taten mir sehr gut. Trotzdem saß mir diese Krise immer noch sehr im Nacken.

Als nun mein Freund Arne anruft, fühle ich mich elendig, als Versager, vollkommen ungeistlich, klein und mies. Dazu kommt: Ich kann zum Zeitpunkt des Telefonats nicht verstehen, warum Gott mich nicht vor dieser Fehlbehandlung und Versuchung bewahrt hat. Das hätte er doch leicht machen können, schließlich ist er Gott. Wenn die Bibel sagt, dass der Schöpfer keine Versuchung über unsere Möglichkeit zulässt, dann macht das die Sache kein Stück besser. Es verdammt mich nur noch mehr und mit Selbstverdammung habe ich sowieso genug zu kämpfen. Der Rückfall richtete so viel Schaden an. Meine Ehe und die Beziehung zu meinen Kindern wurden extrem belastet. Ganz zu schweigen von meinem Selbstwertgefühl und

ALS MEIN FREUND ARNE ANRUFT, FÜHLE ICH MICH ELENDIG, ALS VERSAGER, VOLLKOMMEN UNGEISTLICH, KLEIN UND MIES.

natürlich auch von meiner Gottesbeziehung, alles war davon betroffen.

Arne hört mir lange zu, stellt zwischendurch ein paar Fragen und schweigt. Dann sagt er: »Martin, ich hatte die Idee, ob wir nicht gemeinsam eine Konzertlesereise machen wollen. Du liest aus deinem Buch und erzählst deine Geschichte. Ich spiele meine Lieder und erzähle meine Geschichte. Ich bin zurzeit wieder in so einer Verfassung, dass ich mir so eine Veranstaltung gut vorstellen kann, besonders mit dir. Ich bin froh, dass du gerade geistlich nicht auf Wolke sieben fliegst, sonst hätte ich diese Tour nicht mit dir machen können. Gerade dein letzter Rückfall zeigt ja, dass du noch nicht alles wieder hundertprozentig im Griff hast. Mir geht es mit meiner Geschichte ähnlich. Ich habe auch nicht alles hundertprozentig Griff, was mit mir passiert ist. Wir könnten die Konzertlesung ›Beauty from Ashes‹ nennen. In den Ruinen des eigenen Lebens die Gnade Gottes entdecken. Du liest aus deinem Buch und erzählst deine Geschichte. Ich singe meine Lieder und erzähle meine Geschichte. Kannst du dir das vorstellen?« Und natürlich kann ich das.

ARNE SAGT: »ICH BIN FROH, DASS DU GERADE GEISTLICH NICHT AUF WOLKE SIEBEN FLIEGST, SONST HÄTTE ICH DIESE TOUR NICHT MIT DIR MACHEN KÖNNEN.«

Neun Monate später ist es endlich so weit. Ich steige in den ICE Richtung Frankfurt. Im Gepäck habe ich einen riesengroßen Koffer voller Bücher. Neben meiner Biografie »Jesus-Freak« sind natürlich auch einige Exemplare der Volxbibel dabei, weil dieses Buch einfach zu meiner Geschichte gehört. Nachdem ich am Frankfurter Bahnhof ankomme, fahre ich mit der S-Bahn weiter zu Arne nach Hause. Ich klingle an seiner Haustür und bin gespannt auf unser erstes Wiedersehen nach so langer Zeit. Ob er sich stark verändert hat in all den Jahren? Werden wir miteinander warm werden? Ist die alte Konkurrenz noch zu spüren oder sind wir mit dem Alter aus dem ständigen Vergleichen rausgewachsen? Schließlich öffnet mir Arne die Tür und wir fallen uns herzlich und lange in die Arme. Es gibt so viel zu erzählen. Wir setzen uns in die Küche und reden stundenlang. Viele Geschichten müssen ausgetauscht werden. Was wir in den vergangenen Jahren alles erlebt haben. Wie es uns heute geht. Was uns nach unseren ganz persönlichen Katastrophen immer noch bewegt. Vieles von dem kann man jetzt erst offen erzählen, wenn man sich live gegenübersteht. Die körperliche Nähe ist durch eine Telefonleitung nicht zu ersetzen.

Arne hat sich sehr stark verändert. Früher habe ich ihn als einen stark nach außen gerichteten Menschen erlebt. Seine äußerliche Erscheinung und sein Erfolg waren ihm vor Jahren noch überaus wichtig. Ob er gut ankam, ob das, was er sagte oder machte, erfolgreich war, das bestimmte sein Lebensglück. So war mein Eindruck. Auch wenn ich es nicht sicher weiß, ich hatte oft das Gefühl, er befand sich auch immer in einer Art Wettstreit mit anderen. Zumindest mit Männern war das der Fall und vor allem auch mit mir. Ob es um Fachgespräche zum Thema Musik ging. Über Instrumente, Melodien, christliche Stars oder die Fußballbundesliga. Arne wusste immer bestens Bescheid und ließ das auch gerne sein Gegenüber wissen. Selbst bei Gesellschaftsspielen war er überaus ehrgeizig und wollte immer gewinnen. Doch das ist jetzt hier in der Küche nicht mehr so, er ist anders. Mein alter Freund ist auf einmal ein gebrochener Mann.

Bei unseren Begegnungen im jungen Erwachsenenalter war ich mir nicht sicher, ob Arne nur eine gut einstudierte Rolle spielte oder ob er wirklich so war. Doch durch diese furchtbare Katastrophe ist offensichtlich etwas mit ihm passiert. Seine Art, sich zu zeigen, ist sehr viel weicher geworden. Natürlich hat ihn der Tod seiner Tochter bis ins Innerste erschüttert. Nichts ist mehr wie vorher. Alles hat sich verändert, alles musste sich verändern und neu bewertet werden.

Bis hin zu der Frage, warum es sich noch lohnt weiterzuleben. Seine Krise war heftig und sehr existenziell.

~

Wenn auch auf einer ganz anderen Ebene, hatte ich Ähnliches erlebt. Durch meine Krisen, die meist auch noch selbst verschuldet waren, musste ich meinen ganzen Glauben auf ein neues Fundament stellen. Die alten Glaubenssätze, sie funktionierten nicht mehr. Früher war ich immer davon ausgegangen, dass ein Christ nicht nur ein besserer Mensch ist, nein, er hatte auch ein besseres Leben. Sein Leben wurde gesegnet, er hatte mehr Glück und mehr Erfolg als andere. Schließlich war Gott auf seiner Seite. Der Gott, welcher das ganze Universum gemacht hat. Mit so einem mächtigen Freund flankiert kann einem doch nichts mehr passieren. Und wenn etwas Schmerzhaftes passiert, ist natürlich der Teufel schuld, gegen den man dann als Christ mit geistlichen Mitteln kämpfen muss.

Ich hatte mir manches Leid auch folgendermaßen erklärt: Ein Mensch verlässt durch sein sündiges Verhalten den schützenden Raum Gottes. Außerhalb dieses Raumes kann er verletzt werden, innerhalb aber nicht. So lautete viele Jahre meine Theologie, bis sie bei mir selbst nicht mehr funktioniert hat. Und bei Arne stimmte das auch nicht.

> FRÜHER WAR ICH IMMER DAVON AUSGEGANGEN, DASS EIN CHRIST NICHT NUR EIN BESSERER MENSCH IST. NEIN, ER HATTE AUCH EIN BESSERES LEBEN.

Damals war mit so einer Theologie, die die Schuld in den Mittelpunkt stellt, natürlich immer alles geklärt. Geht es einem Christen gut, ist Gott daran schuld. Geht es einem Christen schlecht, ist er es, der dafür schuldig gesprochen werden muss. Oder eben der Teufel. Oder beides. Die Logik geht so: Wenn ein Christ immer das tut, was Gott von ihm möchte, erlebt er quasi das Paradies auf Erden. Mit der richtigen Portion Wunderglaube kann er Berge versetzen. Nichts ist unmöglich. Reichtum, Erfolg, Ruhm, Lebensglück, Zufriedenheit, Sinn, Gesundheit, all das kommt ganz automatisch. Tut er es aber nicht, kommt das Unheil automatisch in sein Leben. An dem Unheil ist er dann letztendlich selber schuld, denn er hat ja nicht das getan, was Gott von ihm wollte.

Diese Art zu glauben ist so einfach und funktionierte auch eine Weile. Bei mir war es so, Gott schien mein Leben mit dieser Vorstellung vom Glauben in den ersten Jahren aus dem Vollen zu beschenken. Nachdem ich Christ geworden war, lief mein Leben sehr viel besser. Ich schaffte die Schule mit einem überraschend guten Abitur. Ich hatte Erfolg im Sport und im Privatleben. Meine Mitschüler respektierten mich als Christ, viel mehr als vorher. Nur irgendwann kippte das ganze Konzept und die Logik ging nicht mehr auf. Manche Gebete wollte Gott einfach nicht erhören, egal, wie lang anhaltend und ausdauernd ich darum bat. Auch passierten immer wieder kleine und größere Katastrophen in meinem Leben, obwohl ich um Schutz gebetet und auch relativ sündenfrei gelebt hatte. Und spätestens die ganz großen Katastrophen zerfetzten dieses Gottesbild schließlich in kleine Stücke.

Nachdem wir eine Kleinigkeit gegessen haben, machen Arne und ich uns von Frankfurt aus auf den Weg. Die ganze Planung für den Ablauf unserer Veranstaltung haben wir zuvor schon übers Internet geregelt. Jetzt geht es nur noch um Detailfragen, die wir während der Fahrt auf der Autobahn miteinander klären.

Die Gemeinde, in der wir unsere erste Konzertlesung haben sollen, befindet sich in der Mitte von Baden-Württemberg. Nach unserer

Ankunft parkt Arne das Auto, wir steigen aus, gehen zum großen Gebäude und betreten den Veranstaltungsraum. Eingeladen hat eine evangelische Freikirche, die einmal im Monat die Sporthalle im Ort anmietet, um dort überregionale Gottesdienste oder christliche Veranstaltungen zu zelebrieren. Wir begrüßen den Pastor vor Ort, der uns erst mal durch die Räume führt.

Es ist für mich ein ganz neues Gefühl, mit einem zweiten Mann auf Tour zu sein. Ich habe bis zu dem Zeitpunkt meinen Predigt- und Lesungsdienst immer allein gemacht. Arne ist in der christlichen Szene viel bekannter als ich. Die Menschen in der Gemeinde begrüßen ihn herzlich, weil er zu ihnen schon so eine Art Beziehung aufgebaut hat. Dies ist nicht sein erster Auftritt im Ort. Ich komme mir fast wie ein Fremdkörper vor, ein Anhängsel, weiter nichts. So als ob ich nur das nötige Beiwerk bin, die unbekannte Vorgruppe. Aber das ist okay.

MIR WIRD EINE SACHE SEHR DEUTLICH: ICH BIN DABEI, UM ARNE ZU UNTERSTÜTZEN, ES GEHT NICHT UM MICH.

In der Vorbereitung unserer Konzertlesung wird mir eine Sache sehr deutlich: Ich bin dabei, um Arne zu unterstützen. Es geht nicht um mich. Es geht um ihn und auch um sein neues Projekt, das wir gemeinsam supporten. Arne hatte mit World Vision das Sara-Projekt ins Leben gerufen, welches benachteiligte und traumatisierte Kinder unterstützen will. Ich tue gut daran, mich so einzustellen, dass ich ihm zuarbeite, mich nicht so wichtig nehme, und das will ich gerne tun.

Arne baut vorne seine Instrumente auf und macht einen Soundcheck. In der Zeit beschäftige ich mich mit dem Büchertisch, der für uns beide im Vorraum aufgestellt wurde. Nach einer kurzen Mikrofonprobe gehen wir in den Backstageraum, um dort zu beten. »Jesus, nimm diesen Abend in deine Hand!«, bete ich. »Ja, Vater. Wir brauchen dich. Danke für die Vorbereitung. Segne uns in dem, was wir hier tun«, kommt es aus Arnes Ecke.

Als wir ca. eine halbe Stunde später den Raum betreten, traue ich meinen Augen kaum. In der kurzen Zeit haben sich alle Sitze bis zum äußeren Rand fast vollständig gefüllt! Die Menschen stehen teilweise in den Gängen, um unsere Konzertlesung zu verfolgen. Damit habe ich nicht gerechnet. Mir war nicht klar, dass mein Freund so bekannt und angesehen in dieser Gegend ist.

Meine Angst hält sich dieses Mal in Grenzen, vermutlich, weil ich mich psychologisch hinter Arne verstecken kann. Es tut gut, der »Kleine« zu sein, der Underdog. Ich werde schon etwas rot im Gesicht und spüre auch das Adrenalin in meinem Kopf, aber ich kann tief durchatmen und mir selbst zusprechen: »Martin, es geht nicht um dich! Es geht um Arne, du willst ihn unterstützen, deswegen bist du hier.«

Arne begrüßt die Menschenmenge mit freundlichen Worten und beginnt dann mit einem seiner gefühlvollen Lieder. Im nächsten Teil stellen wir uns etwas vor. Wir erzählen von unserem Weg zum Glauben und wie wir uns vor über zwanzig Jahren kennengelernt haben. Schließlich berichte ich von meiner verlorenen Kindheit, vom Punkerdasein und von den vielen Drogen, bis ich abschließend einen Part aus meiner Autobiografie »Jesus-Freak« vorlese. In diesem Teil meines Buches geht es um den ersten Besuch des Gottesdienstes in der Petri-Kirche und ich wie ich zum Glauben an Gott gekommen war. Ich erwähne Arnes Vater und seine wichtige Rolle in meiner Geschichte. Hier wird die Verbindung zu meinem Mitstreiter deutlich. Arne spielt wieder ein Lied und erklärt den Text dazu.

Nun kommt mein zweiter Part. Ich lese von dem schlimmen Autounfall, den ich am Anfang der »Jesus-Freaks«-Zeit selbst erlebt habe und der mir immer noch Schuldgefühle macht.

Jetzt spielt Arne wieder ein Lied und erzählt von seinem Unfall. Auch hier gibt es in unserer Biografie kleine Parallelen. »Wir waren auf dem Weg zu einer Tour in einen Freizeitpark. Ich musste an einer Vorfahrtsstraße anhalten und links abbiegen«, berichtet er. Dann spricht er nach einer kurzen Pause weiter. »Ich habe ihn nicht kommen sehen…« Im Raum ist es mucksmäuschenstill. Die Stimmung verändert sich auf einen Schlag. Arne erzählt ganz offen vom schlimmsten Augenblick in seinem Leben. Vom Verhalten am Unfallort, die Tage und Wochen des Bangens im Krankenhaus, ob seine Tochter in der Intensivstation wieder aufwachen würde. Von den vielen Gebeten und auch prophetischen Worten, die aus der ganzen Welt bei ihm und seiner Frau ankamen. Und dann vom plötzlichen Tod und den unfassbaren Schmerzen, durch die er und seine Familie gehen mussten.

Überall fangen die Zuhörer an zu weinen. Alle sind tief berührt von dem, was mein Freund mit sachlichen und ernsten Worten erzählt. Als er anschließend das Lied mit dem Titel »Wir werden uns wiedersehen« spielt, laufen auch mir Tränen die Wangen hinunter. »Wie kann man mit so einem unvorstellbaren Leid umgehen?«, fragt Arne in die Runde. »Wie kann Gott das wollen?« Und es gibt keine einfache Antwort dafür, natürlich. Die ganze Szenerie spielt sich vor meinem inneren Auge ab und ich leide mit ihm. Mein alter Jugendkreiskollege ist mir plötzlich so sehr nahegekommen. Aus einem Konkurrenten ist ein Bruder geworden, ein Leidensgenosse, ein Seelenverwandter.

»Beauty from Ashes«, Schönheit aus der Asche, das ist die Überschrift unserer Konzertlesung. Arne und ich haben auf unterschiedliche Weise viel Asche erlebt. Asche ist der Überrest, wenn etwas verbrannt ist. Wir haben beide gebrannt, für Gott, für den Glauben, für die Kirche. Und wir haben uns beide verbrannt, unser Glaube ist zu Asche verbrannt worden. Und das, was übrig bleibt, ist das, was wirklich ist. Gold wird im Feuer geläutert. Alles, was es nicht wert ist, verbrennt in den hellen Flammen. Und alles, was übrig bleibt, ist rein, ist geläutert, ist schön. Darum haben wir unserer Veranstaltung diesen Namen gegeben. Aus Asche, aus etwas gänzlich Verbranntem, Zerstörtem, konnte etwas Neues, Gutes entstehen. Ein Glaube, der viel tiefer ist, der viel inniger ist als je zuvor. Plötzlich weiß man, worauf es ankommt, und erkennt die wirklich wichtigen Dinge im Leben.

Es gibt Situationen, in denen du auch als Christ keine Antworten mehr hast. Wo alle frommen Glaubenssätze zu leeren Phrasen mutieren. Wo die »Alles wird gut«-Botschaften nicht mehr helfen, sondern wie ein scharfes Messer das innerste Herz verletzen. Aber selbst aus diesen vollkommen kaputten, hoffnungslosen Situationen kann etwas Wunderbares entstehen.

> UNSER GLAUBE IST ZU ASCHE VERBRANNT WORDEN. DOCH AUS DIESER ASCHE KONNTE EIN GLAUBE ENTSTEHEN, DER VIEL TIEFER IST ALS JE ZUVOR.

Unsere Konzertlesung geht über eineinhalb Stunden und endet mit einem letzten Lied von Arne. Nach der Veranstaltung stehen Arne und ich noch an unseren Büchertischen und reden mit den Menschen. In den Dutzenden Gesprächen stellen wir beide fest: Viele Christen wollen die flachen Antworten nicht mehr hören. Sie haben selbst bemerkt, dass das Leben nicht so ist, wie es von vielen Kanzeln, besonders in der freikirchlichen Szene, gepredigt wird. Es ist nicht alles leicht und einfach, nur weil man an Gott glaubt. Nein, es kann auch schwer, krank, widrig und mühsam sein.

Auch die Bibel ist da ganz eindeutig und verspricht uns keine Märchen. Wenn man sie dazu befragt, woher das Leid der Menschen kommt, gibt sie ganz unterschiedliche Antworten. Auch wenn Christen denken, es gibt eigentlich nur eine Ursache dafür. Ja, eine Quelle von Problemen rührt nach der Schrift vom falschen Verhalten des einzelnen Menschen her. Diese Antwort durchzieht das ganze Wort Gottes. Der einzelne Mensch wendet sich von Gott ab und tritt so aus dem Segens- und Schutzraum hinaus. Er begibt sich aus eigenen Stücken in Gefahr und bekommt dadurch Probleme. »Selbst schuld«, könnte man sagen. Die zweite Quelle der Probleme rührt aber vom menschlichen Zusammenleben her. Da ist die Bibel auch recht klar. Der Mensch macht anderen Menschen Probleme. Wir verletzen uns gegenseitig, wir machen uns kaputt, wir verführen uns zum Übel. Damit hat Gott nichts zu tun. Eva bietet Adam den Apfel an, Kain erschlägt Abel, Judas verrät Jesus. Neid, Missgunst, Habgier bestimmen das menschliche Handeln. Wir zetteln Kriege an, bringen uns gegenseitig um, stehlen, rauben, missbrauchen, vergewaltigen und betrügen.

Die dritte Quelle von Problemen kommt vom Antigott, der Satan oder auch Teufel genannt wird. Er begegnet uns zum ersten Mal im Buch Hiob. Dort erlaubt ihm Gott, seinen treuen Diener Hiob auf die Probe zu stellen. Er, Beelzebub, schickt Hiob Krankheiten und ist verantwortlich für den Tod seiner ganzen Familie. Dass der Teufel den Menschen Probleme macht, durchzieht ebenfalls die ganze Bibel, bis hin zum letzten Buch der Offenbarung.

Und die vierte und finale Quelle unseres Übels ist tatsächlich Gott selbst. Das mag jetzt überraschend für den einen oder andern klingen. Aber die Bibel ist da sehr eindeutig. Bereits im Alten Testament wird er als ein eifersüchtiger Gott beschrieben, der allerlei Unheil über sein Volk schickt, weil dieses anderen Göttern nachläuft. So eine zornige Seite Gottes wird in der späten Geschichte des Volkes Israel an vielen Stellen deutlich. Den Gott der Liebe, der nicht straft, sondern gnädig ist, lernen wir erst im zweiten Teil der Bibel, dem Neuen Testament, richtig kennen.

Aber was ist, wenn uns Leid passiert und wir einfach nicht kapieren, warum? Was, wenn keine der vier Kategorien passt? Lässt Gott wirklich ein kleines Mädchen bei einem Autounfall sterben, nur damit der Vater anschließend ein »weicheres Herz« bekommt? Oder damit er gar besser über die Gnade predigen kann? Was wäre das für ein fieser, harter, unbarmherziger Herrscher? Wie könnte Gott so ein Leid zulassen bei einem jungen Mann und seiner Familie? Das ist für mich eben kaum vorstellbar.

Unsere Konzertlesung geht nicht mit einer zufriedenstellenden Lösung zu Ende. Arne beschreibt, was für gute Dinge aus diesem Leid erwachsen sind. Auch ich tue das. Aber dies ist keinesfalls eine befriedigende Antwort auf die Frage, warum Gott so ein unsägliches Leid zugelassen hat bei Arne oder jedem anderen von uns.

LÄSST GOTT WIRKLICH EIN KLEINES MÄDCHEN BEI EINEM UNFALL STERBEN, NUR DAMIT DER VATER ANSCHLIESSEND EIN »WEICHERES HERZ« BEKOMMT?

Es gelingt uns mit dieser Veranstaltung aber, ganz viel Trost zu spenden. Ich bin überrascht, wie viele Christen es gibt, die schier unvorstellbares Leid durchgemacht haben. Am Büchertisch nach der Veranstaltung höre ich so manche Geschichte. Väter, deren Söhne sich eine Überdosis gespritzt haben. Mütter, deren Kind von einem Onkel im Keller der Gemeinderäume vergewaltigt wurde. Ein Mann erzählt mir, dass seine Söhne letztes Jahr mit zwei Freunden in einem großen Zelt übernachtet haben. Es gab einen Defekt an der Ableitung der mobilen Ölheizung und alle vier sind an einer Kohlenmonoxidvergiftung gestorben. Unfassbar.

Mir bleibt die Hoffnung, dass wir mit »Beauty from Ashes« einigen Menschen Trost spenden konnten. Und wenn es nur dadurch ist, dass wir mit unserer Geschichte die Sprachlosigkeit überwunden haben, die vielerorts über das Thema Leid herrscht.

Leid kommt eben auch in dem Leben der Jesusjünger vor. Dass sich Menschen trauen, ihre Fragen, ihre Verzweiflung und auch ihre Wut Gott gegenüber auszudrücken, ohne befürchten zu müssen, dass sie als ein vom »wahren Glauben abgefallener Christ« in der Gemeinde Christi ausgegrenzt werden, ist ein gutes Ziel.

WAS ICH VON DIESER REISE MITGENOMMEN HABE

Es gibt eben keine letztendliche Sicherheit, auch nicht für den gläubigen Christen. Und es gibt auch nicht auf alle Fragen eine passende Antwort, nur weil Christen die Bibel kennen. Leid ist etwas, das jeder erleben kann und vielleicht auch erleben muss. Davor schützt keine Religion der Welt, auch nicht die des Christus. Wir leben in einer gefallenen Schöpfung, in der Tod, Chaos, Verbrechen, Verrat, Leid, Kriege, Krankheit an der Tagesordnung sind. Am Ende bleibt der Glaube, die Hoffnung auf ein Leben mit Gott in einer Zeit, die nicht aufhört. In dieser sogenannten Ewigkeit wartet ein Zustand ohne Leid, Schmerz und Geschrei auf ihn. So verspricht es die Bibel mit dem Begriff Paradies. Aber noch bin ich nicht dort. Auch wenn es Momente gibt, in denen ich mich danach sehne. Ich habe noch einen Auftrag zu erledigen, ganz besonders junge Menschen auf ihrem Weg zu ermutigen. Meine Angst ist weniger, wenn ich nicht allein bin. Ein Freund auf der Bühne und mein übergroßes Lampenfieber wird kleiner. Dies ist eine von verschiedenen Beobachtungen, die ich beschrieben habe, wie ich meine Angst in den Griff bekam. Der große Durchbruch, die finale Lösung kommt dann aber in der Schweiz, bei einem großen Gottesdienst in einer alten Kirche. Dazu mehr im nächsten und damit letzten Kapitel.

16

OFTRINGEN, SCHWEIZ

November 2019

Predigt in einem Jugendgottesdienst in den Schweizer Bergen und die endgültige Heilung von den Angstattacken

Es ist Winter und nach einem grandiosen Sommer fürchte ich mich vor dieser harten Jahreszeit. Ich hasse Kälte. Wenn es nach mir ginge, würde ich meinen Lebensabend auf der Sommerinsel La Gomera verbringen. Sonne, Wärme, Licht, das brauche ich zum vollendeten Glück. Frieren ist nicht meins, und wenn es eine Hölle gibt, wird es dort mit Sicherheit nicht warm sein. Das glühende Feuer des Teufels wird sich in meiner Hölle definitiv in einen nasskalten Berliner Winter verwandeln, mit permanentem Null-Grad-Nieselregen und Frostkälte bis ins Mark.

Vor drei Monaten kam eine Anfrage bei meinem Booker rein, ob ich nicht Lust hätte, in einem großen Jugendgottesdienst in der Schweiz zu predigen. Der Jugendpastor outete sich bereits in einer E-Mail als Volxbibelfan und schrieb, er würde mich »… zu gerne nur einmal in seiner Kirche predigen sehen«.

Das freut mich aus vielerlei Hinsicht sehr. Auch wenn ich immer noch nicht ein großer Fan vom Fliegen bin, so hat sich meine Einstellung dazu in den Jahren verändert. Von allen Reisemitteln ist dies, trotz Flugangst, das luxuriöseste und schnellste. Außerdem kommt es dem Rockstarimage am nächsten, im Dienst mit dem Flugzeug unterwegs zu sein, und wer will kein Rockstar sein? Dazu kommt, dass die Fluggäste immer freundlich von einer meist hübschen, freundlichen Stewardess bedient werden. Es werden Zeitungen umsonst gestellt, Getränke, gutes Essen, alles ist vorhanden. Für Menschen mit einem geringen Selbstwertgefühl ist das geschäftliche Reisen mit dem Flugzeug ein willkommener Kick, weil man sich als etwas Besseres fühlt.

Apropos Selbstwertgefühl: Um ehrlich zu sein, hat mir an der Schweizer Anfrage am besten gefallen, dass ich spätestens jetzt ganz groß auf meiner Webseite von einem »internationalen Dienst« sprechen kann. Immer wieder ins Ausland eingeladen zu werden, das kitzelt mein Ego sehr.

Jim, der Jugendpastor der Gemeinde, holt mich vom Flughafen ab, wir reden in seinem Auto und lernen uns etwas kennen. Dieser erste Kontakt ist, wie bereits gesagt, immer sehr wichtig. Hier erfahre ich, wie seine Gemeinde tickt, in der ich gleich sprechen muss. Ich frage immer die Entstehungsgeschichte des Gottesdienstes ab, höre von Problemen, Schwierigkeiten, aber auch von Erfolgen und Siegen. Fast immer will ich auch wissen, wie die Bewertung zu meinem Dienst und der Volxbibel in der Gemeinde aussieht. Gibt es offene Gegner, Kritik, Missgunst? Muss ich damit rechnen, auf lauten Protest zu stoßen? Schließlich möchte ich vorbereitet sein, falls noch einmal jemand auf die Idee kommt, mich dem Satan zu übergeben. Das war das letzte Mal etwas zu hart.

IN DEUTSCHLAND PREDIGEN – DAS KANN JEDER. ABER ALS ZUTIEFST VERUNSICHERTER PREDIGER SOGAR INS AUSLAND EINGELADEN ZU WERDEN, DAS KITZELT MEIN EGO SEHR.

Jim scheint nicht nur ein richtiger Fan meiner Bibelübertragung zu sein, er findet auch mich und meinen Dienst toll. Ich kann mit so offener Bewunderung nicht gut umgehen und versuche ihn an meinem Versagen teilhaben zu lassen. »Weißt du, ich habe schon viele Jahre richtig heftige Angstzustände vor dem Predigen. Das ist manchmal so schlimm, dass ich am liebsten sterben möchte. Ich hab schon alles probiert, aber zu einem richtigen Durchbruch ist es noch nicht gekommen.« Es ist das erste Mal, dass ich mein Problem einem Veranstalter so offen anvertraue. Es war nicht geplant, aber die Situation im Auto gibt das her. Und ich vertraue Jim, keine Ahnung, warum. Er versteht zuerst nicht ganz, was ich ihm sagen will. Jim spricht mich auf Wacken an, auf meine Einsätze in Afrika, auf meine Fernsehauftritte und dass ich auf St. Pauli aus einem Sarg gesprungen bin. »Aber das hast du doch alles ganz locker gemacht! Ich habe Videos davon gesehen. Ich konnte keine Angst in deinem Gesicht erkennen!« »Nee, nicht an meinem Pokerface, aber an meinem Hals, da hättest du es erkennen können«, antworte ich und zeige ihm ein paar Fotos auf meinem Handy.

Es ist schwer zu verstehen, aber viele Menschen scheinen meine roten, hektischen Flecken beim Predigen nicht wahrzunehmen. Obwohl ich am Hals aussehe wie ein rot-weiß gescheckter Pavian, bemerkt kaum jemand meine Angstattacken. Das ist interessant.

Ich frage mich, ob ich nicht nur Angst habe, im Dienst zu versagen, sondern dass es auch eine generelle Angst vor den Menschen ist? Vor der Reaktion meiner Zuschauer, davor, dass ich mich vor ihnen lächerlich mache. Es ist gar keine Angst vor meiner mangelnden Begabung, vor meinen Fehlern, sondern eher vor dem Spiegelbild meiner selbst, vor den anwesenden Zuhörern.

»Schau die Angst genau an! Schau der Angst in die Augen!«, sagt Jim plötzlich zu mir. Ich habe schon viele Ratschläge zu meinem Lampenfieberproblem gehört, aber diesmal kommt es irgendwie anders an. Es trifft mich tief ins Herz. »Lauf nicht vor ihr weg, geh nicht auf die Toilette, schau ihr ins Gesicht. Lach ihr ins Gesicht von mir aus. Begrüße sie freundlich oder wütend. Frag sie, was sie von dir will. Stell dich deiner Angst, dann kannst du sie auch besiegen!

Die Angst hat nur so lange Macht über dich, solange du vor ihr wegläufst. Vielleicht kannst du sie sogar willkommen heißen, sie ganz bewusst wahrnehmen. Sag ihr doch das nächste Mal ›Hallo Angst‹, wenn sie dich wieder hämisch anlacht, um dir zu zeigen, wie klein und unwürdig du bist. Zeig ihr dein volles Gesicht und dann zieh dein Ding einfach durch.«

Ich bin geschockt und gleichzeitig auch ganz großartig angesprochen. Alle meine Versuche, mit den Attacken umzugehen, waren eher vermeidend. Ich ging aufs Klo, um mir Entlastung zu verschaffen. Ich machte Atemübungen, um die Angst zu unterdrücken, zu verdrängen. Ich nahm Tabletten, um die Angst zu betäuben. Ich betete Gebete, sprach Flüche und Befehle über ihr aus. Ich habe die ganzen Jahre versucht, die Angst zu vertreiben, da ich nicht vor ihr weglaufen konnte. Aber begrüßt habe ich sie noch nie. Ich konnte nie verstehen, warum sie da war. Ich habe sie bekämpft bis aufs Blut. Ich bin vor ihr geflohen wie vor einem hungrigen Löwen, der mir in der Wüste hinterherjagt. Aber willkommen heißen, meinen ärgsten Feind? Die Angst, welche mich im Fernsehen total lächerlich hat aussehen lassen, als ich bei Jürgen von der Lippe in der Talkshow war? Die mir meine TV-Karriere auf Sat.1 versaut hat? Die mich in dem Jugendgottesdienst hat lächerlich aussehen lassen wie ein roter Puter? Die mich unzählige Male gequält und erniedrigt hatte? Nein, auf den Gedanken wäre ich nie gekommen.

> STELL DICH DEINER ANGST, DANN KANNST DU SIE AUCH BESIEGEN! DIE ANGST HAT NUR SOLANGE MACHT ÜBER DICH, SO LANGE DU VOR IHR WEGLÄUFST.

Als wir die Kirche betreten, treffen wir auf viele Jugendliche, die mit der Vorbereitung für den Gottesdienst beschäftigt sind. Überall hängen Dekostoffe, das Licht wird gedimmt und farbig unterlegt. Eine Band ist mitten im Soundcheck. Jim führt mich in den Backstagebereich, in dem Käsebrote und Softdrinks auf uns warten. Nach einer Zeit treffen alle anderen Mitarbeiter ein, Jim begrüßt als Jugendpastor die Gemeinschaft und stellt mich kurz vor. Schließlich beginnen wir mit einer besonderen Gebetszeit vor der Veranstaltung, welches Christen schlicht »das Vorgebet« nennen.

Vorgebet ist mittlerweile ein christliches Ritual, welches sich in fast allen Freikirchen etabliert hat. Es findet meist kurz vor der Veranstaltung in einem hinteren Raum der Kirche statt. In dieser Gebetszeit kann ich als Gast, der von außerhalb kommt, immer schon erspüren, wo die Gemeinde geistlich gesehen gerade steht. Je nach Leidenschaft und Freiheit, nach Gebetsfloskeln und Emotionen in den Gebetsbeiträgen bekomme ich ein Bild von der Spiritualität der einladenden Christen.

Diesmal höre ich aber bei den Gebeten kaum zu. Ich frage mich ständig, inwieweit ich den Rat meines neuen Freundes heute umsetzen kann. Wie soll ich mich meiner Angst denn nun stellen? Sollte ich wirklich nicht zur Toilette gehen? Was, wenn ich plötzlich den dringenden Druck in der Magengegend spüre, aber ich bereits vorne in der ersten Reihe sitze und mich nicht mehr entleeren kann? Was, wenn mir wieder die Worte im Hals stecken bleiben? Was, wenn ich so rot werde, dass selbst die Jugendlichen in der letzten Reihe denken müssen: »Was ist nur mit dem komischen Prediger da vorne los? Was hat der denn genommen?« Aber ich will dieses Problem endlich unter die Füße bekommen. Hatte ich doch Anfang des Jahres noch gebetet: »Jesus, erlöse mich von den Panikattacken, nimm mir die Angst oder suche dir jemand anderen für diesen Dienst!«

Langsam vergeht die Zeit und der Gottesdienst hat bereits begonnen. Für den Gang zur Toilette ist es nun definitiv zu spät, denn Jim wird mich gleich nach vorne rufen. Ich spüre, wie das Adrenalin überhandnimmt. Mein Hals wird warm, die Luftröhre schwillt an. Also setze ich mich in die erste Reihe, schließe die Augen und tue etwas sehr Verrücktes. Ich spreche kein Gebet. Ich rede nicht mit Gott, sondern direkt mit meinem Gegner, ich rede mit der Angst.

Ich sage: »Angst, ich weiß, dass du da bist. Du warst schon immer da und hast gegen mich gekämpft. Du warst sehr stark, stärker als ich. Aber ich werde mich heute von deiner Last befreien. Gott lebt in mir und der ist stärker als du. Ich laufe nicht mehr weg. Ich sehe dir in die Augen und ich werde dich besiegen. Du hast keine Macht mehr über mich. Ich habe so oft zu Gott gesagt, dass du verschwinden sollst, aber du warst immer da. Ich habe so oft gebetet, dass Gott dich wegnehmen soll, aber du bist geblieben. Jetzt heiße ich dich willkommen. Ich sehe dich und ich spüre dich. Ich nehme dich wahr, aber ich werde nicht vor dir fliehen. Du hast einen Platz in meinem Leben, aber du kannst mich nicht mehr kontrollieren! Ich nutze dich, indem du mich wach machst, aber ich lass mich nicht länger von dir quälen.«

Dann stehe ich auf und gehe nach vorn an das Rednerpult.

***

»Vielen Dank für die Einladung, dass ich heute zu euch predigen darf«, begrüße ich die jungen Menschen. »Meine Bibelstelle stammt aus dem zweiten Timotheusbrief, Kapitel vier, Vers sieben. Dort schreibt Paulus: ›Ich habe den guten Kampf gekämpft, ich habe den Lauf vollendet, ich habe den Glauben bewahrt.‹ Ich werde über ein Thema sprechen, das jeden Christen betrifft. Worum soll es gehen? Paulus benutzt hier ein Bild, um uns den Glauben verständlich zu machen. Es ist sogar ein Bild, das man mit dem Leben vergleichen kann. Er nennt es einen Lauf. Wir haben einen Wettlauf, den wir vollenden sollen. Es ist ein Bild aus der Welt des Sports. Egal, ob Kampf- oder Laufsport, dort gibt es immer ein Ziel, es gibt etwas, das man erreichen muss. Ein Wettkampf will gewonnen werden, wer einen Wettlauf läuft, will am Ziel ankommen. Ich glaube, dass jeder Mensch, der einen Glauben an Gott besitzt, auch einen Auftrag von ihm bekommen hat, ein Ziel, auf das er sein Leben ausrichten kann. Jesus hatte seine Jünger zu sich gerufen, weil er einen Plan für jeden vorsah. Wenn du Christ bist, hat Gott ein Ziel mit dir. Er will dich führen, indem er dich verändert, auch das ist ein Ziel. Er will aus jedem Christen einen besseren Menschen machen. Er will unser Leben verbessern, er will unser krankes Herz heilen, er will uns gesund machen. Die Frage ist nur: Wie kommst du an diesem Ziel an? Kommst du überhaupt an diesem Ziel an?«

Ich atme tief durch. Ich schaue in die Menschenmenge unten in der Kirche. Die Angst kommt ganz langsam, ich spüre sie, aber ich gebe ihr keinen Raum mehr. Ich schaue den Menschen direkt in die Augen. Jeder soll mein Gegenüber sein. Fast so, als wollte ich sagen, dass ich keine Angst mehr vor ihnen habe. Als würde ich es heraus-schreien, als wäre der Schrei ein starker Blick. Ich konfrontiere aber nicht die Menschen, ich konfrontiere die Angst in mir, ich laufe nicht länger vor ihr weg.

»Wer mit Gott lebt, hat ein großes Ziel vor sich: das Paradies«, sage ich. »Wir alle wollen dort ankommen. Der eine braucht etwas länger und läuft einen großen Umweg. Der andere nimmt den direk-ten Pfad. Aber wir haben alle dieses Ziel. Nun ist die Frage, ob dort jeder auch automatisch ankommt. Kommt jeder Christ an diesem Ziel an? Brauchen wir nichts dafür zu tun? Fahren wir nach unserer Taufe alle auf Autopilot mitten in den Himmel hinein?«

Ich schaue in die Runde. In der ersten Reihe sehe ich in die Augen der Zuschauer, ganz direkt. Und die Angst ist wirklich weg. So plötzlich, wie sie da war, ist sie auf einmal wieder verschwunden. Ich kann es kaum fassen und rede ganz befreit weiter. Eine tiefe Ruhe ist in mir, eine unsägliche Kraft voller Frieden. »Der Schreiber des Timotheusbriefes hat dieses besondere Bild genommen, um ein Geheimnis des Glaubens zu erklären. Wir finden in der Bibel viele Bilder für das Leben mit Gott. Vergleiche, Gleichnisse, Geschichten, sie sollen uns helfen, den Glauben zu verstehen. Warum ist das so? Glaube ist etwas Übernatürliches. Es ist etwas Spirituelles. Es ist nicht von dieser Welt, aus der Dimension unserer Realität. Wir Menschen ticken so, dass wir Dinge besser begreifen, wenn wir sie berechnen und anfassen können. Mit dem Glauben funktioniert das aber nicht, du kannst ihn nicht berechnen und nicht anfassen. Darum brauchen wir Bilder und Gleichnisse. Die Propheten im Alten Testament haben Gleichnisse benutzt, um das Geheimnis des Glaubens verständlich zu machen. Jesus hat Gleichnisse benutzt, um das Geheimnis des Glaubens verständlich zu machen. Paulus, Petrus und die Schreiber der anderen Briefe im Neuen Testaments sind sich dessen ebenso voll bewusst.«

DIE ANGST IST WIRKLICH WEG. SO PLÖTZLICH, WIE SIE DA WAR, IST SIE AUF EIN- MAL WIEDER VERSCHWUN- DEN. ICH KANN ES KAUM FASSEN UND REDE GANZ BEFREIT WEITER.

Jetzt bin ich voll drin. Ich fühle mich den Menschen unten im Kirchenschiff plötzlich ganz nahe. Ich schaue sie an und fürchte mich nicht vor ihren Blicken. In einer der hinteren Reihen erkenne ich eine alte Frau, die mich mit ihrem kritischen Blick trifft. Sie sitzt dort mit verschränkten Armen und schaut grimmig in meine Richtung. Zwischendurch löst sie ihre Arme und schreibt irgendwelche Notizen auf einen Schreibblock. Aus der Entfernung sieht diese Dame nicht sehr freundlich aus, aber es macht mir nichts aus. Ganz im Gegenteil, ich schaue extra zu ihr rüber. Ich suche die Konfrontation. Soll sie doch kommen, ich habe keine Angst! Das ist neu und es fühlt sich gut an.

»Denken wir einmal weiter in diesem Gleichnis«, fahre ich fort. »Wenn die Bibel uns auffordert, unseren Lauf zu vollenden, dann können wir etwas dafür tun. Wir sollten es sogar. Ich laufe jetzt viele Jahre diesen Lauf. Es gab Phasen, da habe ich eine große Strecke zurückgelegt. Einige habe ich überholt und viel erreicht. Aber es gab auch Phasen, in denen ich am Stolpern war. In denen ich hingefallen bin und mich verletzt habe. Es gab einige Menschen, die dachten, dass ich nie wieder aufstehen würde. Wirklich viele sogar, wenn man den Beiträgen im Internet, den E-Mails und Foren auf Jesus.ch und anderen Webseiten glaubt. Aber irgendwie bin ich doch immer wieder aufgestanden. Ich bin weitergelaufen, meinem Ziel entgegen.« Ich mache eine kurze Denkpause, schaue mit festem Blick in die Runde und rede weiter.

»Vor wenigen Tagen ist mein geistlicher Vater ganz plötzlich verstorben. Er ist die Kellertreppe runtergestürzt und hat sich von diesem Sturz nie erholt. Er heißt Wolfram Kopfermann und war früher ein sehr bekannter Pastor und Prediger in Deutschland. Auch wenn sich unsere Wege getrennt hatten, so war er in Sachen ›Lauf vollenden‹ immer ein Vorbild für mich. Er hatte seine Überzeugungen und seine Berufung. Beiden ist er treu gefolgt. Sicher konnte er nicht alles erreichen, was er sich einmal erträumt hatte. Aber er ist seinem Ziel nachgejagt, mal schneller und mal stolpernd und fallend. Dennoch er hat es nie aus den Augen verloren. Er lief bis zum Schluss. So will ich auch sein. Der Hebräerbrief gibt in Kapitel 12 im ersten Vers weitere Hinweise, wie wir unseren Lauf vollenden können. Dort steht: ›Lasst uns … jede Bürde und die uns so leicht umstrickende Sünde ablegen und mit Ausdauer laufen den vor uns liegenden Wettlauf‹«, lese ich aus meiner Bibel vor.

»So spricht dieser Text von den Fesseln der Sünde, die uns umschlingen können.« In dem Augenblick halte ich ein Seil hoch und binde es mir um die Beine. Dabei rede ich weiter. »Sünde ist eigentlich nichts Schlimmes. Wir brauchen uns nicht vor der Sünde zu fürchten, weil Jesus dieser spirituellen Macht den Sieg genommen hat. Es geht bei Sünden nicht um einen Moralkatalog, den wir befolgen müssen, ohne Sinn und Verstand. Sünde ist das, was dich belastet, was deine Beziehung zu Gott belastet. Und Gott hat es uns durch Jesus so einfach gemacht, diese Stricke loszuwerden. Wir sollten nur immer wieder zu seinem Kreuz kommen. An diesem Ort des scheinbaren Scheiterns kann man immer wieder aufstehen und neu anfangen zu laufen. Denn es ist auch der Ort des ultimativen Sieges. Nur dort werden wir von unseren Stricken befreit, den Dingen, die uns am Laufen hindern.« Jetzt blicke ich die Menschen in den vorderen Reihen an und sage:

»Als ich dabei war zu fallen, bin ich zu einem Pastor in Frankfurt gegangen. Er hat mit mir gebetet und mir an vielen Abenden die klassische Beichte abgenommen. Viele Sünden wurden ausgesprochen und bekannt, viele Seile so durchtrennt. Ich kann euch gar nicht genug sagen, wie befreiend das für mich war. Ich bin aufgestanden, habe meine Stricke durchtrennen lassen, mir den Dreck aus den Augen gewischt. Anschließend konnte ich wieder richtig durchstarten und meinen Lauf vollenden.«

DIE WORTE FLIESSEN NUR SO AUS MEINEM MUND, OHNE HINDERNIS, OHNE FILTER UND OHNE ANGST.

In diesem Augenblick bin ich voll in meinem Element. Die Worte fließen nur so aus meinem Mund. Ich kann mich ganz in Gott fallen lassen und habe so ein Gefühl, als würden seine Worte nur so aus mir heraussprudeln. Ohne Hindernis, ohne Filter und ohne Angst.

»Mein zweiter Punkt ist genauso wichtig. Achte darauf, dass du dich geistlich richtig ernährst. Jeder Leistungssportler wird dir heute bestätigen, dass Training nur der halbe Erfolg ist, die andere Hälfte besteht aus der richtigen Ernährung. Wir sollten nicht nur unseren Körper, sondern auch unseren Geist besser verstehen. Alles, was du in deinem Körper gibst, hat eine Auswirkung. Es muss verdaut und verarbeitet werden. Der Körper kann aus Schrott nichts Gesundes werden lassen. Genauso ist es auch mit unserem Geist. Wenn wir unseren Geist nur mit Schrott ernähren, werden wir geistlich krank. Wenn du deinen Geist aber gesund ernährst, dann kommst du auch an deinem Ziel an. Darum ist es gut, immer wieder zu überprüfen, was für Filme du dir anschaust, was für Bücher du liest, mit was für Artikeln und auch Predigten du deinen Geist fütterst. Wenn du an deinem Ziel ankommen willst, musst du deinen Geist gut ernähren. Vielleicht ist diese Predigt deine erste gesunde geistliche Nahrung seit einiger Zeit. Sorge dafür, dass du kein geistliches Junkfood zu dir nimmst, bei dem mit einfachen Floskeln der Glaube weichgeredet wird. Besorge dir geistliches Schwarzbrot, Lehre und Predigten, über die du erst einmal nachdenken musst, bevor du sie verstehst.«

Ich trinke einen Schluck Wasser aus dem mir bereitgestellten Glas und komme langsam zum Finale meiner Predigt. »Zum Schluss will ich dir noch etwas sagen: Hinfallen kann jeder. In deinem Lauf zu stürzen, das passiert. Es ist nur eins wichtig: Wir können lernen, wieder aufzustehen. Immer wieder aufzustehen. Wer sein Ziel als Mensch erreichen will, muss Stehaufmännchen-Qualitäten entwickelt haben. Wisst ihr, in vielen Gemeinden sehe ich, dass Leute fallen. Sie stürzen über irgendein Problem. Ihre Ehe ist kaputt. Sie werden suchtkrank. Sie scheitern auf der Arbeit. Aber anstatt dass die anderen Christen ihnen aufhelfen, sie anfeuern, sie ermutigen, treten viele noch einmal drauf. Ich bin von so vielen Christen aufs Schärfste kritisiert worden für das, was ich getan habe, obwohl ich gerade am Boden lag. Man hat mich sogar bereits zweimal dem Satan übergeben. Wir haben zu viele Leute in den Gemeinden, die glauben, eine Art geistliche Security, ein Wächteramt, ausführen zu müssen. Sie denken, Gott hat sie dazu berufen, über die moralischen Werte der Kirche zu wachen. Das sollen sie auch gerne weiter tun.

Aber wir brauchen mindestens genauso viele Ermutiger in der Kirche. Christen, die, wie es später im Hebräerbrief erwähnt wird, wie eine ›Wolke von Zeugen‹ sind. Menschen, welche am Rand des Feldes stehen und uns anfeuern, weil sie den Weg schon gelaufen sind. Männer und Frauen mit Weisheit anstatt mit geistlichen Sprüchen. Kritisieren kann jeder. Loben und Ermutigen scheint sehr viel schwerer zu sein.

Zum Abschluss möchte ich euch bezeugen: Ich, Martin Dreyer, möchte meinen Lauf vollenden. Ich möchte an meinem Ziel ankommen, die Berufung, die Gott mir gegeben hat. Und irgendwann will ich auch im Himmel bei ihm landen, dem ultimativen Ziel, wo es kein Leid mir gibt, keinen Schmerz und kein Geschrei. So beschreibt uns das letzte Buch der Bibel diesen letzten Ort. Einen Ort der Freiheit und des Glücks. Doch davor gibt es noch einige Ziele, die ich erreichen will. Lasst uns gemeinsam unseren Lauf vollenden, den Lauf, den Gott uns aufgetragen hat. Amen.«

Der Gottesdienst ist nach einem Lied und wenigen Ansagen zu Ende. Ich stelle mich noch an den Ausgang, um mit Besuchern zu reden, die das wollen. Plötzlich steht die ältere Dame direkt vor mir, welche so kritisch aus der hinteren Reihe zu mir rübergeschaut hat. Mein Herz schlägt schneller. »Ich war hier, weil ich wissen wollte, ob Sie wirklich Christ sind oder nicht. Ich habe sehr viel Schlechtes über Sie gehört und habe auch viel Schlechtes über Ihren Dienst verbreitet«, sagt die ältere Dame. »Aber ab heute kann ich das nicht mehr. Gott hat mich durch Ihre Predigt berührt. Ich glaube jetzt, dass Gott Sie gebraucht«. Die Frau strahlt mich dabei an und ich strahle zurück. Was für ein kleines großes Wunder.

WAS ICH VON DIESER REISE MITGENOMMEN HABE

Hurra, die Angst ist besiegt. Ich sollte nicht vor dem Lampenfieber fliehen, sondern der Panik direkt ins Gesicht schauen. Wenn dieses Problem besiegt ist, bin ich in meinem Lauf ein ganzes Stück weitergekommen. Und ab sofort habe ich das Werkzeug dafür in der Hand. Damit kann mich die Angst nie mehr bedrohen, sie ist besiegt.

EPILOG

Über dreißig Jahre befinde ich mich jetzt auf meiner Reise mit Gott. Ich arbeite im geistlichen Dienst und dieser arbeitet in mir. Geistlich heißt, mein Job, meine Arbeit hat mit anfassbaren, physikalisch messbaren Dingen nicht immer etwas zu tun. Ich diene in der großen Kirche aller Christen und lebe von geistlichen, also von übernatürlichen Erfolgen. Erfolge, die in einer anderen Welt passieren, einer Welt, die man nicht beweisen oder evaluieren kann. Von mir aus nennt es Wunder, auch wenn das geradezu nach einer psychiatrischen Diagnose schreit. Jeder Dienst, jeder Predigt, jeder Einsatz basiert auf Arbeit, Vorbereitung, Analyse. Aber es geht nur wirklich nach vorne, wenn ein Wunder passiert.

Einiges, was ich erlebt habe, passt wirklich in diese »Wunderkategorie«, und manches war besser als jeder Kick. Das Glück nach einem erfolgreichen Dienst in einer Kirche in Dresden, wo ich spürbar Gottes Handlanger sein durfte. Da springt das innere Herz vor Freude. Das grandiose Gefühl, als ich vor dreitausend Leuten stand, und die Gottesdienstbesucher mich anschauten, als wäre ich Christus selbst, so wie es in den USA der Fall war. Das fühlt sich tief und richtig an, auch wenn es dem Ego unheimlich schadet. Oder die Predigt in einer Wellblechhütte in Afrika, in der Gläubige von meinen Worten mitgerissen wurden, obwohl ich nicht einmal ihre Sprachen sprechen konnte. Oder das Rauschen in meinem Kopf, als ich vorne in einer Kirche in Wacken stand und die Reihen und Fußböden dicht besetzt waren mit in Schwarz gekleideten Hardrock- und Metal-Fans, die nach meiner Predigt zu weinen begannen. Besser geht es nicht. Und dann das Herzensglück von Sinn und Erfüllung, wenn Wochen später Menschen in Briefen und E-Mails davon berichteten, wie durch meinen Dienst vielen ganz real geholfen wurde. All das ist es hundertmal wert.

In den Jahren habe ich einen echten tiefen internen Einblick in die deutsche Kirchenlandschaft erhalten können. Zumindest was den Jugendbereich angeht und dem gehört ja bekanntlich die Zukunft. Ich durfte in katholischen Jugendgottesdiensten predigen, hatte Auftritte in allen evangelischen Kirchenkreisen von Ost nach West. Sogar fast alle Denominationen der Freikirchen laden mich bis heute zu Veranstaltungen zur Predigt ein. Oft, wenn es sich um junge Menschen handelt, aber auch zu Männertagen oder Erwachsenengottesdiensten.

EINIGES, WAS ICH MIT GOTT ERLEBT HABE, PASST IN DIE »WUNDERKATEGORIE« UND MANCHES WAR BESSER ALS JEDER KICK.

Die Themen, zu denen ich angefragt werde zu sprechen, sind sehr unterschiedlich. Sie zeigen aber auch, für was man mir Kompetenzen zuschreibt und was die Gemeinden glauben, gerade an Input zu brauchen. Wo ihre Not ist, wo sie sich Inspiration und Hilfe von meinem Dienst wünschen, wird mir daran deutlich. Die Themen wurden in diesem Buch beschrieben.

Sicher bin ich auch bekannt dafür, eher nicht in die normale Schablone des evangelikalen Wanderpredigers zu passen. Man rechnet mit Provokation, mit etwas Schrägem, etwas Herausforderndem, vielleicht auch etwas Verrücktem, wenn man mich zum Dienst in die Gemeinde einlädt. Und ich versuche, diesem Ruf nun über dreißig Jahre irgendwie gerecht zu werden. Stetig frage ich mich dabei selbst, warum ich das eigentlich tue und ob ich wirklich noch der Richtige am richtigen Platz bin.

Warum reise ich immer noch durch Deutschlands Gemeinden? Was gibt es mir, Menschen in einer Predigt zu sagen, was sie tun sollen und was nicht? Wieso stelle ich mich dort vorne in so eine exponierte Situation auf eine Kanzel und halte eine Predigt trotz früherem krankhaftem Lampenfieber, Angst und Magenschmerz? Woher nehme ich diese groteske Vorstellung, dass ich überhaupt jemand bin, von dem man etwas lernen könnte? Der eine Inspiration ist? Jemand, der den Glauben und das Leben so durchdrungen hat, dass er anderen auf ihrem Weg ein Stück weiterhelfen kann?

Der Grund ist ganz einfach. Es hat mir immer das Gefühl gegeben, einen Unterschied auszumachen. Ich wollte von klein auf jemand sein, der etwas bewirkt, der Gesellschaft verändert und wenn es auch nur an einem winzig kleinen Punkt in der Weltgeschichte ist.

Ich bin in den Jahren zu der Überzeugung gekommen, dass so eine Art göttliche Berufung auf meinem Leben liegt, ein spiritueller Auftrag aus dem Universum. Ich habe von meiner Matthäusberufung in diesem Buch berichtet, die mich immer noch trägt und motiviert. Es ist für mich dennoch verständlich, wenn das für den einen verrückt klingt, so viele Jahres seines Lebens nur auf ein Wort eines Predigers aus den USA aufzubauen. Für andere ist dies vermutlich nur logisch und konsequent.

Die ganze Kritik über mich und meinen Dienst hätte ich sonst nicht ertragen können, gäbe es da nicht diesen deutlichen Auftrag aus dem Himmel. Ich hätte früher oder später aufgegeben.

GOTT HAT SICH EINEN VER-RÜCKTEN AUSGESUCHT, UM SEINE BOTSCHAFT UNTER DIE LEUTE ZU BRINGEN.

Zumindest wäre von meiner Seite bei der zum Teil harten Kritik laute Gegenwehr gekommen. Ich hätte aufgeheult wie ein geschlagener Hund, hätte zurückgetreten mit scharfen Worten. Ich fühlte aber diese göttliche Berufung auf meinen Leben, und das gab mir, ganz subjektiv betrachtet, das Recht, so zu handeln. Gott hat sich einen Verrückten ausgesucht, seine Botschaft unter die Leute zu bringen. Also bitte, dann soll er mit einem Verrückten auch klarkommen. Mit all seinen Fehlern, Charakterschwächen, Unzulänglichkeiten und vor allem mit seiner Angst.

In Phasen des Zweifelns, die mich zum Teil überfallen, weiß ich ganz sicher, dass der Himmel mich ausgesucht hat, die letzten zwanzig Jahre genau das zu tun, was ich getan habe. Dieses Prophetenerlebnis in Amsterdam hat mich bis heute auf meiner Reise motiviert.

Im Rückblick möchte ich es am Schluss dieses Buches noch einmal ausdrücklich bekennen, noch einmal ausrufen, mir selbst vorsagen: Gott hat mich losgeschickt, er hatte mich auf die Reise gebracht! Es ist ein Auftrag von ihm, ein göttlicher Job, er wurde zu meiner Lebensaufgabe. Hätte ich etwas anderes getan, ich wäre der unglücklichste Mensch der Welt gewesen. Das ständige Gefühl, der falsche Mann am falschen Ort zu sein, wäre mein stetiger Begleiter. Ein ziemlich mieses Gefühl, das wünsche ich keinem. Aber Christus hat mich gerufen. Und ich bin ihm so gut es ging gefolgt. Mit Stolpern und Hinfallen, mal aufrecht, mal auf den Knien, bin ich meinen Weg gegangen. Aber doch so lange, wie mich meine Beine getragen haben, im echten, aber auch im übertragenen Sinne.

Die Angst war dabei mein ständiger Begleiter. Mein Lampenfieber hat mich runtergezogen und den Dienst für Gott oftmals zur Hölle gemacht. Es hat lange gedauert, bis sie mir genommen wurde. Und doch hat die Angst, dieses übertriebene Lampenfieber, mir auch etwas gegeben. Sie hat mich immer kleingehalten und dafür gesorgt, dass ich mich nie überheblich und groß machen konnte, größer, als ich wirklich bin. Die Angst hat mich runtergedrückt, unten gehalten, abhängig gemacht. Und mir gezeigt, dass ich es allein nicht schaffe, ich brauche Gott, ich brauche seine Hilfe.

Nun geht diese Reise in eine neue Phase. Mit dem Verschwinden der Angst habe ich das Gefühl, dass mein Dienst in einer anderen Dimension angekommen ist. Was der da oben jetzt mit mir vorhat, ich weiß es nicht. Nach einer beruflichen Findungsphase bin ich nun als Lehrer in einer Berufsfachschule angestellt. Jeden Tag stehe ich vor mehreren Klassen, vor fremden jungen Menschen.

DIE ANGST HAT MICH RUNTERGEDRÜCKT, UNTEN GEHALTEN, ABHÄNGIG GEMACHT. UND MIR GEZEIGT, DASS ICH ES ALLEIN NICHT SCHAFFE.

Und die Angst ist vollkommen verschwunden. Es macht mir sogar Freude, vorne zu stehen, zu reden und den Schülern ein bisschen Wissen zu vermitteln.

Generell ist es mir ein großes Anliegen, den Stab an jüngere Prediger zu übergeben, Jungen oder Mädchen, Mann oder Frau, das ist mir egal. All das, was ich lernen konnte in den über dreißig Jahren Dienst für Gott, möchte ich gerne weitergeben. Und wenn es an der Zeit ist, werde ich mit großem Frieden abtreten. Ich möchte nicht, dass man mir eines Tages vorwerfen muss, ich hätte an meinem Dienst geklebt.

Sicher war mein Leben in der Berufung nicht fehlerfrei. Die Sat.1-Sendung hätte ich vielleicht anders oder gar nicht bestreiten sollen. Manch eine Veranstaltung wäre besser ohne mich gelaufen. Oft fehlte mir die Unterscheidung oder der Mut abzusagen. Aber es gibt immer noch Zeit, zu lernen und sich zu verändern.

Predigen und Lesungen abhalten, in der Öffentlichkeit stehen, auf einer Bühne, das kann nicht mehr über meinen Selbstwert bestimmen. Es hat kaum noch Auswirkungen auf mein Lebensgefühl. Ich bin angekommen, kann auch ohne das leben, es trägt mich nicht. Was mich trägt, ist die Hoffnung, von Gott bedingungslos geliebt zu werden. Dass mein Wert nicht an meinen Taten gemessen wird, an meinen Erfolgen oder Misserfolgen, sondern in der Zusage von Gottes Liebe.

Seine Liebe hilft mir, keine Angst mehr zu haben. Sie trägt mich und hält mich. Es ist die einzige Hoffnung, die mich resistent gegen den Strudel der Depression machen kann.

Die Kirche braucht dringend frische Geister, neue Ideen, kraftvoller Prediger und Predigerinnen. Die Visionslosigkeit, an der die christliche Kirche erkrankt ist, ist viel lähmender als die größte Sünde oder jede mangelnde Spiritualität. Wir müssen alle wieder lernen, zu träumen und etwas zu wagen. Grenzen überspringen, Neues wagen. Gott ist grenzenlos. Und die Angst hat ein Ende.

WAS MICH TRÄGT, IST DIE HOFFNUNG, VON GOTT BEDINGUNGSLOS GELIEBT ZU WERDEN.

Es war mir ein Anliegen, meine Reise so ehrlich es geht niederzuschreiben. Darum habe ich dieses Buch verfasst. Es sollte aufzeigen, wie unterschiedlich die Gemeinden ticken, die ich in den Jahren besuchen durfte. Und das nicht nur in Deutschland. Ich wollte einen kleinen Ausschnitt geben von dem, was ich in der großen Kirche in den letzten dreißig Jahren erleben durfte. Und von einem Problem erzählen, von dem keiner etwas wusste und welches wie ein Damoklesschwert über meinem Dienst gehangen hat. Vom tödlichen Lampenfieber und einer lähmenden Angst. Eine Angst, die manche vielleicht aus ihrem Alltag kennen. Es würde mich freuen, wenn ich Menschen mit einem Angstproblem durch dieses Buch ermutigen und Wege daraus aufzeigen konnte. Mir ist es wichtig zu beschreiben, wie ich tatsächlich davon befreit worden bin. Die Qualen sind vorbei, ich kann aufatmen und befreit leben.

Ich bin auf meiner Reise angekommen. Alles, was jetzt noch passiert, ist wie ein Bonus, weiter nichts. Ich brauche mir nichts mehr zu beweisen. Mein Dienst für Gott und seiner Kirche ist in einer neuen, befreiten Phase angekommen. Der Pastor hat keine Panik mehr. Und die Angst, die Angst hat ein Ende.

Martin Dreyer
Berlin, im März 2020

DANKE AN ALLE, DIE ZU MIR GEHALTEN HABEN.

ANMERKUNGEN

1 Vgl. Denken mit Mahatma Gandhi: Auswahl aus den Schriften. Diogenes Verlag, 2006.
2 Vgl. URL: https://www.dw.com/en/germany-named-drug-use-capital-following-europe-wide-sewage-study/a-47968865. Zuletzt aufgerufen am 9. Mai 2020.
3 Ein Schiff, das sich Gemeinde nennt. Text und Melodie: Martin Gotthard Schneider, © Gustav Bosse Verlag, Kassel.

Martin Dreyer

**Die Volxbibel – Altes und Neues Testament,
Taschenausgabe: Motiv Streifen-Design**

Eine Bibelübertragung der anderen Art: Lebendig und
aktuell, manchmal auch frech und provozierend. Trotzdem treffen die Sprachbilder ins Schwarze. In Worten
unserer Zeit erreicht die Volxbibel junge Leute, die sonst
nie eine Bibel in die Hand nehmen würden.

**Gebunden, 12,5 x 19,5 cm, 2208 S., mit Lesebändchen
Nr. 875.123, ISBN 978-3-940041-23-4
Auch als E-Book**

Volker Halfmann

Idener Sprung in der Schüssel
Wie ich als Pastor mit meinen Zwangsstörungen
und der Alkoholabhängigkeit lebe

Die ergreifende Biografie eines Pastors, der mit vielem
zu kämpfen hat: Alkohol, Tabletten, Ängste, eine Ess-
störung, Selbstmordgedanken. Mühsam arbeitet er
sich immer wieder ins Leben zurück, und er weiß heute:
Gott kann ihn gebrauchen – auch zerbrochen und an-
geschlagen.

**Klappenbroschur, 13,5 x 21,5 cm, 272 S.
Nr. 226.872, ISBN 978-3-417-26872-0
Auch als E-Book** e